Liebe Leserinnen und Leser,

wieder einmal ist an Jubiläen zu erinnern, die das Jahr 2015 mit sich bringt: Während 2012 des Beginns des Zweiten Vatikanischen Konzils vor 50 Jahren (11. Oktober 1962) gedacht wurde, ging es am 8. Dezember 1965 zu Ende. In einer Ausgabe des nächsten Jahres werden wir noch einmal einen Blick auf dieses Ereignis werfen, nachdem uns vor einiger Zeit Giancarlo Collet aus Anlass des Beginns des Konzils seine diesbezüglichen Überlegungen zur Verfügung gestellt hatte (Heft 3/2013). 200 Jahre alt wird in diesem Jahr die Basler Mission, eines der ältesten Missionswerke des kontinentalen Europa. Sie begeht dieses Jubiläum im September mit einem Symposium (vgl. Rubrik »Informationen und Termine«). Ebenso feiern kann das Evangelische Missionswerk in Deutschland mit Sitz in Hamburg, das 1975 als »Dach- und Fachverband« von evangelischen Kirchen einschließlich Freikirchen, Missionswerken, Verbänden und Vereinen gegründet und für die evangelische Kirche zu einem wichtigen ökumenischen Impulsgeber wurde. Auch das EMW begeht diesen Rückblick auf 40 Jahre Tätigkeit in diesem Jahr und erinnert sich an die wichtigsten Weichenstellungen, an inhaltliche Akzente und Lernprozesse in der Kommunikation »südlicher« und »nördlicher« Kirchen (miteinander und untereinander). In unserer Zeitschrift werden sich die Denkprozesse und rück- und vorausblickenden Gedanken aus diesen Anlässen wiederfinden lassen.

Weniger erfreulich ist das Gedenken an 100 Jahre Genozid an den Armeniern. Es ist nach wie vor begleitet von der unfasslichen Weigerung des türkischen Staates als Rechtsnachfolger des osmanischen Reichs, die Dinge beim Namen zu nennen. Dieses Thema klang bereits im Aufsatz von Leonie Geiger über Johannes Lepsius in Heft 1/2015 an.

Dieses Heft, das als Doppelheft gleichwohl kein Themenheft ist, bietet erneut einen grundsätzlichen Artikel zur Thematik der Interkulturellen Theologie als Disziplinenbezeichnung, die noch auf der Suche nach ihrer endgültigen Formation ist (Heike Walz). Gudrun Löwner, die mit zahlreichen Veröffentlichungen als herausragende Kennerin indischer christlicher Kunst hervorgetreten ist, gibt in ihrem Aufsatz mit vielen Anschauungsbeispielen einen Überblick über die Geschichte dieses Feldes. Der Beitrag von Hanns Walter Huppenbauer widmet sich einem missionsgeschichtlichen Thema im engeren Sinne in einer Detailanalyse der Bemühungen des Missionars Karl Buck 1879/1880 in Kyebi (Goldküste/ Ghana) um die Selbstständigkeit der afrikanischen Gemeinde. Yan Suarsana geht aus einem Blickwinkel poststrukturalistischer Theorie und einer entsprechenden Hermeneutik von Mk. 3,1–6 die Thematik einer Theologie der Religionen an. Adrian Hermann beleuchtet Diskurse um Homosexualität mit einem Fokus auf Brasilien und den USA, während Werner Kahl aufgrund einer Re-Lektüre der Apostelgeschichte nachweist, dass es christusgläubige jüdische Migranten aus hellenistischen Städten waren, die das Evangelium in die mediterrane Welt trugen, und insofern Migration eine Ursprungserfahrung des Christentums sei. Zugleich stellt er das neue Programm ÖkuFiT der Missionsakademie vor.

Wie immer wünschen wir Ihnen eine anregende Lektüre dieses reichhaltigen Heftes!

Im Namen der Schriftleitung grüßt herzlich

Ulrich Dehn

Eltern und Kinder – Vergebung zwischen den Generationen?[1]

(Maleachi 3,22–24)

Corinna Körting

Die drei Verse (aus dem Buch Maleachi – Red.) stehen am Abschluss von Tora und Propheten. Nach lutherischer Tradition stehen sie am Abschluss des Alten Testamentes und am Übergang zum Neuen Testament. Es sind nur drei Verse, und doch sollen sie zusammenfassen, ja auf den Punkt bringen, was Tora und Propheten lehren.

Liest man diese drei Verse für sich, dann tut sich wohl schnell die Frage auf, wo denn der Zusammenhang ist. An die einzelnen Verse und ihre Aussagen lässt sich gut anknüpfen. An die Tora des Mose wird erinnert. Sie ist Gesetz, und sie ist Weisung zur gelungenen Gestaltung des eigenen Lebens und des Lebens in Gemeinschaft. Sie ist Wegweisung. Der zweite Vers spricht von der Zuwendung der Herzen der Eltern zu den Kindern und der Kinder zu den Eltern. Hier könnte ich wohl mit zahlreichen Erinnerungen, mit Hoffnungen, Enttäuschungen und sehr vielen Emotionen anknüpfen. Es kommen viele Gedanken an konkrete Glücksmomente und auch Schwierigkeiten hoch. Wir alle haben Eltern, ob sie präsent sind oder auch nicht; wir sind vielleicht auch Eltern. Doch was soll das alles schließlich mit dem Bann zu tun haben? Und was bedeutet das überhaupt?

Beginnen möchte ich gern mit dem Gedanken der Zuwendung der Herzen. Es geht um die Heilung von gebrochenen Beziehungen. Eltern und Kinder sollen miteinander versöhnt werden. Natürlich soll Streit aus dem Wege geräumt werden. Enttäuschte Erwartungen von beiden Seiten, die doch ein ganzes Leben lang

---

[1] Predigt im Universitätsgottesdienst der Universität Hamburg in der Hauptkirche St. Katharinen am 28. Juni 2015.

bohren, weil nicht verstanden, nicht zugehört wurde. Tiefe Verletzungen sollen geheilt werden. Es sind ja nicht einmal die Kategorien von Schuld und Sühne, die hier greifen müssen. Ein aus Kriegsgefangenschaft wiederkehrender Vater, der keinen Zugang findet zum Lebensdrang seiner Kinder; eine Tochter, die sich den Erwartungen der Eltern widersetzt und studieren geht, anstatt sich um den Hof und die pflegebedürftigen Großeltern zu kümmern. Enttäuschung und Verletzung greifen hier, nicht die Frage von Schuld oder Unschuld. Die Beziehung von Eltern und Kindern, Kindern und Eltern ist ein alle angehendes Thema und findet bis in die Musik hinein seine Verarbeitung. Mir ist in diesem Zusammenhang ein Lied von Joe Cocker in den Sinn gekommen. »My father's son.« Cocker setzt sich in diesem Lied mit dem Problem auseinander, nicht sein zu wollen wie sein Vater, nicht leben zu wollen wie sein Vater und dennoch nicht entrinnen zu können. I live my life as my father's done. Kein Entrinnen, Ketten, die ihn halten, die ihn auf einen Weg zwingen, den er nicht will. In Abgrenzung oder engster Verbindung, die Beziehungen zwischen Eltern und Kindern, zwischen den Generationen, stehen, auch bei allem Glück und aller erfahrenen Geborgenheit, unter schwierigen Vorzeichen.

An dieser Stelle möchte ich gern einen großen Bogen schlagen, und zwar einen inneralttestamentlichen Bogen zurück zu den Anfängen. Ich sagte ja eingangs, dass unser Predigttext am Ende von Tora und Propheten steht. Gehen wir also zurück zu den Anfängen. Auch hier, in der Urgeschichte, geht es um den Bruch von Beziehungen. Es beginnt mit dem Bruch zwischen Gott und Mensch, und Brüche ziehen sich in einer Kettenreaktion durch. Unmittelbar damit zusammenhängend ist es die Beziehung zwischen Mann und Frau, die zerbricht; sie ist nun auch geprägt von Schuldzuweisungen und Kränkungen; dann die Beziehung zwischen Geschwistern – aus Eifersucht, Neid und Scham wird Mord – Kain und Abel. Schließlich ist es die Beziehung zwischen Eltern und Kindern, die als nicht mehr uneingeschränkt heil und vollständig, sondern nur noch als ambivalent erlebt und gelebt werden kann. Noah hat sich betrunken und liegt nackt in seinem Zelt. Einer seiner Söhne sieht dies, und anstatt ihn zu bedecken, erzählt er seinen zwei Brüdern davon. Dieser Sohn scheint sich lustig zu machen über den Vater. Die beiden anderen nehmen die Situation jedoch ernst, nehmen die Schwäche ihres Vaters ernst, nutzen sie nicht aus, bedecken den Vater, ohne ihn selbst anzublicken. Sie wollen ihn vor Beschämung bewahren. Noah erfährt am folgenden Tag von den Geschehnissen der Nacht und verflucht seinen Sohn. Die Beziehung ist grundlegend zerstört, der eine soll zum Knecht der anderen werden. Er kann und darf nicht mehr auf gleicher Augenhöhe mit seinem Vater und auch nicht mit seinen Geschwistern leben.

Die Urgeschichte weiß von der Ambivalenz menschlicher Beziehungen wie auch der Beziehung zu Gott. Mit dem Predigttext befinden wir uns aber am anderen Ende des Weges. Nicht Urgeschichte, sondern das Ende von Geschichte ist im Blick, der Tag des Herrn steht an. Und was soll geschehen? Die Herzen der Eltern sollen sich den Kindern und die der Kinder den Eltern zuwenden. Andere prophetische Bücher sprechen von der Völkerwallfahrt, wenn die Nationen kommen, um den Herrn anzubeten; oder sie sprechen gar von Neuschöpfung – und Maleachi, ganz am Ende von Tora und Propheten, er spricht von Hinwendung und Heil zwischen den Generationen. Selbst wenn es doch uns alle angeht, ist das nicht eine begrenzte Perspektive, sollte es nicht um Weltgeschehen gehen oder wenigstens um das Verhältnis von Mensch und Gott? Weshalb soll es nun ausgerechnet jetzt um Eltern und Kinder gehen?

Als Zusammenfassung von Tora und Propheten, in der Zusammenfassung des Alten Testaments, fordert Maleachi auf, die Tora des Mose zu bedenken. Man soll sich erinnern, soll die Weisung in seinem Herzen bewegen und schließlich auch umsetzen, was die Tora vorgibt. Das klingt in den Ohren vieler vermutlich weniger nach Versöhnung, sondern eher nach Regeln und Kontrolle. Sollen also Regeln die Voraussetzung sein, das Verhältnis zwischen Eltern und Kindern heil werden zu lassen? Es geht doch nicht so sehr um das Recht, sondern um Emotionen, um Glück und Verletzungen. Das Gesetz als Weg aus der Krise? Reicht das Gebot, die Eltern zu ehren, um alle Probleme zu beheben? Dazu ist auf jeden Fall auch anzumerken, dass es in Maleachi um Versöhnung in zwei Richtungen geht. Die Väter und Mütter wenden sich zu den Kindern, die Töchter und Söhne zu den Eltern. Einlinig kann die Versöhnung nicht geschehen. Aber dennoch ist der Gedanke, dass das Gesetz, auch im besten Sinne als Weisung Gottes zu einem gelungenen Leben verstanden, zur Versöhnung beitragen soll, schwer zu greifen. Die Ursache ist ja in der Regel kein Gesetzesverstoß, wenn die Ambivalenz zwischen Liebe, Geborgenheit, Freiheitsstreben und der Unfähigkeit, zuzuhören, sich einzulassen und einzufühlen, erfahren wird.

Hat die Tora also nichts mit der Versöhnung zu tun? Ich denke doch. Das verbindende Stichwort ist das Herz. Denn ebenso wenig, wie die Hinwendung zwischen den Generationen aus eigener Kraft geleistet werden kann, genauso wenig ist die Erfüllung des Gesetzes, ein Leben gemäß der Wegweisung Gottes aus eigener Kraft möglich. Dazu möchte ich gern einen weiteren alttestamentlichen

Text in den Gedankengang einführen. »Ich lege mein Gesetz in sie hinein und schreibe es auf ihr Herz... Keiner wird mehr den anderen belehren, man wird nicht mehr zueinander sagen: Erkennt den Herrn! Sondern sie alle, Klein und Groß, werden mich erkennen.« Das sagt Jeremia. Das Herz ist verändert, ja, es wird ein neues Herz geben. Der Mensch wird verändert werden, und Klein und Groß müssen sich nicht gegenseitig belehren, sich nicht vorhalten, die kleinen und großen Dinge des Lebens, und vor allem einander, nicht zu verstehen.

Das veränderte Herz ist die Voraussetzung, der Weisung Gottes zu folgen und sich dem anderen, der anderen, den anderen zuzuwenden.

Diese Erkenntnis benennt übrigens auch Joe Cocker in seinem Song, wenn er refrain-artig wiederholt, dass es das Herz sei, und nicht der Kopf, das das Verhältnis zu seinem Vater definiert.

Die Perspektive, die hier gezeichnet wird, ist befreiend. Gott selbst schickt seinen Propheten Elia, um die Herzen einander zuzuführen. Nicht zuerst die eigene Aktivität, sondern die Bereitschaft, Gott wirken zu lassen, steht im Vordergrund. Das alles soll nun am Ende der Tage, oder aber vielleicht auch am Ende eines Lebens geschehen? Beide Dimensionen sind da und kommen zum Tragen. In der Vorbereitungsgruppe wurde die Frage aufgeworfen, ob es das ist, was Menschen sich für den letzten Moment wünschen, Zuwendung, Versöhnung und eine heile Beziehung mit den engsten Bezugspersonen? Es scheint so. Letzte Augenblicke, letzte Telefonate, so beim entführten Flugzeug, das auf das Pentagon stürzen sollte oder aus den Twin Towers am 11. September; die Herzen wandten sich den Nächsten, den Liebsten zu.

Das fasziniert mich an dem Maleachi-Text, an dieser Zusage: Nicht der Preis des Zion, des himmlischen Jerusalem oder auch der weltumspannende Lobpreis Gottes stehen im Zentrum. Gott selbst betreibt die Heilung menschlicher Beziehungen – an jedem Ende und am Ende der Tage.

Das neue, das geänderte Herz ist die Basis dafür, dass Beziehungen heilen. Das ist eine große Perspektive. Doch anstatt sie weiter auszumalen, warnt Gott durch den Propheten. Er will nicht kommen müssen, um das Land mit dem Bann zu schlagen – ein Gewaltakt, der die Vernichtung für das Land und seine Bevölkerung bedeuten würde. Die Verheißung, Eltern und Kinder miteinander zu versöhnen, steht ganz eindeutig im Gerichtskontext. Es wird keine Idylle quasi paradiesischer Zeiten gezeichnet. Der Kontext ist das Gericht. Und auch für diesen Abschnitt unseres Textes möchte ich noch einmal den Zusammenhang aufzeigen. Hatte ich zunächst Jeremia bemüht, so ist es nun Ezechiel. Anstelle eines

Herzens aus Stein soll das Volk ein Herz aus Fleisch bekommen, um der Weisung Gottes zu folgen und im Lande zu leben. Deutlicher noch, als Jeremia es sagt, kommt hier die Rede vom Land zum Tragen. Ein Land der Zukunft, Lebensraum der Zukunft, erreichbar und doch gefährdet. Vor diesem Hintergrund sind die Worte bei Maleachi gewählt und weisen doch weit über geographische Grenzen hinaus. Wieder geht es um Lebensraum, geht es um Zukunft, die, sollte Elia kein Erfolg beschieden sein, zu einem jähen Ende kommen muss. Dann kommt es zum Gericht.

Die Verheißung, die Herzen von Kindern und Eltern zueinander zu führen, zeigt eher eine Perspektive auf, als dass konkret ausgesagt würde, wie Vergebung bewirkt wird. Kein Kultakt kann hier helfen, keine Durchsetzung von Geboten. Nicht das WIE ist entscheidend, sondern das WER und für WEN. Gott setzt sich ein, schickt seinen Propheten, um Vergebung zu bewirken, eine Vergebung, die zuerst elementare zwischenmenschliche Beziehungen im Blick hat. Wir erfahren hier zuallererst etwas über das Wesen Gottes, den vergebenden, den Vergebung vermittelnden und heilenden Gott.

Eingangs sagte ich, dass der Maleachi-Text am Ende von Tora und Propheten steht und somit die Verheißung von Vergebung und Heil an den Abschluss des Alten Testaments stellt. Doch ist damit sogleich ein Ausblick gegeben. Die beiden zentralen Gestalten, die unser Text als Vermittler nennt, Mose und Elia, begegnen uns wieder – zusammen mit Jesus auf dem Berg der Verklärung. Elia und Mose – und Jesus in ihrer Mitte. Die beiden Repräsentanten der Weisung Gottes und des Willens Gottes nehmen in ihre Mitte den, der den Versöhnungswillen Gottes, seinen Heiligungswillen bis in allerletzte Konsequenz gelebt hat. Denn in ihm besteht die Hoffnung, auch und gerade in den direkten Lebensbezügen und zu jedem Ende Versöhnung zu erfahren, durch die Umkehr der Herzen.

(Prof. Dr. Corinna Körting ist Professorin für Altes Testament und altorientalische Religionsgeschichte an der Universität Hamburg)

Zwischen menschlicher und göttlicher Liebe

Plurale Homosexualitätsdiskurse als Herausforderung für das Studium des globalen Christentums

Adrian Hermann

1. Einleitende Bemerkungen

Am 1.6.2011 versammeln sich ca. 25.000 evangelikale und pentekostale Christen in Brasilia vor dem Kongressgebäude. Die Veranstaltung ist im Kern ein Protest gegen den Entwurf eines Anti-Diskriminierungsgesetzes aufgrund sexueller Orientierung (genannt PL 122). Auf einem der Banner der Protestierenden kann man lesen: »Daqui a puco vão dizer que a Bíblia é homofóbica.« (»Bald werden sie sagen, dass die Bibel homophob ist«). Die Virulenz des Protestes gegen diese Initiative ist Ausdruck der politischen Mobilisierung und der Ängste zentraler Teile der brasilianischen Christenheit im ersten Jahrzehnt des 21. Jahrhunderts. Diese öffentliche Demonstration der christlichen Ablehnung einer Gleichstellung von nicht-heterosexuellen Orientierungen in Brasilien im Juni 2011 ist jedoch nur die eine Seite der Medaille, für deren andere Seite die umjubelte Amtseinführung des homosexuellen anglikanischen Bischofs Gene Robinson in den USA im Jahr 2004 stehen kann, wie sie etwa in dem Dokumentarfilm *For The Bible Tells Me So* (2007, Regie: Daniel G. Karslake) zu sehen ist. Als ein Höhepunkt der Zeremonie überreicht Robinsons Lebenspartner ihm die bischöfliche Mitra.

Diese beiden sehr unterschiedlichen Momente stehen für die globale Dimension der gegenwärtigen kontroversen Auseinandersetzungen um sexuelle Vielfalt im Christentum. Plurale Homosexualitätsdiskurse im Kontext der Weltchristenheit stellen eine globale Herausforderung dar, die direkt an den Schnittpunkten von Missions-, Ökumene- und Religionswissenschaft angesiedelt ist. In der Beschäftigung mit diesen kontroversen Auseinandersetzungen scheinen jedoch oft zwei beständig reproduzierte Frontstellungen die eine weiterführende Erkenntnis zu blockieren und die Analyse zu behindern. Dies ist zum einen die oft eindimensionale Gegenüberstellung einer ›progressiven‹ und ›säkularen‹ LGBTQI-Bewegung und eines ›konservativen‹ und ›rückwärtsgewandten‹ Christentums. Im Diskurs damit oft eng verbunden ist die Frontstellung zwischen ›liberalen‹ Entwicklungen im Christentum der nördlichen Kontinente und dem ›Konservatismus‹ des Christentums des globalen Südens.

Diese zwei Erkenntnisblockaden gilt es jedoch zu überwinden, um sich den Herausforderungen zu widmen, vor die die gegenwärtigen pluralen Homosexualitätsdiskurse das Studium des globalen Christentums stellen. Der vorliegende Aufsatz möchte hierzu einen kleinen Beitrag leisten. Ich werde im Folgenden zunächst auf den brasilianischen Kontext zu sprechen kommen. Hier werde ich anhand von zwei kurzen Beispielen die Vielfalt der gegenwärtigen Diskurse um Homosexualität und Christentum vorstellen. In einem zweiten Schritt wende ich den Blick auf die USA, wo ich anhand eines kurzen Beispiels zeigen möchte, wie in Diskursen um Homosexualität auch Vorstellungen christlicher Männlichkeit verhandelt werden. Abschließend komme ich zu einigen analytischen Überlegungen und dem Vorschlag einer alternativen Heuristik.

Ein kurzer Hinweis zu Beginn: Während man die hier behandelte Thematik auf einer abstrakteren Ebene als die gegenwärtigen Diskurse um »Christentum und nicht-heteronormative sexuelle Orientierungen und Geschlechteridentitäten« bezeichnen könnte, wird im Folgenden vor allem von männlicher Homosexualität die Rede sein. Diese steht in den hier behandelten kontroversen Debatten meist im Zentrum. Darüber hinaus liegen bislang auch deutlich weniger Studien zu weiblicher Homosexualität, Bi- oder Transsexualität in christlichen und generell religiösen Kontexten vor.[1] Wenn es im Folgenden daher hauptsächlich um *männliche Homosexualität* geht, ist dies also primär der entsprechenden gesellschaftlichen aber auch der wissenschaftlichen Diskurslage geschuldet.

Ich werde darüber hinaus im Rahmen dieses kurzen Aufsatzes auf terminologische Fragen nicht ausführlich zu sprechen kommen. Ich habe jedoch im Titel bewusst die Bezeichnung »globales Christentum« gewählt. Die zunehmende Bedeutung des von mir behandelten Themas als zentralem Konfliktherd im Chris-

---

[1] Vgl. Andrew K. T. Yip, Coming Home from the Wilderness: An Overview of Recent Scholarly Research on LGBTQI Religiosity/Spirituality in the West, in: Kath Browne u. a. (Hg.), Queer Spiritual Spaces: Sexuality and Sacred Places, Farnham 2010, 35–50, hier: 36.

tentum in einer »globalisierten Welt« erschließt sich, so denke ich, analytisch nur in einer *Kombination* aus lokal und global orientierten Perspektiven.[2]

2. Brasilien

Ich beginne mit zwei kurzen Skizzen zum brasilianischen Kontext.[3] Hier stehen zum einen die öffentlichen Konflikte um Homosexualität im Zentrum, die sich insbesondere in den letzten Jahren an der Frage der Anti-Diskriminierungsgesetzgebung entfacht haben. Zum anderen kommt mit den Entwicklungen im protestantischen Spektrum Brasiliens besonders über das vergangene Jahrzehnt die Entstehung einer Reihe von Kirchen in den Blick, die sich eine Vereinbarkeit von christlicher Identität und nicht-heterosexuellen Orientierungen zum Ziel gesetzt haben.

2.1 Öffentliche Debatten um das Anti-Diskriminierungsgesetz PL 122

Wie eingangs bereits erwähnt, gab es während der letzten zehn Jahre in Brasilien eine intensive öffentliche Auseinandersetzung um den Gesetzesentwurf zur Überarbeitung des bereits gültigen Anti-Diskriminierungsgesetzes.[4] Dieser sah

---

[2] Vgl. auch Ulrich Dehn, Weltweites Christentum und ökumenische Bewegung, Berlin 2013, 18–19.

[3] Als Hintergrundinformation zur gegenwärtigen brasilianischen Sexualkultur siehe Richard G. Parker, Bodies, Pleasures, and Passions: Sexual Culture in Contemporary Brazil, Nashville 2009; einen detaillierten Überblick über die Entwicklung des LGBTQI-Aktivismus in Brasilien (und Mexiko) gibt Rafael De la Dehesa, Queering the Public Sphere in Mexico and Brazil: Sexual Rights Movements in Emerging Democracies, Durham 2010; zur (männlichen) Homosexualität in Brasilien im 20. Jahrhundert siehe James N. Green, Beyond Carnival: Male Homosexuality in Twentieth-Century Brazil, Chicago 1999; zur Geschichte der Entwicklung einer brasilianischen LGBTQI-Bewegung siehe auch James N. Green, »›More Love and More Desire‹: The Building of a Brazilian Movement«, in: Barry D. Adam u. a., The Global Emergence of Gay and Lesbian Politics: National Imprints of a Worldwide Movement, Philadelphia 1999, 91–109.

[4] Siehe als Überblick über den politischen Hintergrund Brasiliens Sérgio Costa, Das politische System Brasiliens, in: Klaus Stüwe u. a. (Hg.), Die politischen Systeme in Nord- und Lateinamerika, Wiesbaden 2008, 114–137. Zur Geschichte des Landes jetzt Kersten Knipp, Das ewige Versprechen: Eine Kulturgeschichte Brasiliens, Berlin 2013; und Stefan Rinke/Frederik Schulze, Kleine Geschichte Brasiliens, München 2013. Einen kurzen Überblick über die gegenwärtige Situation im Bezug auf die Rechte sexueller Minderheiten in Brasilien bietet Sérgio Carrara, Discrimination, Policies, and Sexual Rights in Brazil, in: Cadernos de Sade Pública, Jg. 28, H. 1, 2012, 184–189. Zum umfassenden Kontext siehe Omar G. Encarnación, Latin America's Gay Rights Revolution, in: Journal of Democracy, Jg. 22, H. 2, 2011, 104–118.

vor, das bestehende Gesetz, welches die Strafbarkeit einer jeglichen Diskriminierung aufgrund von Rasse oder ethnischer Zugehörigkeit regelt, um eine Diskriminierung aufgrund von »sexueller Orientierung« (*orientação sexual*) zu erweitern. Der Entwurf hatte bereits eine längere Vorgeschichte hinter sich, als er 2006 als *Projeto de Lei da Câmara 122* (»Gesetzesprojekt 122«) von der brasilianischen Abgeordnetenkammer (*Câmara dos Deputados*) angenommen und an den Senat weitergereicht wurde.[5] Grundlage war eine Initiative der Abgeordneten Iara Bernardi (Partido dos Trabalhadores, São Paulo) von 2001 gewesen, die Sanktionen vorschlug gegenüber »jeglicher juristischen Person, die durch ihre Vertreter, Angestellten, Werbung oder irgendein anderes Mittel eine Diskriminierung eines Individuum aufgrund seiner sexuellen Orientierung vorantreibt, erlaubt oder einer solchen zustimmt«.[6] Dieser Vorschlag einer Anpassung des vorhandenen Gesetzes (Nr. 7.716 aus dem Jahr 1989) war von Beginn an höchst umstritten, da dieses bereits den Aufruf und die Anstiftung zu Diskriminierung unter Strafe stellte. Diskutiert als eine »Kriminalisierung von Homophobie« rief dieser Vorschlag großen Protest hervor: Kritiker argumentierten, dass ein solches Gesetz auch auf Äußerungen von christlichen Priestern und Pastoren zutreffen würde, die Homosexualität als Sünde verstehen und diese Ansicht in Predigten äußern würden.

Die Gesetzesinitiative wurde so zum Ausgangspunkt einer intensiven Debatte: Zwischen 2006 und 2013 wurde der Entwurf öffentlich sowie in verschiedenen politischen Gremien immer wieder kontrovers diskutiert, bis der Gesetzgebungsprozess im Dezember 2013 einen vorläufigen Abschluss fand. Ein für den 20.11.2013 angesetzter Abstimmungstermin über den zu diesem Zeitpunkt vorliegenden Entwurf wurde aufgrund des von Seiten evangelikaler Abgeordneter ausgeübten Drucks erneut verschoben. Mitte Dezember 2013 beschloss der

---

[5] Zur Geschichte des Gesetzesentwurfs siehe Bruna Leão Rangel, Discurso de ódio e PLC n° 122/06: liberdade de expressão ou direito de discriminar?, Bachelorarbeit, Universidade de Brasília, Brasília, 2013. (http://bdm.bce.unb.br/handle/10483/6862), 12–14; und Marcelo Alves Lima, Hate Speech and the Rhetorical against Criminalization in Homophobic Discussion by Religious Leaders in Brazil, in: IPSA, XXII World Congress of Political Science, Madrid, Spain, 8–12 July 2012, http://paperroom.ipsa.org/app/webroot/papers/paper_18212.pdf (archiviert unter http://www.webcitation.org/6aLUm4Aey).

[6] »[Q]ualquer pessoa jurídica que por seus agentes, empregados, propaganda ou qualquer outro meio promoverem, permitirem ou concorrerem para a discriminação de um indivíduo em razão da sua orientação sexual.« (zitiert nach Rangel, Discurso de ódio e PLC n° 122/06, 12). Vgl. auch Carrara, Discrimination, Policies, and Sexual Rights in Brazil, 188. Alle Übersetzungen aus dem Portugiesischen hier und im Folgenden stammen von mir.

Senat schließlich, die neue Bestimmung nicht gesondert zu verabschieden, sondern zukünftig als Teil einer größeren Reform des Strafrechts zu verhandeln.[7]

Im Hintergrund der ausgiebig geführten gesellschaftsweiten Debatte stand darüber hinaus das – ebenfalls kontroverse – von der brasilianischen Regierung unter Präsident Luiz Inácio Lula da Silva bereits im Jahr 2004 ins Leben gerufene Programm *Brasil sem Homofobia* (»Brasilien ohne Homophobie«). Als Ergebnis dieser Bestrebungen wurden in Brasilia in den Jahren 2008 und 2011 zwei »Nationale Konferenzen der Schwulen, Lesben, Bisexuellen, Transvestiten und Transsexuellen« abgehalten, die auch vom Präsidenten Brasiliens selbst besucht wurden. Der 2009 veröffentlichte *Plano Nacional de Promoção da Cidadania e Direitos Humanos de LGBT* (»Nationaler Plan zur Förderung der Staatsbürgerschaft und Menschenrechte der LGBT«) hatte sich zum Ziel gesetzt, »das Stigma und die Diskriminierung aufgrund von sexueller Orientierung und Geschlechteridentität zu bekämpfen«[8], und warb für eine aktive Politik und die Umsetzung konkreter Maßnahmen, um gegen Homophobie vorzugehen.[9]

Die Programme der Regierung sowie besonders die Gesetzesinitiative *Projeto de Lei da Câmara 122* (allgemein bekannt als PL 122) lösten in Brasilien somit über das letzte Jahrzehnt eine breite gesellschaftliche Debatte aus. Christliche Akteure waren an den Auseinandersetzungen entscheidend beteiligt. Kritik an dem Vorhaben kam dabei besonders aus evangelikalen und pfingstlichen Kreisen. Diese Kritik vereinte sich in dem Slogan »Sag Nein zu PL 122« (*Diga não a PL 122*). Leitfiguren wie der pfingstliche Pastor Silas Malafaia (von der *Assembleia de Deus Vitória em Cristo*) oder der bekannte Blogger Julio Severo erhoben unermüdlich ihre Stimme in den Medien und im Rahmen von Internetkampagnen und trugen ihren Protest auf diese Weise lautstark in die Öffentlichkeit. Wiederholt kam es zu größeren Demonstrationen, wie etwa bereits eingangs erwähnt im Juni 2011, als ca. 25.000 Christen in Brasilia zusammenkamen, um gegen die Gesetzesinitiative zu protestieren.

---

[7] Vgl. Jornal do Senado XIX, N. 4.014, Brasília, quarta-feira, 18 de dezembro de 2013, 7.

[8] »Combater o estigma e a discriminação por orientação sexual e identidade de gênero.« (Brasil, Secretaria Especial dos Direitos Humanos, Plano Nacional de Promoção da Cidadania e Direitos Humanos de LGBT, Brasília 2009, 10).

[9] Vgl. Carrara, Discrimination, Policies, and Sexual Rights in Brazil, 187. Zum »Plano Nacional« siehe auch Luiz Mello u. a., Por onde andam as políticas públicas para a população LGBT no Brasil, in: Sociedade e Estado, Jg. 27, H. 2, 2012, 289–312.

Was laut der Kritiker in der Kontroverse auf dem Spiel stand, möchte ich im Folgenden kurz aufzeigen. So beschrieb etwa die Zeitschrift *Enfoque Gospel* (»Fokus Evangelium«) die Problematik wie folgt:

> »Gemeinschaften wie die katholische und protestantische fürchten die Etablierung einer strengen Diktatur gegenüber christlichen moralischen Überzeugungen auf nationaler Ebene. ... Das neue Gesetz ... gesteht den Richtern ... reichlich Macht zu, sogar ohne Eröffnung polizeilicher Ermittlungen die Beschlagnahmung von Büchern zu veranlassen, Radio- oder Fernsehübertragungen zu verbieten, die Aktivitäten juristischer Personen zu unterbinden (wie unter anderem die Schließung von Kirchen, von Einrichtungen zur Unterstützung von Ex-Homosexuellen, Presseorganen), Bibeln zu beschlagnahmen (oder einige ihrer Seiten), bis hin dazu, jeden für bis zu fünf Jahre ins Gefängnis zu stecken, der als persönliche Meinungsäußerung die Praxis [der Homosexualität] ablehnt. ... [E]s wäre ein Gesetz, das die Befugnis gäbe für die Einrichtung einer großen religiösen Verfolgung.«[10]

Das Gesetz wird hier als Teil der Etablierung einer »Diktatur« bezeichnet, die im gleichen Text auch als »schwule Diktatur« (*ditadura gay*) bezeichnet wird. Der Rückgriff auf die Begrifflichkeit der Diktatur muss sicherlich im Kontext der brasilianischen Geschichte des 20. Jahrhunderts und der Erfahrungen unter der Militärdiktatur gelesen werden und gehört zur politischen Polemik in Brasilien. In dem Beitrag ist ebenfalls die Rede von einem »schwulen Maulkorb« (*mordaça gay*). Als Titel dieses Artikels in *Enfoque Gospel* wählte der Autor »Sie wollen uns zum Schweigen bringen« (*Querem nos calar*). Die Warnung vor einer Verfolgung überzeugter Christen in Brasilien in der Folge einer Verabschiedung des Gesetzes verbindet sich mit der Erwartung einer Zensur christlicher Publikationen sowie Radio- und Fernsehprogramme. Auch die Bibel selbst könne Opfer einer entsprechenden Zensur werden. Diese hier beschriebene Befürchtung

---

[10] »[C]omunidades como a católica e evangélica temem o estabelecimento nacional de uma severa ditadura à opinião moral cristã. [...] A nova lei [...] concederá aos juízes – sob qualquer denúncia de discriminação – plenos poderes para, até mesmo sem a abertura de inquérito policial, ordenar a apreensão de livros, cessar transmissões radiofônicas ou televisivas, suspender atividades de pessoas jurídicas (como o fechamento de igrejas, entidades de apoio aos ex-homossexuais, órgãos de imprensa, entre outros), recolher Bíblias (ou algumas de suas folhas), bem como colocar na cadeia, por até 5 anos, qualquer pessoa que se opuser à prática, manifestando sua própria opinião. ... [S]erá uma lei que dará autoridade para o estabelecimento de uma grande perseguição religiosa.« Oziel Alves, Querem nos calar: lei da homofobia pode instaurar uma ditadura gay no Brasil, in: Enfoque Gospel, Jg. 75, Oktober 2007, http://www.revistaenfoque.com.br/index.php?edicao=75&materia=863 (archiviert unter: http://www.webcitation.org/6aLZri7tE).

drückte sich auch, worauf ich bereits hingewiesen habe, auf einem der bei der eingangs erwähnten Demonstration eingesetzten Banner aus:»Bald werden sie sagen, dass die Bibel homophob ist.«

Ähnliche Artikel in evangelikalen und pfingstlichen Magazinen erschienen unter Titeln wie»Gibt es religiöse Verfolgung in Brasilien?« (*Existe perseguição religiosa no Brasil?, Revista Eclésia*, Nr. 121). Es wurden Befürchtungen geäußert, dass Pastoren und Priester, die sich öffentlich ablehnend gegenüber der Homosexualität äußern, sich vor Gericht würden verantworten müssen und ins Gefängnis gesteckt würden. In diesem Sinne wurde das Gesetz als direkter Angriff auf die von der Verfassung garantierte Meinungsfreiheit und Religionsfreiheit dargestellt.[11]

Bereits frühere Initiativen Brasiliens zur Stärkung von LGBTQI-Rechten im Rahmen der UN und das bereits erwähnte Programm *Brasil sem Homofobia* gaben Anlass zu scharfer Kritik aus evangelikalen Kreisen. Ein populärer Text des Bloggers und Theologen Julio Severo endete mit einem Aufruf zum folgenden Gebet:

> »Jesus, König der Könige und Herr Brasiliens, wir geben Dir Herr zahlreiche Möglichkeiten und Freiraum zu handeln und in der Regierung Brasiliens zu intervenieren … Schau auf die gegenwärtige Lage Brasiliens und all die Anstrengungen, die Homosexualität zu fördern. Hab Mitleid mit unserem Land. Im Namen Jesu segnen wir alle evangelikalen Führer Brasiliens, auf dass sie aufwachen und handeln. Wir verfluchen das Programm Brasilien ohne Homophobie und all die anderen pro-homosexuellen Programme und Projekte der Regierung.«[12]

Diese Beispiele zeigen die scharfe Rhetorik von evangelikaler Seite, die die Gesetzesentwürfe und Regierungsprogramme als eine nationale Bedrohung wahrnehmen.

---

[11] Vgl. Marcelo Natividade/Leandro de Oliveira, Sexualidades Ameaçadoras: religião e homofobia(s) em discursos evangélicos conservadores, in: Sexualidad, Salud y Sociedad – Revista Latinoamericana, Jg. 2, 2009, 121–161, hier: 148. Dieser Artikel ist auch in einer gekürzten englischen Übersetzung erschienen als Marcelo Natividade/Leandro de Oliveira, Threatening Sexualities: Religion and Homophobia(s) in Evangelical Discourses, in: CLAM (Hg.), Sexuality, Culture and Politics – A South American Reader, 2013, 600–619, http://www.clam.org.br/uploads/publicacoes/book2/34.pdf.

[12] »Jesus, Rei dos Reis e Senhor do Brasil, te damos plenas oportunidades e espaço livre para o Senhor agir e interagir poderosamente no governo do Brasil … Olha para a situação do Brasil e todos os esforços para promover o homossexualismo. Tem misericórdia do nosso país. Em nome de Jesus, abençoamos todos os líderes evangélicos do Brasil, para que acordem e ajam. Amaldiçoamos o programa Brasil sem Homofobia e todos os outros programas e projetos pró-homossexualismo do governo.« (Julio Severo, Brasil luta para favorecer homossexualismo na ONU, zitiert nach: Natividade/de Oliveira, Sexualidades Ameaçadoras, 147).

Gleichzeitig gab es allerdings aus dem christlichen Spektrum auch Stimmen zu hören, die dem Gesetzesentwurf gegenüber positiv eingestellt waren. Noch im Dezember 2013 veröffentlichte der ökumenische *Conselho Nacional de Igrejas Cristãs do Brasil* (CONIC, »Nationaler Rat christlicher Kirchen in Brasilien«) eine Stellungnahme, die im Rahmen einer Aktionswoche gegen Gewalt gegen Frauen eine Annahme des PL 122 durch den Senat als Schritt in die richtige Richtung bezeichnete. Nicht zuletzt als Reaktion auf diese Kritik wurde anhand weiterer Fassungen des Gesetzesentwurfs kontrovers diskutiert, ob diskriminierende Äußerungen innerhalb von »religiösen Gebäuden« oder bei »religiösen Veranstaltungen« (*templos e eventos religiosos*) von der vorgesehenen Strafbarkeit auszunehmen seien.

Die hier kurz skizzierten öffentlichen Kontroversen um Homosexualität und Christentum in Brasilien werfen die Frage nach der Rolle von Religion in der modernen demokratischen Öffentlichkeit auf – »Public Religions in a Modern World«, wie dies José Casanova bereits 1994 bezeichnet hat. Er hatte damals die These aufgestellt, »that there can be and that there are public religions in the modern world which do not need to endanger either modern individual freedoms or modern differentiated structures«.[13] Anhand der virulenten Auseinandersetzungen um Homosexualität sowie generell um sexualethische Fragen oder den Schwangerschaftsabbruch lässt sich jedoch erkennen, dass der Versuch zunehmender politischer Einflussnahme etwa durch evangelikale Akteure in Lateinamerika, Afrika und Asien den demokratischen Nationalstaat vor große Herausforderungen stellt.[14] Während Casanova besonders die positive Rolle religiöser Gemeinschaften in sozialen Konfliktfeldern betont hatte, scheinen sexualethische Fragen gegenwärtig zu den virulentesten politischen Reizthemen für religiöse Öffentlichkeiten zu gehören. Eine Opposition gegen entsprechende ›progressive‹ Regelungen und die Ausweitung von Bürgerrechten kommt – nicht ausschließlich aber in einem großen Maße – aus dem religiösen Kontext. In Brasilien lässt sich hier seit den 1980er-Jahren ein zunehmender religiöser Einfluss in der Parteipolitik beobachten. Der frühere Slogan »Gläubige mischen sich nicht in die

---

[13] José Casanova, Public Religions in the Modern World, Chicago 1994, 215.
[14] Siehe auch Paul Freston, Evangelicals and Politics in Asia, Africa, and Latin America, New York, 2004. Zu Brasilien siehe u. .a. Gary Reich/Pedro dos Santos, The Rise (and Frequent Fall) of Evangelical Politicians: Organization, Theology, and Church Politics, Latin American Politics and Society, Jg. 55, H. 4, 2013, 1–22.

Politik ein« (*crente não se mete em política*) wurde im Laufe der Zeit ersetzt durch eine neue Parole:»Bruder stimmt für Bruder« (*irmão vota em irmão*).[15] Gleichzeitig sind gegenwärtige öffentliche Konflikte um Homosexualität zumeist auch Auseinandersetzungen um das grundlegende Verhältnis zwischen Religion und Recht. Für den demokratischen Nationalstaat geht es hier um die Abwägung zwischen dem Recht auf freie Meinungsäußerung und Religionsausübung einerseits und der Wahrung der Menschenrechte andererseits. Dies verweist auf die Säkularisierungsthematik und die rechtlichen Grundlegungen des Nationalstaats. Wie die Religions- und Rechtswissenschaftlerin Winnifred Fallers Sullivan betont, zeigen sich in Rechtskonflikten um Religion die Aporien des »säkularen Rechts«. Die hier skizzierten Konflikte verweisen somit auf die anhaltende enge Verflechtung religiöser und rechtlicher Diskurse, nicht zuletzt, da jede Formulierung von Religionsfreiheit letztlich auf eine religionsdefinitorische und damit implizit auch religionstheoretische Grundlegung angewiesen ist.[16]

Anhand dieses kurzen Einblicks lässt sich am Beispiel Brasiliens erahnen, wie in gegenwärtigen Demokratien die öffentlichen und politischen Auseinandersetzungen um sexuelle Vielfalt und besonders Homosexualität zentrale Fragen für das Verhältnis von Staat, Politik und Religion aufwerfen. Wie der Sozialanthropologe Sérgio Carrara im Blick auf Brasilien schreibt, haben sich die Kontroversen um LGBTQI-Rechte in den letzten Jahren sehr stark verschärft,»testing the very democratic and secular nature of the Brazilian state ... «.[17]

All diese Themen sind keineswegs neu, allerdings lässt sich an diesem Beispiel zeigen, dass die Thematik»Homosexualität« einen Kristallisationspunkt darstellt, an dem sich diese Fragen während des vergangenen Jahrzehntes besonders auffällig entfaltet haben. Und das Christentum, insbesondere aufgrund globaler Entwicklungen wie des»shifting of centers of gravity«, spielt hier eine entscheidende Rolle. So illustriert bereits dieses erste Fallbeispiel die These, dass sich anhand der pluralen Kontroversen um Homosexualität im gegenwärtigen religiösen Feld Brasiliens zentrale Konfliktlinien innerhalb des weltweiten Christentums und der gegenwärtigen globalen Religionslandschaft analysieren lassen.

[15] Janine Bendorovicz Trevisan, Evangélicos Pentecostais na política partidária Brasileira: de 1989 a 2010, ANPUH, Jg. 15, 2013, http://www.dhi.uem.br/gtreligiao/anais4/st8/2.pdf, 2–3.
[16] Vgl. Winnifred Fallers Sullivan u. a. (Hg.), After Secular Law, Stanford 2011.
[17] Carrara, Discrimination, Policies, and Sexual Rights in Brazil, 188.

2.2 Die »igrejas inclusivas« und die Entstehung einer »christlichen Homosexualität«

Neben den heftigen öffentlichen Kontroversen um die Gesetzesinitiative PL 122, in denen besonders evangelikale und pfingstliche Akteure eine zentrale Rolle gespielt haben, sind im christlichen Spektrum Brasiliens noch weitere Entwicklungen zu beobachten. Seit den frühen 2000er-Jahren konstituieren sich in vielen Bundesstaaten sogenannte *igrejas inclusivas* (»inklusive/inkludierende Kirchen«). Diese zeichnen sich vorrangig dadurch aus, dass sie in der Beurteilung nicht-heterosexueller Identitäten und sexueller Orientierungen eine von der Mehrheit der evangelikalen und pfingstlichen Kirchen abweichende Einschätzung vertreten. Mit ihrem Programm einer »radikalen Inklusion« (*inclusão radical*) setzen sie sich ein – wie beispielsweise eine Kirche aus São Paolo formuliert – »nicht … nur … für die Rechte der LGBT Community …, sondern für die Rechtsgleichheit aller ohne Unterschiede« (*não … só … pelos direitos da comunidade LGBT … mas pela igualdade de direitos de todas e todos sem distinção*).[18] Eine Passage aus ihrem »inklusiven Glaubensbekenntnis« (*Confissão de Fé Inclusiva*) lautet daher wie folgt: »Ich glaube an die Menschenrechte, an die Solidarität zwischen den Völkern … Ich glaube, dass alle Männer und Frauen in gleicher Weise Menschen sind. Ich glaube, dass nur einziges gleiches Recht für alle menschlichen Wesen existiert und dass ich nicht frei bin, solange noch ein Einziger in der Sklaverei verbleibt.«[19]

Auch wenn solche *igrejas inclusivas* innerhalb des breiten Spektrums des brasilianischen Christentums eine kleine Minderheit bleiben und besonders in urbanen Mittelklassemilieus Anklang finden, haben sich entsprechende Kirchen seit der Mitte des letzten Jahrzehnts in fast allen brasilianischen Bundesstaaten etabliert.[20] Die Entwicklung hin zu den *igrejas inclusivas* vollzog sich dabei in drei

---

[18] Vgl. »Anel de Tucum: Qual o significado do seu uso?«, in: http://www.icmsp.org/novoportal/index. php?option=com_content&view=article&id=339:o-anel-de-tucum-qual-o-significado-do-seu-uso&catid=43:artigos&Itemid=67 (archiviert unter: http://www.webcitation.org/6aLDUCkJ3).

[19] »Creio nos direitos humanos, na solidariedade entre os povos … Creio que todos os homens e mulheres são igualmente humanos. Creio que só existe um direito igual para todos os seres humanos, e que eu não sou livre enquanto uma pessoa permanecer escrava.« (»Confissão de Fé Inclusiva«, in: http://www. icmsp.org/novoportal/index.php?option=com_content

[20] Zur Entwicklung der »igrejas inclusivas« in Brasilien siehe Fernando Cardoso, O Evangelho Inclusivo e a Homosexualidade, São Paulo 2010; und Fátima Weiss de Jesus, Igrejas inclusivas em perspectiva comparada: da »inclusão radical« ao »mover apostólico«, in: Seminário Internacional Fazendo Gênero 10 (Anais Eletrônicos) (http://www.en.fazendogenero.ufsc.br/10/site/anaiscomplementares), Florianó-polis 2013.

Phasen, wie Fatima Weiss de Jesus rekonstruiert hat: Zunächst vertraten seit den frühen 1990er-Jahren vereinzelt Kirchen aus dem Kontext des historischen Mainstream-Protestantismus in Brasilien ein »inklusives Evangelium« (*evangelho inclusivo*). Hierzu zählten etwa die *Igreja Presbiteriana Bethesda*, eine Abspaltung der *Igreja Presbiteriana do Brasil*, die in Rio de Janeiro im Jahr 1992 gegründet worden war, sowie die *Igreja Episcopal Anglicana do Brasil*, die seit 1998 mit einer inklusiven Haltung auf die zunehmenden Debatten um die (Un-) Vereinbarkeit von Christentum und Homosexualität reagiert hatte.[21] In den späten 1990er-Jahren entwickelte sich dann in einer zweiten Phase aus dem politischen Aktivismus der Homosexuellenbewegung, angeführt von Organisationen wie CORSA (*Cidadania, Orgulho, Respeito, Solidariedade e Amor* / »Staatsbürgerschaft, Stolz, Respekt, Solidarität und Liebe«) und von dem akademischen Milieu zugehörigen Institutionen wie CAHEUSP (*Centro Acadêmico de Estudos Homoeróticos da Universidade de São Paulo*), auch ein spezifisch christlicher Aktivismus, etwa in Form der *Comunidade Cristã Gay*, die 1998 in São Paulo gegründet wurde. Zwischen 1996 und 1997 hatte CORSA in São Paulo bereits ökumenische Feiern veranstaltet und in wöchentlichen Treffen eine Debatte über die Ausgrenzung von Homosexuellen in verschiedenen Religionen angestoßen.[22] Schon früh tauchte dabei die Frage auf, ob man eher an einer Etablierung spezifischer christlicher Institutionen für Homosexuelle arbeiten oder vielmehr die Akzeptanz und Integration von Homosexualität in den vorhandenen Denominationen fördern solle.[23] In einer dritten Phase nach 2000 entstand dann eine Vielzahl von sogenannten *igrejas inclusivas*. Als Pionier fungierte hier die in Niterói im Jahr 2002 gegründete *Igreja da Comunidade Metropolitana* (ICM), ein Ableger der aus den USA stammenden *Metropolitan Community Church* (MCC). Diese war Ende der 1960er-Jahre in Kalifornien entstanden und richtete sich als eine der ersten Kirchen in den USA besonders an homosexuelle Christen. Sie gab sich zur Aufgabe, eine biblische Legitimation für schwule und lesbische Identität und Sexualität zu entwickeln. Unter dem Namen *Universal Fellowship of Metropolitan Community Churches* (UF-MCC) entwickelte sie sich bald zu einer internationalen protestantischen Denomination mit hunderten von Mitgliedskir-

---

[21] Vgl. Weiss de Jesus, Igrejas inclusivas em perspectiva comparada, 5.
[22] Vgl. Marcelo Tavares Natividade, Uma homossexualidade santificada? Etnografia de uma comunidade inclusiva pentecostal, in: Religião & Sociedade, Jg. 30, H. 2, 2010, 90–121, hier: 92.
[23] Vgl. Natividade, Uma homossexualidade santificada?, 93.

chen.[24] Nach der zum Teil schwierigen Etablierung erster kleiner Gemeinden in Brasilien entstanden im Verlauf der 2000er-Jahre schnell weitere Ableger der ICM in São Paolo, Curitiba, Brasilia, Rio de Janeiro, Recife und weiteren Großstädten.[25]

Wenn man sich diese vielfältigen Entwicklungen vor Augen führt, erscheint besonders interessant, dass sich *innerhalb* dieser Kategorie der *igrejas inclusivas* mindestens zwei unterschiedliche Richtungen feststellen lassen. Auch wenn die Kirchen alle darin übereinstimmen, dass der Homosexualität ein positiver Wert zugemessen wird, gibt es eine Vielzahl von unterschiedlichen Positionierungen, besonders im Hinblick auf das konkrete Ausleben dieser Sexualität. Die *igrejas inclusivas* unterscheiden sich also durchaus stark in ihrer Weltsicht und Theologie.[26] Dies möchte ich im Folgenden kurz ausführlicher darlegen.

Der brasilianische Sozialanthropologe Marcelo Tavares Natividade hat im letzten Jahrzehnt umfangreiche Feldforschungen in mehreren *igrejas inclusivas* in Rio de Janeiro durchgeführt.[27] Zum einen ist dies die *Igreja da Comunidade Metropolitana no Brasil* (ICM), gegründet im Jahr 2004 als Ableger der MCM in den USA.[28] Zum anderen hat Natividade die Entstehung und Entwicklung der ersten Jahre der *Igreja Christã Contemporânea* (ICC) untersucht, die 2006 aus einer Abspaltung dieser ICM in Rio de Janeiro hervorgegangen ist.

Anhand dieses von Natividade detailliert dargestellten Schismas lässt sich die Komplexität der Positionierungen der *igrejas inclusivas* im christlichen Spektrum Brasiliens darstellen. So repräsentieren die zwei Gruppierungen die Spannungen und Entwicklungen im Feld. Die ICM vertritt eine »homosexuelle Theo-

---

[24] Zur Geschichte der MCM besonders in den USA siehe u. a. R. Stephen Warner, The Metropolitan Community Churches and the Gay Agenda: The Power of Pentecostalism and Essentialism, in: Mary J. Neitz/Marion S. Goldman (Hg.), Sex, Lies, and Sanctity: Religion and Deviance in Contemporary North America, Greenwich 1995, 81–108; und Melissa M. Wilcox, Of Markets and Missions: The Early History of the Universal Fellowship of Metropolitan Community Churches, in: Religion and American Culture: A Journal of Interpretation, Jg. 11, H. 1, 2001, 83–108.

[25] Vgl. Weiss de Jesus, Igrejas inclusivas em perspectiva comparada, 5–6; Natividade, Uma homossexualidade santificada?, 94–96.

[26] Vgl. Weiss de Jesus, Igrejas inclusivas em perspectiva comparada, 2.

[27] Siehe u. a. Natividade, Uma homossexualidade santificada?; Marcelo Tavares Natividade/Leandro de Oliveira, God »Transforms« or God »Accepts«? Dilemmas of the Construction of Identity Among LGBT Evangelicals, in: Vibrant, Jg. 7, H. 1, 2010, 132–156.

[28] Ableger der ICM existieren ebenfalls in zahlreichen anderen Städten, mit zum Teil divergierenden Entwicklungen. Zur ICM São Paulo vgl. ausführlich Weiss de Jesus, Igrejas inclusiva em perspectiva comparada; Fatima Weiss de Jesus, Unindo a cruz e o arco-íris: vivência religiosa, homossexualidades e trânsitos de gênero na Igreja da Comunidade Metropolitana de São Paulo, Dissertation, Universidade Federal de Santa Catarina, Florianópolis, 2012, http://nigs.paginas.ufsc.br/files/2012/01/TESE-FATIMA-WEISS-FINAL.pdf (archiviert unter http://www.webcitation.org/6aM0xmhOk).

logie« (*teologia gay*) und thematisiert »Homosexualität« explizit in Gottesdienst und Theologie.[29] Sie pflegt darüber hinaus enge Verbindungen zur brasilianischen LGBTQI-Bewegung, versteht ihre Aufgabe aus einem politischen Engagement heraus und sieht ihre religiöse Mission im Kampf für mehr soziale Gerechtigkeit. Zu dieser Agenda gehört das Anprangern von Homophobie in der christlichen Tradition, die Schaffung von Räumen, in denen Homosexuelle ein religiöses Leben im Einklang mit ihrer sexuellen Orientierung führen können, und die Entwicklung und Verbreitung einer Theologie, deren Grundlage die Gleichstellung von Homosexuellen und Heterosexuellen ist.[30]

Dem gegenüber stehen Gemeinschaften wie die *Igreja Christã Contemporânea* (ICC). Diese geht auf Distanz zum politischen Aktivismus der LGBTQI-Bewegung und stellt sich selbst als eine Kirche dar, die keine »Kirche für Homosexuelle« sein möchte. Vielmehr versteht sie sich als ein Ort »ohne Vorurteile« (*sem preconceitos*) und als »Ort der Heilung, der Liebe und des Wortes Gottes« (*lugar da cura, do amor e da Palavra de Deus*).[31] Ihr Fokus liege somit nicht auf der Verteidigung einer bestimmten sexuellen Orientierung als einer mit dem Christentum vereinbaren Identität, sondern darauf, eine für alle Menschen offene christliche Kirche zu sein. Mit dieser Einstellung verbindet sich in der ICC die Herausbildung eines spezifischen Modells einer »geheiligten«, »christlichen Homosexualität«, so die Analyse von Natividade.[32] Zwar wird Homosexualität, wie in anderen *igrejas inclusivas*, auch in der ICC als natürliche Ausdrucksform menschlicher Sexualität verstanden, sie steht hier jedoch nicht im Zentrum der Theologie. Vielmehr äußern die Pastoren und Mitglieder der ICC auf unterschiedlichen Ebenen Kritik an der ICM, da in dieser der Fokus auf der Verteidigung einer bestimmten sexuellen Orientierung und nicht auf der Verehrung Gottes liege.[33] Gleichzeitig entwickle sich, so Natividade, im Kontext der ICC ein »pentekostales homosexuelles Ethos«, eine »geheiligte Homosexualität«, also eine bestimmte konkrete Vorstellung eines akzeptablen christlichen homosexuellen Lebens. Diese homosexuelle, pentekostale Sexualethik sieht vor, dass die Mitglieder der ICC in monogamen, festen Beziehungen leben und ein Ethos der

---

[29] Natividade, Uma homosexualidade santificada?, 96.
[30] A. a. O. 107.
[31] A. a. O. 98.
[32] A. a. O. 103.
[33] A. a. O. 103.

Diskretion verfolgen. Damit verbindet sich in der ICC die Ablehnung der Codes und Sprachformen der homosexuellen Subkultur.[34]

Das Beispiel der *igrejas inclusivas* zeigt die Entstehung einer positiven Einschätzung von Homosexualität in einem christlichen Kontext des globalen Südens. Auch in Brasilien steht somit in Bezug auf die Konflikte um Homosexualität nicht etwa das Christentum auf der einen und die säkulare Gesellschaft mitsamt der LGBTQI-Bewegung auf der anderen Seite. Vielmehr sehen verschiedene *igrejas inclusivas* das eigene Verhältnis zum politischen LGBTQI-Aktivismus je anders. Mit diesen Unterschieden verbindet sich zugleich jeweils eine je spezifische Vorstellung von der Kompatibilität von Christentum und Homosexualität.

Gleichzeitig ist besonders aufgrund des durchaus entscheidenden Einflusses der MCC auf die Anfänge der brasilianischen Entwicklung zu fragen, inwieweit hier eine Analyse weiterhilft, die sich allein auf die lokalen Gegebenheiten beschränkt. Lokale Studien wie die Feldforschungen von Natividade sind jedoch unverzichtbar, da gerade in einer globalen Perspektive auf die komplexen Aushandlungen zwischen christlichen und sexuellen Identitäten eine komplexe Beschreibung lokaler Entwicklungen notwendig ist. Die *igrejas inclusivas* sind in diesem Kontext ein eindrucksvolles Beispiel der Dynamiken innerhalb der gegenwärtigen Weltgesellschaft und zeigen auf, dass auch lokale Entwicklungen innerhalb eines globalen Rahmens stattfinden und entsprechend analysiert werden müssen.

Wie Melissa M. Wilcox bemerkt hat, lassen sich dabei gleichzeitig Rückwirkungen in den Blick nehmen, die das Schema der Ausbreitung vom Norden in den Süden in Frage stellen und eine polyzentrische Perspektive auf die globale Christentumsgeschichte erneut sinnvoll erscheinen lassen. Sie beschreibt den Einfluss der lateinamerikanischen Befreiungstheologie auf die Entstehung der MCC in den USA, die – wie wir oben gesehen haben – dann in den 2000er-Jahren wieder auf Brasilien zurückwirkt, wie folgt: »Thus, in the United States, liberation theology can be said to have influenced not only Chicano, Latino, and African American theologians but also feminist theologians and the UFMCC. In a documentary video produced by the UFMCC in 1984, the denomination is described as espousing a »liberation theology.« Beyond this self-description, however, UFMCC literature contains many theological affirmations of the rights of

---

[34] A. a. O. 103.

all minorities.«[35] Nicht zuletzt aufgrund dieser engen Verflechtungen zwischen Nord- und Südamerika und der entscheidenden Bedeutung der USA für die gegenwärtigen weltweiten Diskurse um Homosexualität soll in einem kürzeren Abschnitt nun noch ein Blick auf ein spezifisches Fallbeispiel geworfen werden.

3. USA: Homosexualität und christliche Männlichkeit

Unter Rückgriff auf Studien des Philosophen und Theologen Ludger H. Viefhues-Bailey möchte ich nun noch kurz ein Beispiel aus dem evangelikalen Spektrum in den USA vorstellen.[36] Dieses verweist darauf, dass es sich bei den Debatten um Homosexualität keinesfalls um ein isoliertes Spezialthema handelt. Im Kontext dieses Beispiels zeigen sich die gegenwärtigen Debatten um Homosexualität vielmehr als ein zentraler Ort der Verhandlung christlicher Männlichkeit.

Die 1977 von dem Kinderpsychologen Dr. James Dobson gegründete Organisation *Focus on the Family* gehört zu den einflussreichsten evangelikalen Medienorganisationen in den USA. Mit Radio- und Fernsehsendungen erreicht *Focus* ein Millionenpublikum und übt weitreichenden gesellschaftlichen und politischen Einfluss aus. Zum 25. Jubiläum der Organisation im Jahr 2002 beschrieb Jack Graham, der damalige Präsident der einflussreichen Southern Baptist Convention, den Einfluss von *Focus* wie folgt: »I think a generation has been changed, an entire generation of Christians and families have been changed by the biblical and practical counsel and guidance from Dr. Dobson.«[37] Mit über tausend Angestellten und einem Budget von über 125 Millionen US-Dollar erreicht Dobsons Oganisation über tausende Radiostationen ein weltweites Publikum. Die Bedeutung von *Focus* für den amerikanischen Evangelikalismus, so Viefhues-Bailey, lässt sich somit schwer übertreiben: »By this reckoning Dobson is one of the most important theologians when it comes to shaping how Americans think about God, the nation, and the family.«[38]

---

[35] Wilcox, Of Markets and Missions, 89–90.
[36] Ludger H. Viefhues-Bailey, Patriotic Dreams, Illicit Sex, and Divine Graces: The Intersection of Religion, Politics, and Sexual Normativity in Conservative Christian Discourse on Homosexuality, International Studies in Philosophy, Jg. 39, H. 2, 2007, 133–148; Ders., Between a Man and a Woman. Why Conservatives Oppose Same-Sex Marriage, New York 2010.
[37] Zitiert nach Viefhues-Bailey, Between a Man and A Woman, 6.
[38] A. a. O. 7.

In Büchern wie *Bringing Up Boys* (2001) entfaltet Dobson seine Vorstellung der gottgegebenen Naturen von Mann und Frau. Dies äußere sich bereits in grundlegenden Unterschieden zwischen Jungen und Mädchen. Die Natürlichkeit dieser Geschlechterordnung wird in diesem Text unablässig betont.[39] Gleichzeitig erscheint diese Ordnung jedoch in Dobsons Texten als vielfältig bedroht. Diese Bedrohung der gottgegebenen Geschlechterrollen ist eng verknüpft mit der Thematik der Homosexualität. Die Figur des männlichen Homosexuellen tritt dabei, wie Viefhues-Bailey herausgearbeitet hat, in zweifacher Gestalt auf: Auf der einen Seite steht der übersexualisierte, *hyper-männliche* Homosexuelle. Dieser steht für eine aggressive, bedrohliche Homosexualität.[40] So warnt *Focus* etwa vor der Verbreitung einer *gay agenda* an Schulen, als deren Ergebnis christliche Jungs zu Homosexuellen erzogen werden sollten. In diesem Diskurs wird Homosexualität mit Gesundheitsrisiken, einer auf Kinder und Jugendliche gerichteten aggressiven Sexualität und mit Gewalt verbunden. Es finden sich in Dobsons Texten somit zwei konkurrierende Diskurse. Während einerseits wieder und wieder eine natürliche Ordnung der Geschlechter betont wird, findet sich andererseits die Überzeugung, dass Männlichkeit nicht gegeben ist, sondern erlangt werden muss.[41] So zitiert Dobson in *Bringing Up Boys* ein Buch des klinischen Psychologen Joseph Nicolosi mit dem Titel *Preventing Homosexuality: A Parent's Guide*. Dort heißt es: »masculinity is an achievement. … [G]rowing up straight isn't something that happens. It requires good parenting. It requires societal support. And it takes time.«[42]

In diesem Zusammenhang erscheint die zweite Figur des Homosexuellen, die in Dobsons Texten verhandelt wird: der verweichlichte, feminisierte *hypo-männliche* Homosexuelle. Jungen laufen Gefahr, nicht zum Mann zu werden, sondern »feminized, emasculated, and wimpified«[43] und somit »homosexuell« zu werden.[44] Die gerade noch als ›natürlich‹ beschriebene Männlichkeit ist somit auf der anderen Seite ständig davon bedroht, ihre eigentlich doch gottgegebene Entfaltung nicht zu erlangen.

In der zweifachen Figur des Homosexuellen erscheinen also laut der Analyse von Viefhues-Bailey im Diskurs von *Focus on the Family* diejenigen sexuellen

---

[39] James Dobson, Bringing Up Boys, Wheaton 2001, 27.
[40] Viefhues-Bailey, Patriotic Dreams, 140.
[41] Viefhues-Bailey, Patriotic Dreams, 141–142.
[42] Dobson, Bringing Up Boys, 122.
[43] A. a. O. 26.
[44] Viefhues-Bailey, Patriotic Dreams, 141–142.

Extreme, zwischen denen sich eine normative christliche Männlichkeit zu verorten hat.[45] Als *zugleich* feminin *und* übermäßig maskulin verweist die Figur des Homosexuellen innerhalb dieses evangelikalen Diskurses auf die Instabilität christlicher Männlichkeit und ihre Grenzziehungen.

4. Überlegungen zu einer Analyseheuristik pluraler Homosexualitätsdiskurse im globalen Christentum

Ich komme nun abschließend zu einer systematischeren Reflexion und dem Vorschlag einer Analyseheuristik. Die Aufgabenstellung an die Missions- und Ökumene- und Religionswissenschaft scheint klar: Es gilt, im Hinblick auf die weltweiten Kontroversen um Homosexualität ein differenziertes und vielschichtiges Bild des globalen Christentums zu zeichnen. Hierbei ist es notwendig, die anfangs kurz angedeuteten zwei Erkenntnisblockaden einer Frontstellung zwischen LGBTQI-Bewegung und Christentum sowie der Gegenüberstellung zwischen ›nördlichem‹ und ›südlichem‹ Christentum im Bezug auf das Thema Homosexualität zu überwinden.

Wie lässt sich also eine alternative Perspektive auf das Thema »Christentum und nicht-heteronormative sexuelle Orientierungen und Geschlechteridentitäten« entwickeln? Ich möchte dazu folgende Heuristik vorschlagen: Zum einen sollte sich der Blick richten auf die *Innendifferenzierungen* des globalen Christentums. Zum anderen stellt sich die Frage nach Verhältnisbestimmungen und Konflikten in *Außenbeziehungen*.

Erstens: Welche *innerchristlichen* Diskurse und Entwicklungen lassen sich also in den kontroversen Auseinandersetzungen um Homosexualität im globalen Christentum beobachten? Dies sind zunächst Konflikte zwischen christlichen Gemeinschaften, die Homosexualität als ›unchristlich‹ ablehnen auf der einen Seite, und solchen, die eine positive Bewertung von Homosexualität vornehmen, auf der anderen Seite. Hier geht es also um *innerchristliche Kontroversen um Homosexualität*. Ein bekanntes Beispiel wären hier die Auseinandersetzungen um die Ordination offen homosexuell lebender Priester und Bischöfe innerhalb der weltweiten anglikanischen Gemeinschaft.[46]

---

[45] A. a. O. 142.
[46] Siehe etwa Sullins Paul, Homosexuality and the Crisis of Anglicanism, Religion, Jg. 41, H. 1, 2011, 122–125.

Darüber hinaus ist aber, wie wir anhand des brasilianischen Beispiels gesehen haben, eine weitere Differenzierung notwendig. Neben den bereits genannten Konflikten muss die Vielfalt christlicher positiver Bewertungen von Homosexualität ebenso Teil der Analyse sein. Auf diese Weise richtet sich der Blick auch auf Konflikte *zwischen homosexuellen Christen*. Anhand des Beispiels der brasilianischen ICM und ICC habe ich aufgezeigt, wie sich zwei unterschiedliche Profile christlicher inkludierender Kirchen herausbilden. Mit diesen geht eine Entwicklung unterschiedlicher Verständnisse dessen einher, wie eine ›christliche Homosexualität‹ auszusehen hat. So gilt es, zunächst einmal jenseits der in einer globalen Öffentlichkeit geführten Auseinandersetzungen die lokale Vielfalt der jeweiligen Entwicklungen wahrzunehmen.

Zwei weitere Punkte sind hier noch zu nennen: Zum einen die dringende Notwendigkeit einer intensiveren Erforschung der positiven Anknüpfung an christliche und generell religiöse Traditionen innerhalb der LGBTQI-Community, also der »Queer Spirituality«.[47] Eine Beschäftigung mit diesen Entwicklungen zeigt: Es gibt keineswegs eine einheitliche LGBTQI-Frontstellung gegenüber dem Christentum und Religion im Allgemeinen. Gerade im Hinblick auf eine intersektionale Analyse ist dies wichtig, da etwa LGBTQI-Christen (oder auch Muslime) in der Gesellschaft und in ihren religiösen Gemeinschaften oft mehrfach marginalisiert sind.[48]

Darüber hinaus ist in ökumenischer Perspektive nach der Entstehung neuer Allianzen zwischen Norden und Süden zu fragen. So entstanden in der Folge des Konflikts innerhalb der anglikanischen Gemeinschaft zahlreiche neue Verbindungen zwischen nordamerikanischen und afrikanischen Lokalkirchen.[49] Wie etwa Adriaan van Klinken beschrieben hat, lassen sich dabei jedoch nicht nur inneranglikanische, sondern auch trans-denominationelle Vernetzungen beobachten: »the controversy on homosexuality in the Anglican Communion is not an internal Anglican debate, but creates trans-denominational allies in global Christianity across the lines of those who would respect, and those who would offend ›true Christianity.‹«[50] Eine Erforschung auch dieser Allianzen zählt zu

---

[47] Siehe etwa Browne u. a. (Hg.), Queer Spiritual Spaces.
[48] Vgl. Yip, Coming Home from the Wilderness, 42–44; Kath Browne, Queer Spiritual Spaces: Conclusion, in: Dies. u. a. (Hg.), Queer Spiritual Spaces, 231–245, hier: 240.
[49] Siehe Miranda Katherine Hassett, Anglican Communion in Crisis: How Episcopal Dissidents and Their African Allies Are Reshaping Anglicanism, Princeton 2007.
[50] Adriaan S. van Klinken, The Homosexual as the Antithesis of »Biblical Manhood«? Heteronormativity and Masculinity Politics in Zambian Pentecostal Sermons, Journal of Gender and Religion in Africa, Jg. 17, H. 2, 2011, 126–142, hier: 131.

den vorgängigen Aufgaben einer Beschäftigung mit den gegenwärtigen Entwicklungen des globalen Christentums, die sich dem Paradigma einer *entangled history* verpflichtet sieht.[51]

Zum *Zweiten* sind unterschiedliche Formen von *Außenbeziehungen* zu analysieren. Hier geht es zum einen um Beziehungen zwischen Christentum einerseits und gesellschaftlicher Öffentlichkeit, Staat und Rechtssystem andererseits. Anhand der öffentlichen Kontroversen um Homosexualität in Brasilien habe ich auf die Rolle von Religion in der gesellschaftlichen Öffentlichkeit hingewiesen. Der demokratische Nationalstaat steht hier – nicht zuletzt in seiner Gesetzgebung – vor der Herausforderung, Religionsfreiheit, das Recht auf Meinungsäußerung und die Menschenrechte in Einklang zu bringen. Auf globaler Ebene ist hier zu beobachten, dass besonders die Auseinandersetzungen um rechtliche Regelungen in Bezug auf Homosexualität in den letzten Jahren kontroverse Debatten und ein großes Medienecho hervorgerufen haben.

Diese Rechtskonflikte haben jedoch sehr unterschiedliche Zuschnitte, wie sich einerseits am Beispiel des brasilianischen Gesetzesentwurfs sehen lässt, wo der Konflikt sich zwischen der nationalstaatlichen Anti-Diskriminierungs-Gesetzgebung und christlichen Akteuren entzündet, und andererseits am weltweit diskutierten Fall des Anti-Homosexualitätsgesetzes in Uganda, wo es in einem ganz anders gelagerten Fall um die Etablierung eines ›christlichen‹ Gesetzes in einem ›christlichen Staat‹ geht.[52] Vergleichende Studien, die etwa zwischen den rezenten Debatten in Lateinamerika und Afrika Unterschiede und Gemeinsamkeiten herausarbeiten, sind daher unverzichtbar. Die geringere Heftigkeit der Auseinandersetzungen hat in Brasilien sicherlich auch mit einer anderen Rolle staatlicher Autorität zu tun, da dort die Regierung die Anti-Diskriminierung stützt. Gleichzeitig ist ebenso zu beachten, dass auch in Afrika bei aller wahrgenommenen Problematik und medialen Aufmerksamkeit ein komplexer und vielfältiger Diskurs zum Thema »Homosexualität« existiert.[53]

---

[51] Siehe Klaus Koschorke, Rückblicke, Ausblicke: Die München-Freising-Konferenzen und das Programm einer polyzentrischen Geschichte des Weltchristentums, in: Ders./Adrian Hermann, Polycentric Structures in the History of World Christianity/Polyzentrische Strukturen in der Geschichte des Weltchristentums, Wiesbaden 2014, 435–456.

[52] Siehe Kristen Cheney, Locating Neocolonialism, »Tradition«, and Human Rights in Uganda's ›Gay Death Penalty«, African Studies Review, Jg. 55, H. 2, 2012, 77–95; Adriaan S. van Klinken, African Christianity: Developments and Trends, in: Stephen Hunt (Hg.), Handbook of Global Contemporary Christianity: Themes and Developments in Culture, Politics, and Society, Leiden 2015, 131–151.

[53] Siehe etwa Adriaan S. van Klinken/Masiiwa Ragies Gunda, Taking Up the Cudgels Against Gay Rights? Trends and Trajectories in African Christian Theologies on Homosexuality, Journal of Homosexuality, Jg. 59, H. 1, 2012, 114–138.

Die zweite zentrale Fragestellung im Hinblick auf *Außenbeziehungen* betrifft interreligiöse Beziehungen sowie den Religionsvergleich. Zum einen ist hier auf lokale interreligiöse Beziehungen hinzuweisen, deren Einfluss auf die Entwicklung der pluralen Diskurse um Homosexualität oft übersehen wird. So weist Philip Jenkins etwa für Afrika darauf hin, dass in verschiedenen afrikanischen Ländern die ablehnende christliche Haltung gegenüber der Homosexualität nicht zuletzt durch die lokalen Beziehungen zum Islam verstärkt würde, da eine Abkehr von dieser Ablehnung eine unüberbrückbare Differenz zu islamischen Positionen schaffen würde:

> »African and Asian Christians have plenty of reasons not to yield to Northern-world attitudes on homosexuality, but their views are constantly reinforced by their neighbors of other faiths. In Africa, more sympathetic Christian attitudes in these matters would cause a destructive rift with Islam, which remains implacably opposed on gay issues. Ironically, the quest for tolerance and coexistence between faiths contributes to what liberal Americans regard as intolerant attitudes on matters of morality.«[54]

In Brasilien ist dagegen auf das Gegenüber der afro-brasilianischen Religionen zu verweisen, deren tolerantere Einstellung gegenüber abweichenden sexuellen Orientierungen und Geschlechteridentitäten einerseits auf eine lange und kontroverse Geschichte zurückblickt.[55] Gleichzeitig hat sich andererseits aber auch dieses Verhältnis im Kontext der AIDS-Epidemie sowie unter dem Einfluss neopentekostaler Diskurse in den letzten Jahrzehnten verändert.[56]

Auch dies weist erneut auf die Notwendigkeit lokaler Studien in der Kombination von missions-, ökumene- und religionswissenschaftlicher Expertise hin. Nur so können die vielfältigen innerchristlichen Debatten ebenso wie die jeweiligen interreligiösen Verhältnisse mit in die Analyse einbezogen werden. Zum anderen und auch über die hier vorgeschlagene Heuristik hinaus ist grundsätzlich auf die Notwendigkeit religionsvergleichender Studien zu verweisen. So muss die Frage nach Christentum und Homosexualität durch entsprechende Stu-

---

[54] Philip Jenkins, The New Faces of Christianity: Believing the Bible in the Global South, New York 2006, 84. Vgl. auch van Klinken, The Homosexual as the Antithesis of »Biblical Manhood«?, 128.

[55] Peter Fry, Male Homosexuality and Spirit Possession in Brazil, Journal of Homosexuality, Jg. 11, H. 3–4, 1986, 137–153; Patricia Birman, Transas e transes: sexo e gênero nos cultos afro-brasileiros, um sobrevôo, Revista Estudos Feministas, Jg. 13, H. 2, 2005, 403–414.

[56] Marcelo Tavares Natividade/Leandro de Oliveira, Religião e intolerância à homossexualidade: tendências contemporâneas no Brasil, in: Vagner Gonçalves da Silva, Intolerância religiosa: Impactos do neopentecostalismo no campo religioso afro-brasileiro, São Paulo 2007, 261–302.

dien zum Umgang mit nicht-heteronormativen Sexualitäten und Geschlechteridentitäten in anderen Religionen erweitert werden.

Ebenfalls über die hier dargestellte Heuristik hinaus weist das kurze Beispiel aus den USA. Hier habe ich versucht aufzuzeigen, dass in den entsprechenden Kontroversen nicht ausschließlich Fragen der christlichen Bewertung von Homosexualität verhandelt werden. Vielmehr ist hier zu erkennen, dass auch die Auseinandersetzung darum, was christliche Männlichkeit im Allgemeinen zu sein hat, in den letzten Jahrzehnten zunehmend anhand der hier behandelten Thematik geführt wird.

Gefordert ist in all dem von akademischer Seite also keine politische, aktivistische Positionierung, sondern vielmehr eine sorgfältige, missions- und christentumsgeschichtlich sowie religionswissenschaftlich kontextualisierende Analyse. Denn in den Auseinandersetzungen um das Verhältnis von menschlicher und göttlicher Liebe im gegenwärtigen globalen Christentum spiegelt sich ein Diskurs der grundsätzlichen Verständigung darüber, was und wie christliche Identität im Kontext der weltweiten Christenheit im 21. Jahrhundert zu sein hat.

(Prof. Dr. Adrian Hermann ist Juniorprofessor für Missions-, Ökumene- und Religionswissenschaft an der Universität Hamburg)

ABSTRACT

In this article I attempt to grapple with the challenges that the plurality of contemporary discourses about homosexuality poses for the study of global Christianity. Drawing on existing studies, I present two examples from 21st-entury Brazil – the heated debates about a proposed bill of law attempting to outlaw homophobia, and the development of different models of a Christian homosexuality in two *igrejas inclusivas* (»inclusionary churches«) – as well as a short look at the way in which two threatening imaginations of the male homosexual determine the boundaries of normative evangelical masculinity in the USA. Reflecting on these short case studies I suggest that we attempt to overcome two epistemological obstacles: first, a predetermined antagonism between the LGBTQI-movement and Christianity, and second, the juxtaposition of a liberal »Northern« and a conservative «Southern» Christianity. Instead, we should focus, on the one hand, on the *internal* conflicts regarding homosexuality within global Christianity; not merely conflicts between Christians about homosexuality, but also between different forms of Christian homosexuality. On the other hand, we should analyze those *external* relationships in which the topic of homosexuality often appears to be of central importance: between Christianity and the public sphere, the state, and the law; and between Christianity and other religions.

Selbstständige afrikanische Gemeinden

Vorschläge eines Missionars von 1880

Hanns Walter Huppenbauer

Neben den offiziellen Berichten und Briefen früherer Missionare der Basler Mission an den Inspektor oder »*die* verehrte Committee«[1] und Protokollen derselben finden sich im Basler Missionsarchiv auch alte Kopierbücher mit zum Teil schwer lesbaren abgeklatschten Kopien der Briefe des Inspektors an die Brüder auf dem Feld und, meist weniger beachtet, Kopierbücher einzelner Missionare[2]. Sie enthalten Privatbriefe an Eltern, Geschwister und die zukünftigen Bräute oder Schreiben an lokale Mitarbeiter oder Mitglieder der Königsfamilie, aber auch Notizen zu Referaten theologischer oder Überlegungen anderer Natur, die den Weg nach Basel nicht gefunden haben. Um solche Notizen für ein vor der Konferenz des »Twi-Distrikts« der Goldküste von 1880 zu haltendes Referat des Missionars Karl Buck geht es im Folgenden.[3]

Das Thema

»Selbständige Kirchen und Gemeinden« – nach dem 2. Weltkrieg eines der grossen Themen! Für uns heute eine Selbstverständlichkeit, damals eine dringende Forderung, für die man in der Heimatgemeinde nicht immer grosses Verständnis fand. Weniger bekannt ist, dass die Sache selber kein Thema der Neuzeit ist, sondern weit zurück ins 19. Jahrhundert geht. Schon eine flüchtige Lektüre alter

---

[1] Die Goldküste betreffend unter D-1,1ff. Die Leitung in Basel wird als *die Committee* angeschrieben.
[2] Wohl aus Privatbesitz. Im vorliegenden Fall: Karl Bucks Kopierbuch wurde zusammen mit den analogen Büchern der Gebrüder David und Wilhelm Huppenbauer durch die Familie der Letzteren noch vor dem 2. Weltkrieg dem damaligen Archiv der Basler Mission übergeben.
[3] D-10,17 IV, 187–200 und 202–4. Zum Ganzen siehe auch Wilhelm Schlatter, Geschichte der Basler Mission, Bd. III, 1916, 156ff.

Jahrgänge des Evangelischen Missionsmagazins zeigt, dass unter den Basler Missionaren der Goldküste bereits in den 1860er-Jahren Fragen um die »Selbständigmachung« diskutiert wurden. Im andern Feldgebiet, Indien, finden sich ebenfalls Ansätze zu solchen Diskussionen. Und dann verstummen diese Stimmen plötzlich. Es macht den Anschein, dass mit dem 1883 einsetzenden europäischen »*feverish rush and scramble for African colonies*«[4] die Selbstständigkeit der einheimischen Kirchen auch bei den Missionaren kein Thema mehr war, wie denn auch nach Eintritt des deutschen Reiches in den Kreis der Kolonialmächte unter den Basler Missionaren der Goldküste mehr und mehr auch kolonialistische (und deutsch-nationalistische) Töne laut werden.[5] Gerade das macht Bucks Manuskript, geschrieben um die Jahreswende 1879–80, vorgetragen an der Twi-Distrikts-Konferenz 1880, mit weiteren Voten an der Generalkonferenz der Basler im März 1881 zu einem spannenden Zeitdokument.

Karl Buck

Geboren am 18. 9. 1851 in Beuren, Sohn eines württembergischen Bauern, von Beruf ursprünglich auch Bauer und Weber, schliesslich Kaufmann, tritt Karl Buck 1873 ins Basler Missionsseminar ein. Dort lernt er seinen späteren Kollegen und Schwager David Huppenbauer kennen, mit dem ihn Zeit seines Lebens eine tiefe Freundschaft verbindet.[6] 1876 reist Buck auf die Goldküste aus, zunächst als Generalkassier der Missionshandlung in Christiansborg, wird im Oktober 1877 durch die Basler Leitung für Kyebi bestimmt – in der Hoffnung, durch die Präsenz eines Europäers in der Hauptstadt des Königreichs Akyem-Abuakwa die Konflikte zwischen Christen und König Amoako Atta I. überwinden zu können[7]. Im Februar 1878 trifft er dort ein, übernimmt die Station von David Asante, dem ersten in Basel ausgebildeten schwarzen Missionar, der nach seinem Prozess

---

[4] J. B. Webster/A. A. Boahen u. a., The Growth of African Civilisation. The Revolutionary years. West Africa since 1800, London 1969, 229; Pierre Bertaux, Afrika von der Vorgeschichte bis zu den Staaten der Gegenwart, Fischer Weltgesch., Bd. 32, Frankfurt a M. 1998, 181; David K. Fieldhouse, Die Kolonialreiche seit dem 18. Jahrhundert, Fischer Weltgesch., Bd. 29, Frankfurt a.M. 2001, 175ff., mit »Wettstreit« etwas schwach übersetzt.

[5] Siehe dazu Hanns Walter Huppenbauer, Deutsche Neger stehen uns näher als englische, 2003.

[6] David Huppenbauer, Karl Buck. Ein afrikanisches Missionsleben, Basel 1891; eine kürzere Version in Evang. Miss. Magazin 1891.

[7] Dazu ausführlich Hanns Walter Huppenbauer, Königshaus und Missionshaus in Kyebi. Auseinandersetzungen der Missionare mit den Königen von Akyem 1860–1890, Affoltern a. A. 2004.

mit König Atta Kyebi verlassen musste, vereinbart mit dem König für ein Jahr ein Stillhalteabkommen, um die schwierige Situation kennen zu lernen. Und nachdem Kyebi als »Schmerzenskind« der Afrika-Mission bisher wenig Gutes, dafür umso mehr Krankheits- und Todesfälle zu vermelden hatte, geht nun, wie schon unter dem Vorgänger David Asante, die Saat der zwanzigjährigen Vorarbeit in Akyem auf. Erstaunlich schnell entwickelt Buck seine eigenen Ideen, wie dem christlichen Glauben in dieser schwierigen Umgebung zum Durchbruch verholfen werden könnte. 1880 erhält er in David Huppenbauer Verstärkung. Während seines Heimaturlaubs verheiratet er sich 1882 mit dessen Schwester Lydia, kehrt mit ihr im November desselben Jahres nach Kyebi zurück, verliert sie im Februar 1883 durch eine plötzliche Krankheit, verkraftet diesen Verlust nie ganz und stirbt seinerseits am 30. 9. desselben Jahres. In Kyebi selber gilt er als der Begründer der dortigen Kirche, obwohl vor ihm fünfundzwanzig Jahre lang andere dafür gearbeitet und z. T. auch ihr Leben gelassen haben.

Sparen und selbstständig machen

Die Ausgangsfrage ist für Buck nicht missionstheologischer oder -strategischer Natur. Die Distrikts-Konferenz des Twi-Gebietes befasst sich im Februar 1880 mit der Frage, wie in Zeiten einer angespannten Finanzlage »die Ausgaben so reduziert werden könnten, dass das eigentliche Missionswerk weiterschreiten«[8], man also auch neue Vorstösse nach noch nicht bearbeiteten Gebieten ins Auge fassen könne. So geht Buck denn sein Thema auch von der praktischen Seite möglicher Einsparungen etwa im Bereich der Liegenschaftsverwaltung oder der Schulen an. Obwohl es um Finanzen geht, schimmert das Grundanliegen, die Selbstständigkeit der Gemeinden, immer wieder durch.

So schreibt er unter »*Oeconomie-Verwaltung*«, wo es um die Häuser von Lehrern und Katechisten sowie die Kirchen und Kapellen geht, dass an Orten mit einigen Christen und Taufbewerbern erst dann ein Katechist in Frage komme, wenn diese kleine Gemeinde diesem auch ein Haus zur Verfügung stellen könne.

> Zweitens sollte man keine Kapellenreparatur mehr in den Voranschlag aufnehmen und Reparaturen der Katechisten- und Lehrerwohnungen

---

[8] So im 65. Jahresbericht der Basler Mission, 1880, 24. Vermutlich war die Diskussion durch eine Anfrage der Basler Leitung angeregt. An der Allianz-Konferenz in Basel im Herbst 1878 waren solche Fragen schon erörtert worden (siehe unten).

den Gemeinden zuweisen. Man sagt vielleicht, die Auslagen dafür werden von der Kirchensteuer bestritten, das mag wahr sein, allein die Kirchensteuer können wir zu besserem verwenden. Die Christen aber reparieren ein Haus billiger als wir, das wird niemand bestreiten. Die jährliche Reparatur beschränkt sich ja hauptsächlich auf Streichen, Aufnageln einiger Schindeln und dergleichen Dinge, die der betreffende selbst tun könnte, wenn er nur wollte. Allein es ist doch hübscher zum Europäer zu kommen und zu melden, an meiner Stubentür ist ein Nagel losgeworden, sende den Schreiner! Solange *wir* Rechnung und Aufsicht über diese Gebäulichkeiten führen, gehören sie in den Augen der Leute *uns*, tun sie etwas dafür, so ist es ihr freier Wille. Überlassen wir die Geschichte ihnen, so kehrt sich die Sache um und es ist unser freier Wille, ob wir etwas dafür geben wollen oder nicht. (Copybook, 189)

Auch bei Neubauten von Kapellen sollen die Gemeinden nicht so sehr durch Beiträge in bar, als vielmehr durch ihre Arbeit einen Teil der Kosten übernehmen, und bei allfälligen neuen Hauptstationen solle man nicht gleich alle Bauten hochziehen, sondern mit den notdürftigsten beginnen, damit nachher, wenn die Situation besser bekannt ist, gemeinsam mit den Einheimischen geplant und weiter gebaut werden könne. Er schliesst diesen Abschnitt:

Da es sich aber um Anbahnung zur Selbständigmachung der Gemeinden geht, so muss ich hier noch eines Umstandes Erwähnung tun, der sich bisher grösster Vernachlässigung erfreute. Es handelt sich um das Fundament der Gemeinde, um die Kirchengüter. Ich wage zu sagen, dass in dieser Beziehung viel gesündigt wurde, es ist sogar schon die Kirchenkasse zur Anlage von Aussenstationen benützt worden. Der einzige Weg, die Zukunft unserer Gemeinden sicher zu gestalten, ist die Erwerbung von ausgedehnten Ländereien.

Die Mission könnte im Besitze ganzer Distrikte sein und hätte damit eine wichtige Position gewonnen. Stattdessen habe man nun ein wenig Geld in der Sparkasse, das aber nie ausreicht, auch nur eine kleine Lehrerbesoldung bezahlen zu können. (190)[9]

---

[9] Hinter diesen Überlegungen verbirgt sich auch ein ökonomisches Konzept. Es wäre interessant zu wissen, woher Buck diese Sicht übernommen hat. Gewiss macht sich hier seine Vergangenheit als kaufmännischer Angestellter bemerkbar. – In seinen übrigen Ansichten scheint sich Buck auf den Vortrag Dr. Christliebs an der genannten Allianz-Konferenz 1878 »Über den gegenwärtigen Stand der evangelischen Heidenmission« (ausführlich Allg. Miss. Zeitschr., 6. Jg,. 1879, 81–528 und 529ff.; resümiert Evang. Miss. Mag., n. F. 27, 1879, 394–413) zu stützen. In der Landfrage allerdings vertritt Christlieb eine andere Position.

Obwohl Buck gerade im Bereich der Schulen ein Sparpotential ausmacht, aber nur sofern man nicht am bisherigen System festhalte, äussert er sich hier nur knapp. Es werde dazu schon so viel geschrieben, und unter den gegebenen Umständen lässt sich hier kaum mehr etwas einsparen. Ein Vergleich der Beiträge der Mission (»Verwilligungen«) für Schulen und Anstalten[10] zeigt jedoch, dass für Letztere zweieinhalb mal mehr ausgegeben wird als für die Volksschule. Da hakt er ein. Wesentlich sei zwar, die Schule als Arbeitsgebiet zu betrachten,

> das wir am längsten in der Hand behalten müssen wegen der Zukunft.
> Aber Volksschulen müssen wir haben, wollen wir das Volk gewinnen,
> *keine Klosterschulen.*

Er möchte den Volksschulen mehr Gewicht geben. An Aussenstationen wäre oft kein eigener Lehrer nötig, weil ein Katechist dort tätig ist. An den Anstalten wirken meist Europäer, die ein Mehrfaches des Salärs eines einheimischen Lehrers kosten. Wenn diese Aufgabe noch mehr den Einheimischen überlassen würde, liesse sich einiges sparen. Nicht, dass Buck etwas gegen die »Anstalten« hätte. Er sieht aber die Dringlichkeit von mehr Grundschulen und wehrt sich offensichtlich gegen die Meinung, für den Unterricht an den »Anstalten« müssten um der Ordnung willen Europäer eingesetzt werden. Wenn die Oberaufsicht über diese einem europäischen Mitarbeiter zugewiesen werde, soll dieser den Unterricht den Einheimischen überlassen. Auch in diesem Bereich geht das Sparen faktisch so vor sich, dass man den Einheimischen mehr Verantwortung übergibt und ihnen die Fähigkeit dazu auch zubilligt.

»Selbständigmachung der Gemeinden«

Darüber, ob der dabei verwendete Begriff nicht trotz allem in sich die Dominanz des Europäers über den Afrikaner enthält, mag ich aus heutiger Sicht nicht streiten. Ich versuche, ihn aus der damaligen Situation und Hierarchie heraus zu verstehen, und halte mich an das darin vorgetragene Grundanliegen. Diesem widmet Buck den vierten und ausführlichsten Teil seines Referats (192–197): *IV Departement des Distriktspräsidenten.*

---

[10] Die oft »Waisenhäuser« genannt werden, es aber nicht sind.

Damit kommen wir nun zum eigentlichen Brennpunkt der Frage: zu den Gemeinden. Ist auf diesem Gebiet etwas zu machen, so ist uns geholfen … Sind aber unsere Gemeinden ohne künstliche Hilfe lebensfähig?,

fragt er gleich zu Beginn. Was aber ist »künstliche Hilfe«?

Es versteht sich von selbst, dass sie der Hilfe und Unterstützung bedürfen, ich sage deshalb »künstliche Hilfe« oder besser, Hilfe, die einen künstlichen Bestand zur Folge hat. Unter berechtigter Hilfeleistung verstehe ich, dass man einer Gemeinde das, was sie nicht selbst zu leisten im Stande ist, gibt; unberechtigt, ungesund und in künstliche Existenz führend ist das, was darüber hinausgeht.

Ob Lebenskraft da ist, zeige sich allerdings immer in der Wirkung, also im konkreten Leben. Am »letzten Fest«[11] sei gesagt worden, auch wenn alle Missionare das Land verlassen müssten, würden die Gemeinden weiter bestehen. Wenn dem wirklich so ist, folgert Buck, dann

… ist es an der Zeit, ihrem Kraftvorrat Gelegenheit zum Wirken zu geben, und wenn nur *eine* Gemeinde dieser Art da wäre, so ist es unsere Pflicht, dieselbe den andern als Vorbild hinzustellen. Unsere Gemeinden sind gewöhnt, vom Europäer geleitet und bedient zu werden. Er sorgt für alles, schafft das Geld an, kurz, er ist nicht nur das Haupt, sondern auch die Seele der Gemeinde. Sie haben aber noch nicht darüber nachgedacht, dass einmal eine Zeit kommen könnte, und kommen muss, wo es nicht mehr so ist. Die Gemeinden haben sich sogar vor einigen Jahren zum Teil geweigert, mehr als früher sich umzutun. Heute schon geht aber die Kirchensteuer ohne Schwierigkeiten ein, trotzdem – und man beachte diesen Umstand wohl – trotzdem die Gemeinden kein bestimmtes Ziel vor sich haben.

Wie ganz anders würde der Geist erst sein, wenn die Gemeinden ein konkretes Ziel vor Augen hätten und nicht in den »Beutel des Europäers«, sondern für ihre eigene Rechnung einbezahlen könnten!

Dieses Ziel aber, fährt er fort (193), das alle früher oder später erreichen müssen, ist die Freiheit und Selbständigkeit. … Unter uns gesagt handelt

---

[11] Br. Rottmann am Jahresfest 1879 der Basler Mission in der Leonhardskirche: »… wenn durch einen Krieg oder eine andere grosse Kalamität heute alle europäischen Missionare von der Küste und von ihren Stationen und Arbeitsfeldern vertrieben würden, so würde freilich eine furchtbare Krise entstehen, viel Schein und Unlauterkeit würde zu Tage treten, allein ich bin fest überzeugt, aus der Krisis würden die Gemeinden nur reiner und geläuterter, nur fester und entschiedener hervorgehen, und in kurzer Zeit würden sie auch wieder so zahlreich, wenn nicht zahlreicher sein.« (Bericht über die Religiösen Feste in Basel vom 30. 6.–3. 7. 1879, 27)

es sich nicht darum, ob wir anfangen *können*, die Gemeinden selbständig zu machen, sondern darum, *ob wir wollen*, d. h. *ob wir geneigt sind von unserem Ansehen und unserer Macht etwas an die Eingeborenen abzugeben.*

So sei die Frage im Blick auf die Missionarsschaft zu stellen. Damit ist er nun wirklich zum – sehr modern anmutenden – Kernpunkt der Sache vorgestossen: Selbstständigkeit der Gemeinden nicht so sehr als Frage der Fähigkeit der »Eingeborenen«, sondern der Bereitschaft der Europäer, Verantwortung zu delegieren und Macht abzugeben!

Konkret heisst das für Buck: Die Hauptstationen unter die Leitung eines einheimischen Diakons stellen (von denen es neben dem afrikanischen Pfarrer und Missionar David Asante seit 1872 verschiedene gibt) und so bei jeder Hauptstation einen Europäer entbehrlich machen. Von den fünf grössten Gemeinden werden zwei schon so bedient; die eine, Date, gedeiht dabei sehr gut.

Also frisch gewagt und weiter gemacht! Man gibt Aburi, Akropong und Kyebi ebenfalls einen Diakon, so ist auf jeder dieser Stationen 1 Europäer entbehrlich. Der Diakon bedient die Gemeinde, der Missionar beaufsichtigt das Ganze und achtet darauf, dass die Sache sich allmählich entwickelt, und beaufsichtigt die Aussenstationen, führt die Kasse etc. (194)

Warum sollen wir uns in alle Ewigkeit in all die kleinen Dinge mischen, die etwa vorkommen. Das verstehen die Eingeborenen viel besser zu schlichten. Wir wissen ja überhaupt bloss, was sie uns zu sagen belieben. Der Europäer, der einen Stationssprengel beaufsichtigt, kann auch noch, wenn eine Anstalt da ist, dieselbe in Ordnung halten. Selbstverständlich überlässt er die Lektionen den Eingeborenen.

Das entspreche im Übrigen der Stellung, die er, Buck, in Kyebi – aus andern Gründen – nun schon zum zweiten Mal einnehme, mit dem Unterschied, dass er bis jetzt keinen Diakon für die Gemeindearbeit habe. Natürlich dürfe der Europäer dabei nicht müssig gehen. Dem Diakon aber kann er doch auch einiges aufladen. In Zahlen umgerechnet bedeute das Einsparungen von 3 mal 200 £ = 600 £, und wenn das im andern, dem Gâ-Distrikt auch gemacht würde, wären es schon 1000–1200 £, in heimatlicher Währung also rund 20000 Fr. Ein hübsches Sümmchen, mit dem sich einiges machen liesse! Dem hält er den Ist-Zustand gegenüber:

Ich nenne es geradezu ein Verbrechen, das wir an der künftigen Landeskirche begehen, wenn wir nicht Anstalt machen, in dieser Beziehung etwas zu tun. Weg mit dem Tragkissen! Herunter mit dem Kittel und den Knabenhosen, und Stiefel angezogen. Er soll marschieren, im Tragkissen lernt er es nie. Wie lange wollen wir noch hätscheln? Wahrscheinlich so lange, bis er einmal seine Kraft spürt und Unsinn macht. ... Wenn wir klug sein wollen, müssen wir den Damm bauen, bevor die Flut kommt.

Das sind kräftige Worte. Damit erregt er auch Anstoss[12]. Buck weiss um die Einwände, ist aber überzeugt, dass, was im Entwicklungsgebiet Kyebi sich zu bewähren beginnt, an den andern Orten zehnmal eher möglich sei als in Akyem.

Befürchtungen von Kollegen

Einwände gegen sein Konzept kennt er vor allem drei:

1. Eine solche Umstellung ist unmöglich. Wir haben die Leute dazu nicht. Verwiesen wird dabei auf die Katechisten, die häufig den an sie gestellten Anforderungen nicht gewachsen seien.
2. Die Einheimischen sind gar nicht im Stand, sich selbst zu leiten. Ein solches Unternehmen muss letztlich im Chaos enden.
3. Die Gemeinden sind nicht bereit, die für sie anfallenden Mehrkosten selber zu tragen.

Das sind nun allerdings Argumente, die weniger auf Tatsachen beruhen, als aus der Angst, es könne alles zusammenbrechen, wenn wir nicht selber zum Kontrollieren zu kommen scheinen. Und genau so behandelt sie Buck.

Zum Ersten: *Wir haben die Leute nicht.*

Auch Buck weiss um die Probleme mit den Katechisten[13]. Etwa, wenn er von denen spricht, die nicht einsehen wollen, warum sie weniger Lohn beziehen als ein Diakon, und die er liebend gerne in die Verantwortung der einheimischen Presbyter abgeben will. Im Blick aber auf die Forderung nach mehr einheimischen Diakonen gilt für ihn:

---

[12] Vgl. Hanns Walter Huppenbauer, Aufruhr in Kyebi. Junge Missionare wehren sich für ihr Werk, Affoltern a. A. 1999.
[13] A. a. O. 198ff. »Ist es wünschenswert, mehr als bisher auf die Anstellung von aus Gemeinden kommenden Evangelisten zu drängen?«, wo es um die temporäre Anstellung von bewährten Laien aus den Gemeinden geht.

Wir haben heute eine schöne Anzahl solcher Leute und man vergesse nicht, es wächst die Kraft mit hohen Zwecken. Es versteht sich von selbst, dass unsere Katechisten, solange der Missionar oben und unten, vorne und hinten und schliesslich ums Ganze herum ist, nichts tun, sie wären ja wahrhaftig Narren, wenn sie sich einmischten, und könnte ihnen unter Umständen verleidet werden. (195)

Das heisst: Erfahrungswerte, die wir aus unsern Reihen kennen, gelten auch für Afrikaner! Auch sie können an ihrem Amt wachsen. Und Rückfrage an uns selber: Ist die vermeintliche Unfähigkeit des Katechisten nicht in meiner eigenen Beflissenheit, allgegenwärtig sein zu müssen, begründet? Dann geh zuerst mit dir selber ins Gericht.

Zum Zweiten: *Afrikanische Leitung ergibt nur Unordnung.*

Einige befürchten, *die eigenständigen Gemeinden könnten ganz andere Wege gehen, als wir bisher gingen.* Hier geht es um Angst vor Veränderungen und Furcht vor einer Theologie und Lebenshaltung, die der eigenen nicht ganz entspräche. Da wird Buck deutlich:

Man traut ihnen die Kraft zwar zu, nicht aber die Fähigkeit, sie nützlich anzuwenden, nützlich natürlich in unserm Sinn! – Nun hat man es aber noch gar nicht probiert … Dann frage ich aber nach: Was wollen wir denn zu Stande bringen? Wollen wir ein Marionettenspiel, wo alles an Drähtchen und Schnürchen läuft, oder wollen wir selbständige Gemeinden? Ich denke das letztere. … Wir müssen doch dem Worte Gottes, das sie nun zum Überfluss gehört haben, so viel Kraft zutrauen, die Gemeinden in Ordnung halten zu können.

Da schickt er den ängstlichen Rechtgläubigen in seine eigene Werkstatt: Rechter Glaube setzt Vertrauen in das von ihm gepredigte Gotteswort voraus! Mit dem Bild vom Marionettenspiel sticht er kräftig auf die Angst vor einem selbstständigen Gegenüber und dem Verlust eigener Macht ein.

Was aber konkret die möglichen Veränderungen betrifft, so wird Buck recht fröhlich:

… hoffentlich (wird) niemand im Ernste glauben, dass die Leute in alle Ewigkeit unsere Formen festhalten. Sie werden nach und nach ihrem Charakter und Geschmack angemessene Formen schaffen, die hier unter dem 5. und 6. Breitengrad zu Hause und am Platz sind, wenn auch nicht unter dem 50.! Ich für meine Person glaube übrigens gar nicht, dass sie viel ändern werden, denn sie haben keine anderen als unsere Bücher, und sie werden nicht so bald im Stand sein, andere anzufertigen. Die einzige Änderung wird darin bestehen, dass sie eine heidnische Melodie lieber singen als unsere deutschen ernsten Choräle.[14]

Fundament und Einrichtung

Dann aber geht er noch einmal ins Grundsätzliche und schreibt in Anlehnung an Paulus:

> Das Fundament wurde gelegt, sorgfältig gelegt, nicht mit Erde, sondern mit Quadersteinen, der Rohaufbau ist vollendet, ebenfalls sorgfältig ausgeführt. Müssen wir nun den Ausbau und die Ausschmückung, schliesslich gar das Einräumen auch besorgen? Gewiss nicht. Wir wollen weitergehen und an andern Orten den Grund legen, für spätere Geschlechter. … Wenn wir den ersten entscheidenden Schritt getan haben, werden wir wie von einer Last befreit aufatmen. Wir haben uns festgerannt und niemand hat den Mut, es zu bekennen und den wunden Punkt zu berühren. Was uns festhält, ist die grossartige Maschinerie unserer Einrichtungen. Wir sind nicht mobil. Wir werden dann auch eine stramme Organisation haben. Organisation ist unentbehrlich, … *aber so, dass die Individualität der Eingeborenen zur Geltung kommt.*

Schliesslich: Er hat den Eindruck, dass die meisten Basler Brüder nicht als Missionare, sondern als »Pfarramtsverwalter« eingesetzt sind.

> Es hat mich immer geärgert, dass wir in unserer Verwilligungstabelle offiziell ein »Pfarrhaus« haben. Das wäre ganz recht, wenn nur ein Schwarzer drin sässe und nicht ein Missionar.

Er möchte Missionar sein und an neuen Orten neue Fundamente legen.[15]

> Es kann ja nur den Wünschen jedes Einzelnen gemäss sein, wenn er möglichst eigentliche Missionsarbeit treiben kann. Heute haben wir eigentlich nur wenige Missionare.

---

[14] Zum dritten Einwand, die einheimischen Christen würden nicht mehr bezahlen, sagt Buck hier nicht viel. Interessant ist aber die Bemerkung Br. Schönfelds an der Generalkonferenz 1881: »Wären bei der Ga-synode nicht ein räudige Gemeinde-Älteste gewesen, hätte man gleich auf 1 p erhöht.« Es gibt also durchaus Leute, die bereit sind, mehr für die eigene Gemeinde aufzuwenden!

[15] Das wird z. B. deutlich in einer zunächst geheim gehaltenen Reise nach Asante und Kumase im Januar 1881, von der David Huppenbauer schreibt, langfristig diene sie der Ausdehnung des Missionswerkes.

Etwas bissig beschliesst er sein Referat mit den Worten:

> Ich habe über dieses Thema schon so viel geredet und geschrieben, dass es mir fast erging wie dem sel. Elihu[16]. Gesprochen habe ich hier allerdings nur mit Eingeborenen, die haben mich verstanden. Gebe Gott, dass die Weissen mich auch verstanden haben.[17]

Das Thema wird aufgenommen

Nach der Twi-Distrikts-Konferenz im Februar 1880 greifen auch die Brüder des Gâ-Sprachgebiets im August mit einem Referat Br. Rottmanns die gleichen Fragen, wenn auch in anderer Ausrichtung, auf. Sie lassen anschliessend durch die Synode dieses Distrikts gleich entsprechende Beschlüsse fassen.[18] Die Referate werden der Leitung in Basel zugestellt, die in ihrer Augustsitzung (27.8., § 387; und Jahresbericht, 24) wenigstens auf die Konferenz im Twi-Gebiet Bezug nimmt. Daraus sind jedoch so lebhafte Diskussionen erwachsen, dass D. Eisenschmid auf Wunsch verschiedener Brüder im Oktober das Komitee um Erlaubnis bittet, wieder einmal eine Generalkonferenz abhalten zu dürfen. Es seien zwar

> zeitgemässe Vorschläge gemacht worden, aber sie tragen den Charakter der Particularität und gehen in verschiedenen Richtungen auseinander. Um es nun der ver. Komitee zu erleichtern, durchgreifende Beschlüsse zu fassen, wäre es wohl erwünscht, diese Fragen in einer Gen. Konferenz gemeinschaftlich zu diskutieren und womöglich eine einheitliche Auffassung der ver. Kom. vorzulegen.[19]

Sobald man sich etwas weiter umsieht, kommt plötzlich zum Vorschein, dass die Frage der »Selbständigmachung« von Gemeinden höchst aktuell und ebenso brisant war, weil sie im Gâ-Gebiet durch eine entsprechende Anfrage des Presbyteriums von Adâ zu viel Unruhe und heissen Diskussionen und Korrespondenzen geführt hatte. Weil der Generalkonferenz-Ausschuss die Bitte des Adâ-Presby-

---

[16] Eine Anspielung wohl auf Hiob 32, den jungen Elihu, der findet, es sei nun genug geschwätzt.

[17] Vgl. auch D. Huppenbauer 1881 in einem Brief an seinen Bruder Wilhelm, im Blick auf die gegen 200 Taufen im Jahr 1880: »Glaube nicht, dass man jetzt eher 3 statt einen Missionar in kyebi stationieren sollte. Nein! Denn, glaub mir, die Anhäufung von Europäern auf einzelnen Stationen ist das Verderben unserer Mission. Nein, nur immer so wenig Europäer wie möglich!« (D-10,14 Copybook D. H., 71)

[18] Leider ist dieses Manuskript nicht aufzutreiben, nur Hinweise darauf im Protokoll von 1881.

[19] D-1,32 Afrika 1880 N° 10, D. Eisenschmid vom 23.10. an Komitee. Bestätigt durch Pfr. Kienzler am 10.12.1880, D-2,9, 199. Über die Konferenz berichtet ausführlich D-1,33 Afrika 1881, N° 1 bis 10, mit Protokoll, Referaten und Rückblick.

teriums, Adâ-City mit dem Diakon Engmann zu besetzen, nicht abzuschlagen wagte (aus Furcht, sie könnten sich von der Basler Mission abwenden), aber auch nicht bejahen wollte (vermutlich, weil sie sich nicht einig werden konnten!), hat sich das Komitee seit Mitte 1879 immer wieder mit dieser Angelegenheit zu befassen. Der Wunsch der Adâer geht auf den Streitfall mit einem europäischen Missionar (der in den Augen des Komitees in der Mission nicht mehr tragbar war[20]) zurück. Mit Jeremias Engmann wünschten sie einen »Native«-Diakon, der einigen Brüdern nicht sympathisch war, weil er Schwächen der europäischen Missionare durchschaute und benannte. Im Basler Komitee plädierte Inspektor Schott dafür,

> dass hier eine günstige Gelegenheit gegeben ist, das oft besprochene, bis jetzt in unserer Mission noch nicht angewandte Prinzip von der Selbständigmachung der Gemeinden zunächst einmal versuchsweise in Anwendung zu bringen. Die Brüder, namentlich Buhl, haben offenbar eine Furcht davor, einem Native wie Engmann eine Stellung zu geben, wie das Presbyterium von Ada sie demselben übertragen wissen wollte. Wird aber diese Gelegenheit nicht benutzt, so ist es wohl auf lange hinaus nicht mehr möglich mit der Selbständigmachung der Gemeinden auf der Goldküste. (Kom. Prot. v. 3.10.1879, § 372)[21]

Daraufhin wurde beschlossen, die Gemeinde in Adâ-City dem einheimischen Jeremias Engmann zu übergeben unter der Bedingung, dass die Adâer auch seine Besoldung übernehmen. Die Brüder auf der Goldküste scheinen mit weiteren Anfragen der Adâer so ungeschickt umgegangen zu sein, dass die Basler Leitung sich im November veranlasst sah, auf die Durchführung ihres Beschlusses zu drängen und gleichzeitig das Vorgehen der eigenen Brüder (und im Besonderen die »lieblosen Bemerkungen Buhls«) entsprechend zu tadeln. Insofern nimmt die Adâ-Gemeinde unter den grösseren Stationen eine Sonderstellung ein, sie »erscheint in dieser Beziehung schon viel weiter«.[22]

Im März 1881 tritt in Akropong nach 14 Jahren wieder eine Generalkonferenz zusammen. Sie setzt sich ausgiebig mit Fragen der Selbstständigmachung der Gemeinden wie auch Sparmassnahmen auf verschiedenen Gebieten auseinander.

---

[20] Brief Schott an Gen. Konf. Ausschuss vom 12.7., D-2.9, 144, wo auch schon die Versetzung des Diakons von Christiansborg nach Adâfo, einer Filiale von Adâ, in Aussicht gestellt wurde.
[21] Nach Schlatter, Bd. III, 156, ist die »Selbständigmachung« der Gemeinden in Afrika ein »Herzenswunsch« von Insp. Schott. Das bestätigt übrigens auch K. Buck im Blick auf Prätorius in einem Brief aus Europa an D. Huppenbauer (Beuren, 28.5.1881).
[22] So G. L. Weiss an der Gen. Konf. 1881, Afrika 1881 (D-1,33) N° 2, 13.

Die Generalkonferenz 1881

1. Referat von G. L. Weiss, Distrikts-Präses des Gâ-Sprachgebiets

Auf welche Weise können wir auf unserm afrikan. Missionsfeld die Selbständigmachung unserer Gemeinden um einen wesentlichen Schritt weiterbringen?[23] Mit dieser Frage führt der Distrikts-Präses des Gâ-Sprachgebiets in die Diskussion ein. Er beruft sich dazu auf einen Vortrag von Dr. Th. Christlieb *Der gegenwärtige Stand der evangelischen Heidenmission* an der Versammlung der Evangelischen Allianz in Basel (Sept. 1878), der in erweiterter Form in der Allg. Miss. Zeitschrift 1879 und gekürzt im Evang. Missionsmagazin 1879 erschienen und durch Komiteebeschluss (Komitee-Protokoll 1879 § 496 v. 10.12.) allen Brüdern im Feld zugestellt worden war.

Die Sache war also anderwärts längst diskutiert worden und sei bei englischen und amerikanischen Gesellschaften schon vielerorts verwirklicht, jedoch seien

> die deutschen Gemeinden in der Beziehung noch etwas zurück und sollten mehr als bisher dieses Ziel suchen.

Die Basler Missionsgesellschaft habe·dazu einen Anfang versucht, führt Weiss aus, als sie empfahl, die einheimischen Gemeinden möchten die Kosten für das Schulwesen übernehmen[24]. Auch Weiss geht wie Buck ein Jahr zuvor von Fragen um mögliche Sparmassnahmen aus, argumentiert jedoch ganz anders. Er hat keine eigene Vision und möchte lieber schon die Ansicht der »verehrten Committee« vor sich haben und kommentieren können. Keine markanten Anträge, keine Infragestellung des Systems. Kein Herzblut! Er bleibt im finanziellen Bereich stecken, während es Buck ja um wesentlich mehr, um die aktive Selbstständigkeit und Mündigkeit der Gemeinden ging.

Grundlegende Gedanken entnimmt Weiss T. Christliebs Vortrag. Es wäre reizvoll zu vergleichen, wie er dessen von umfassender Kenntnis zeugendes Referat rezipiert und was er wie weitergibt. In seinem geschichtlichen Überblick z. B. stellt Christlieb fest, man könne in der Mission nicht alles überall gleich handhaben. Bei Weiss wird dies zur Vorsicht gegenüber dem Drängen nach Ge-

---

[23] D-1,33 Afrika 1881, N° 2, Referat Br. G. L. Weiss.
[24] Es fällt auf, dass er die Adâ-City-Gemeinde nicht erwähnt, für die die Missionsleitung entsprechende Beschlüsse gefasst hatte.

währung von mehr Selbstständigkeit der afrikanischen Gemeinden. Auch im folgenden Zitat aus Christliebs Referat

> Es ist verkehrt und es wird der Heimatgemeinde wohl zu viel zugemutet, wenn die Missionskasse allein – oder fast allein – den schwarzen Gemeinden alle Wohnungen für schwarze Prediger und Lehrer bauen, soll. Wie die Farbigen ihre Wohnungen selber bauen, so sollen sie auch ihre Gotteshäuser und Pastorate mit eigener Hand und einfach bauen lassen. (6)

schwingt bei Weiss nicht der Wunsch nach selbstständigen Gemeinden mit, sondern geht es darum, dass diese »schwarzen Gemeinden« ihren Anteil an den Gesamtkosten übernehmen sollten. Dabei ist auch ihm klar, solange Europäer den Gemeinden vorstehen, kann von Selbstständigkeit keine Rede sein. (11) Nur, so fragt er dann, wie sollen die Gemeinden »bedient« werden, wenn wir die (teuren) Europäer abziehen?

> … würde mehr geistliches Leben in unsern Gemeinden pulsieren, so würde die Beschaffung der materiellen Mittel zur Selbsterhaltung derselben leichter zu bewerkstelligen sein. In noch höherem Masse erschwert der Mangel an jenem die Gewinnung selbständiger Gemeinden in Bezug auf die Bedienung. (12)

Das heisst, er zweifelt daran, dass sie im ganzen Arbeitsgebiet genügend tüchtige Mitarbeiter für diese Aufgabe finden würden.

> Die entlegenen Stationen Kyebi, Begoro, Abetifi können dafür wohl kaum in Betracht kommen, denn dass diese mit 2 Europäern besetzt sind, wird wohl niemandem als etwas Überflüssiges erscheinen. (14)

Wie steht es aber mit Odumase, Aburi, Abokobi? Könnten da nicht Europäer entbehrt werden?

> In Bezug auf die Arbeit muss ich, im Fall an die Stelle des einen Europäers ein tüchtiger Diakon treten würde, bei Odumase unbedingt mit JA antworten. Darauf aber müsste ich fragen, ist es denn zu viel, wenn in einem Gebiet wie Krobo, wenn unter 40–50'000 Seelen 2 Europäer arbeiten? (14)

Mit der letzten Frage zeigt Weiss allerdings, dass er das Grundanliegen eines Buck, wie übrigens auch des Allianz-Vortrags von Christlieb, nicht erfasst hatte. Nach Bucks Vorschlag würde man die beiden Europäer in den Gemeinden »einsparen« und hätte sie damit frei für die Arbeit unter den »50'000 Seelen« im Krobo-Gebiet. Sowohl Buck wie auch Christlieb betonen ja, dass die europäischen Missionare nicht als Gemeindepfarrer amtieren, sondern wieder vermehrt zur »eigentlichen Missionstätigkeit« eingesetzt werden sollen.[25] Ausführlich finden wir das in den Schlussbemerkungen von Christliebs 3. Kapitel, *Die Arbeit unter den Heiden*:

> Nicht ein Heer unbedeutender europäischer Missionare, die fähigeren Leuten die Arbeit erschweren, soll nach und nach ein Heidenland erobern, die Eingeborenen selbst müssen die Hauptaufgabe lösen. Es braucht daher Männer, deren klar bewusstes Arbeitsziel von Anfang an ist: Gewinnung tüchtiger Arbeiter aus der eingeborenen Gemeinde heraus, um durch sie die Gemeinde allmählich der *vollen Selbständigkeit* durch Selbstunterhalt, Selbstleistung und Selbsterweiterung zuzuführen. Von jedem Arbeiter in der Mission ... muss daher der weite Blick, die Selbstverleugnung und Demuth verlangt werden, dass er darauf hinarbeitet sich entbehrlich zu machen und Eingeborene an seine Stelle rücken zu sehen. Die Anschauung, dass Missionare zu Pastoren eingeborener Gemeinden werden müssen, ist in Amerika völlig aufgegeben, und muss auch bei uns immer mehr verschwinden.[26]

Für die Zurückhaltung von Weiss gibt es allerdings noch andere Gründe:

> – das Vorbild, die Methode unseres Herrn (... je zwei und zwei ...). Hätte er sie einzeln ausgesendet, sie hätten doppelt so viel Ortschaften besuchen können, er tat es aber nicht. Und wenn dieses Vorbild bis jetzt massgebend gewesen ist, so lassen sich für die göttliche Weisheit, die in dieser Methode liegt, auch jetzt noch genug Gründe anführen, und das im Besonderen auf unser afrikanisches Missionsgebiet.

Darum sei, was Dr. Christlieb und die Allg. Missionszeitschrift sagen, zwar beachtenswert. Hier aber gehe es nicht um Missionstheorie, sondern um die Frage, was praktisch ausführbar und »ob es jetzt schon tunlich sei, solche Veränderungen zu treffen«[27]. Er wehrt sich gegen die Auffassung, dass ihre »Gemeindebrüder« Pfarramtsverwalter und nicht mehr Missionare seien. Jeder, der einen richtigen Blick in die Arbeit eines sogenannten »Gemeindebruders« getan habe, werde erkennen (15–16),

---

[25] Auch das Komitee in Basel drückt im Januar 1880 diesen Wunsch aus! (Prot. 1880, § 13)

[26] AMZ 1879, 538. Christlieb verweist dabei auf einen Brief A. C. Thompsons: »(wir) behalten von Anfang das Ziel im Auge ... das äussere, durch Fremde begonnene Missionswerk in ein inneres, einheimisches überzuleiten.«

[27] Für Letzteres verweist er auf einen Brief der Missionsleitung an einen Bruder in Afrika, dessen Original ich leider nicht finden konnte. Die Bemerkung passt so gar nicht zu sonstigen Äusserungen Schotts in dieser Angelegenheit.

dass auch dieser Missionar an den Heiden arbeitet.

Wir stellen Eingeborene als Seelsorger an Gemeinden an, wo immer es geht und wie viele wir haben. Über diesen und andere Arbeit führt der Missionar von der Muttergemeinde aus die Aufsicht, und dass diese jetzt noch wichtig ist, wird wohl keiner von uns bezweifeln. In dem er … noch die Muttergemeinde bedient, wirkt er zugleich erzieherisch für jene. Wäre es einstweilen nicht so, welche Verlotterung würde da an manchen Orten nur zu bald einreissen!

Was die Amerikaner und ihre Vorschläge betrifft, rät er: »Hüten wir uns vor solchen Vorbildern!«

Mit Recht macht er zwar darauf aufmerksam, dass der (weisse) Missionar ohne den einheimischen Begleiter ohnehin wenig ausrichten könne. Nur, das würde weder Buck noch Christlieb abstreiten. Weiss jedoch versucht Christliebs These (und Bucks Forderung) dadurch abzuschwächen, dass er Christlieb in seinem eigenen Sinne interpretiert:

Wenn aber Dr. Christlieb kurz nach obigem Ausspruch sagt: »Es bleibt dabei, die Hauptarbeit muss durch die Eingeborenen selbst, wenn auch unter Aufsicht unserer Missionare, geschehen, darum ist ihre Heranbildung zu Arbeitern eine Hauptsache. Wie jetzt schon lange an der Südsee, werden sie auch in Afrika unter gehöriger Aufsicht sich als erfolgreichere Pioniere erweisen denn der Europäer.« So meint er doch mit dieser Pionierarbeit eben die Missionsarbeit an den Heiden und weist damit auf eine Missionspraxis hin, von der diejenige, die von unserer Gesellschaft bisher durchgeführt worden ist und immer mehr angestrebt wird, nicht zu sehr abweichen dürfte.

Offensichtlich bringt Weiss die von Christlieb geforderte Selbtverleugnung und Demut nicht auf, Stellung und Macht (so Buck) an Einheimische abzugeben. Ihm liegt an der Oberaufsicht des Missionars. Die Selbstständigmachung der Gemeinde liegt auf einer andern, z. B. der finanziellen Ebene.

Zum Schluss lässt er, wieder mit Hinweis auf den Komitee-Brief, noch andere Befürchtungen mehr dogmatischer Art durchschimmern. Er fürchtet letztlich, die Bekehrung des Einzelnen komme zu kurz, wenn die Einheimischen zu Gemeindeleitern werden.

Man darf sich nicht den Hauptgesichtspunkt verrücken lassen durch das Drängen derjenigen, welche von ungeschichtlichen Ansichten verleitet die Bekehrung der Heidenwelt nur recht eilig und bald ausgeführt sehen wollen und der Meinung sich hingeben, es könne durch eine erfundene

Methode der Missionspraxis das Ziel in kürzerer Zeit erreicht werden. Die Bekehrung jedes Einzelnen muss Zeit haben und ebenso und noch mehr die Bekehrung der Völker.

2. Die Diskussion

Eisenschmid, offensichtlich um Harmonie unter den Brüdern bemüht, eröffnet die Diskussion mit der Feststellung, im Grundsatz seien sie sich ja alle einig. Die Realität sei allerdings schwieriger. Weil Weiss keine Anträge formuliert, werden diejenigen von Rottmann an der Gâ-Konferenz als Diskussionsgrundlage eingebracht. Da hakt denn auch Buck gleich nach:

> Eine wesentliche Reduktion der Ausgaben ist nicht möglich ohne Änderung des Systems ... Es handelt sich darum, zu bestimmen, ob wir mit dem System, welches seit 40 Jahren in Anwendung kam, vorwärts gehen, oder ob wir nach einem neuen System gehen wollen. Gehen wir darauf nicht ein, so kann keine wesentliche Reduktion möglich sein.
>
> Unsere Aufgabe ist die Heidenpredigt. Diese soll vorwiegend der Europäer Aufgabe sein, zwar nicht um immer selber zu predigen, aber dabeizusein, wenn gepredigt wird. ... Ich frage also: ist es möglich, das europäische Pastorat abzuschaffen? Wenn nicht, so kann von einer durchgreifenden Reduktion nicht die Rede sein. (D-1,33, N° 1, 5 und 6)[28]

Und nicht nur das! Wenn diese Grundsatzfrage nicht geklärt sei, sehe er sich ausser Stand, in den folgenden Abstimmungen mitzumachen. Die Diskussion, zunächst weitgehend zwischen Buck und Rottmann – der übrigens im Grundsatz mit Buck einig ist – geführt, wird mit der Zeit doch heftiger, sodass Joh. Müller den Antrag stellt, hier abzubrechen, weil die Diskussion nun »doch zu sehr lebhaft geworden sei«. Bemerkenswert ist, dass auch Schönfeld betont, die massgeblichen Erfolge in Akyem seien durch die Arbeit der einheimischen Leute erzielt worden, und dass D. Asante, als einheimischer Missionar,[29] Buck in seiner Haltung nachdrücklich bestärkt. (Protokoll, 23)

Mit der Zeit werden doch eindeutige Beschlüsse gefasst:

---

[28] Schlatter, Bd. III, 157, ausführlich.

[29] David Asante gilt als Missionar weil er – wie die europäischen Brüder – im Basler Seminar ausgebildet worden ist. Er war Bucks Vorgänger in Kyebi, musste aber wegen schweren Konflikten mit dem König von Akyem auf Wunsch des englischen Gouverneurs Kyebi verlassen.

1. Jede Gemeinde mit über 200 Seelen soll ihren eigenen einheimischen Pfarrer (Diakon) erhalten (damit ist die Grundsatzfrage Bucks aufgenommen).
2. Die Kirchensteuer wird auf ½ Penny pro Woche und erwachsene Person erhöht (auch Schüler sollen pro Jahr einen Beitrag an ihre Kosten entrichten).[30]
3. Mitarbeiter können auch ausserhalb des an den Schulen vorhandenen »Schülervorrats« beigezogen und ausgebildet werden (das andere Anliegen Bucks!).

Die weiteren Beratungen nehmen nachher die Fragen um Einsparungen im Bereich der Schulen sowie die Besoldungstarife für Katechisten und Diakone auf.

Im April berichtet D. Eisenschmid als Gebiets-Präses an die Basler Leitung und schreibt zum ersten Beratungsgegenstand (D-1,33 Afrika N° 10):

> Zum Teil sehr abweichend von der Ansicht des Referenten und anlehnend an das Referat von Br. Rottmann für die Gâ-Distriktskonferenz wurde angenommen, dass
> – 1. die Kirchensteuer auf das Doppelte erhöht
> – 2. die 3 Gemeindekassen in 1 vereinigt und nicht mehr kapitalisiert werden und
> – 3. jede Gemeinde mehr als 200 Personen zählend einen eingeborenen Pastor erhalte
> – 4. die (Mehr-)Einnahmen für dessen Besoldung verwendet werden sollen.
>
> Es wird … für manche Gemeindebrüder schwer sein, diese erhöhte Forderung von ihren Gliedern einzutreiben. Die Theorie ist ja schön, die Praxis ist schwerer, besonders wenn man die Verschiedenheit der Verhältnisse bedenkt. Ich bin daher der Ansicht, dass jeder Bruder dieses Ziel im Auge zu behalten hat und dessen Verwirklichung mit allen ihm zu Gebot stehenden Mitteln erstrebt, dass die Durchführung dieser Beschlüsse jedoch nicht auf einmal, sondern nach und nach ihrem Ziel entgegen geführt werde.

Kein Zweifel, auch bei ihm schlägt ein gewisses Unbehagen angesichts dieser Entwicklung der Dinge durch, wobei seine Sorge wohl besonders dem aus der offensichtlichen Uneinigkeit der Brüder erwachsenden Konflikt gelten mag.

Die Leitung in Basel nimmt die Beschlüsse zur Kenntnis. Prätorius kommentiert im Jahresbericht, dass

> unter anderem *die energische Einführung des Eingeborenen Pastorats …*
> *vorangetrieben werde, vor allem in den Hauptstationen. Sie sollen so*

---

[30] Vgl. dazu Schönbergs Bemerkung o. Anm. 14: Sie zeigt die Diskrepanz unter den Brüdern des Gâ-Distrikts auf.

... die Anstellung besonderer europäischer Gemeindebrüder überflüssig machen.[31]

Die Massnahmen werden so eingeführt. Der »Heidenbote« 1881/11 berichtet, dass weitere Katechisten zu Diakonen ordiniert worden seien: Hall, Asare, Obeng, Anoba, – sodass bis dann 13 Diakone zur Verfügung standen.

Ob damit allerdings die Gemeinden tatsächlich mehr Eigenständigkeit erhielten oder ob unter neuem Vorzeichen nicht doch die Oberaufsicht der europäischen Missionare gefestigt wurde, das steht auf einem andern Blatt.

Nachwirkungen

Später im Jahr legt die Basler Leitung Richtlinien fest, die bestimmte Pflichten der neuen einheimischen Pfarrer umschreiben: Sie sollen wie die europäischen Mitarbeiter halbjährlich über ihre Arbeit und die Entwicklung ihrer Gemeinde Berichte ablegen.

> 1881, Ausschuss, vom 14. Sept. abends § 403
> Die afrikanischen Diakone, denen die Leitung einer Gemeinde selbständig anvertraut wird, haben auf den 1. Juli und auf den 31. Dez. jedes Jahres einen Bericht über ihr Ergehen und ihre Tätigkeit nach allen Beziehungen an die Komitee durch Stations-, Distrikts- und General-Präses zu senden.
> Eine Dispensation vom Halbjahresbericht kann in dringenden Verhinderungsfällen ... vom Distriktspräses erteilt werden.
> Eine Dispensation vom Jahresbericht findet unter keinen Umständen statt.

Im Blick auf seine Arbeit in Akyem selber erhält Karl Buck freie Hand. Schon im Vorjahr (1880), also kurz nach der Distrikts-Konferenz des Twi-Gebiets, hatte Inspektor Schott in einem Brief an D. Eisenschmid diesem Beschlüsse des Basler Komitees mitgeteilt und ihn unter § 4 gebeten: (D-2,9.1, 176 vom 1.6.1880)

> Bruder Buck zu schreiben, er möge, wenn er etliche tüchtige Akemer habe, die ihm zu Evangelisten tauglich erscheinen, den Versuch machen,

---

[31] HB 1882, N° 9, 65. In einem privaten Brief an D. Huppenbauer vom 28.5.1881 (s. o. Anm. 19) schreibt Buck (dann im Urlaub) von einem Treffen mit Inspektor Schott im Blick auf gewisse Missstände auf dem indischen »Feld« u. a.: »Er ist fest entschlossen zu misten, oder wie er sich ausdrückte eine »Verdünnung des europäischen Personals herbeizuführen« und später: »dass sie in Indien lange zu tun haben werden – er sagte 20 Jahre – bis es in Bezug auf die Selbständigmachung so weit sei wie Afrika«. Siehe Huppenbauer, Aufruhr in Kyebi, 27.

und sie ½ oder 1 Jahr lang ausbilden, sie für Predigtreisen mitnehmen und selbst auf kürzere Reisen aussenden, sie im Bibellesen und Auslegen üben und sie dann als Evangelisten mit Besoldung etwa ähnlich Immanuel Boakye vorschlagen.

Unter den Brüdern auf der Goldküste jedoch ist der Streit über diese Fragen kaum beigelegt. Die beiden »jungen Brüder« in Kyebi, Karl Buck und David Huppenbauer, stehen 1881 im Dauerstreit mit ihren älteren Kollegen im Distrikts- resp. General-Konferenz-Ausschuss.[32] Es geht dabei auch um Grundsatzfragen, um ihr Grundprinzip, dass Afrika durch Afrikaner gewonnen werden müsse. Sie machen sich einmal lustig über einen der älteren Brüder, der ihre Überzeugung nicht teilt und dafür mit seinem Warneck durch die Gegend reise und versuche, die Heiden zu bekehren.

Die Kyebi-Gemeinde selber wird allerdings in den 80er-Jahren durch andere Ereignisse schwer erschüttert.[33] Doch aus dem einstigen »Schmerzenskind« wird eine innerlich gereifte und äusserlich gewachsene Kirche, obwohl nach Bucks Tod (1883) und D. Huppenbauers unerwarteter Heimkehr (1884) kein weisser Missionar mehr in Kyebi residierte, sondern die Station durch einen einheimischen Diakon in Verbindung mit den Missionaren in Begoro betreut wurde. In seiner Beurteilung hatte Buck im Blick auf Kyebi völlig richtig gelegen.

Ein Nachspiel

Innerhalb der Feldleitung diskutiert man im gleichen Jahr die Frage nach dem Verhältnis der eingeborenen Pfarrer zu den weissen Missionaren. Es macht den Anschein, dass in diesem Zusammenhang David Asante, bisher – als in Basel ausgebildeter Bruder – Missionar genannt, mit den Aufgaben eines Diakons betreut, also zurückversetzt wurde.[34] Das würde allerdings darauf hindeuten, dass man letztlich den einheimischen Gemeinden zwar mehr Verantwortung, nicht

---

[32] Buck geht 1881 in Urlaub, wo er sich ein Jahr später mit Huppenbauers Schwester verheiratet. In dieser Zeit läuft ein reger Briefwechsel zwischen den beiden Freunden hin und her. Siehe Huppenbauer, Aufruhr in Kyebi, 27 (aus Beuren am 28.5.1881).

[33] Siehe Huppenbauer, Königshaus und Missionshaus in Kyebi, 2004.

[34] S. Abun-Nasr, Afrikaner und Missionar. Die Lebensgeschichte von David Asante, Basel 2003, 207. Nach Kom. Prot. 1879, § 43, war Asante allerdings schon 1879 und auf seinen Wunsch hin in der Invalidenetc. Kasse auf die Stufe der Diakone (zurück-)gestuft und ihm die überschüssigen Beiträge zurückbezahlt worden.

aber mehr Rechte gegeben hatte. Das war so gewiss nicht die Absicht Karl Bucks in seinem Vorstoss von 1880 gewesen.

(abgeschlossen am 30.9.2004, dem Todestag Karls Bucks (1883))

(Dr. Hanns Walter Huppenbauer war 1965–1970 theologischer Lehrer am Trinity College Ghana; 1976–1988 Zentralsekretär der Kooperation Evangelischer Kirchen und Missionen (KEM); 1972–1994 Schriftleiter der ZMiss, 1988–95 Gemeindepfarrer in Affoltern am Albis)

ABSTRACT

The paper focuses on the missionary Karl Buck (1851–1883) who was active in Kyebi in Gold Coast (presently Ghana), and his preparatory memos for an address to a Church district assembly in 1880. He was concerned about how to let the local church become personally and financially independent, this for reasons of capacity on the side of the local people as well as a meaningful development of relations of European and African churches. He succeeded in major parts of his proposals, and after his death (1883) and his colleague's (D. Huppenbauer) departure in 1884 the Kyebi church was led by a local deacon.

Migrationserfahrungen als *conditio sine qua non* für die transkulturelle Ausbreitung des Frühchristentums

Eine Re-Lektüre der Apostelgeschichte

Werner Kahl

Einführung

Eine Re-Lektüre der Apostelgeschichte unter der Perspektive von Migration und Flucht stellt sich als so angemessen wie angeraten dar, zumal sie in der westlichen Exegese bislang recht unterbelichtet geblieben ist. Dass sie sich im Hinblick auf den gegenwärtigen Rezeptionskontext angesichts globaler Migrationsbewegungen als relevante Lektüre erweist, ist evident. Auf dem Hintergrund dieser Migrations- und Fluchterfahrungen, die zunehmend nicht nur westliche Gesellschaften insgesamt, sondern auch hiesige Kirchen im Besonderen herausfordern, ergibt sich eine Sensibilisierung für diese Thematik auch in exegetischer Hinsicht. Eine entsprechende Re-Lektüre der Apostelgeschichte lässt die These formulieren: Die Formierung und Ausbreitung des Frühchristentums im ersten Jahrhundert ist unlöslich und wesentlich mit Erfahrungen von Flucht und Migration verknüpft. Dieser Sachverhalt wird in den Schriften des Neuen Testaments nirgends so stark reflektiert und narrativ entfaltet wie in der Apostelgeschichte des Lukas, auch wenn er sich mehr oder weniger deutlich auch sonst wo im Neuen Testament greifen lässt.[1]

---

[1] Vgl. dazu Werner Kahl, Wunder und Mission in ethnologischer Perspektive, in: Zeitschrift für Neues Testament 15 (2005), 35–43; Ders., Die Bezeugung und Bedeutung frühchristlicher Wunderheilungen in der Apostelgeschichte angesichts transkultureller Übergänge, in: Anette Weissenrieder/Gregor Etzelmüller (Hg.), Religion und Krankheit, Darmstadt 2010, 249–264; Ders., Migrants as Instruments of Evangelization – in Early Christianity and in Contemporary Christianity, in: Chandler H. Im/Amos Yong (Hg.), Global Diasporas and Mission, Oxford 2014, 71–87.

Re-Lektüre der Apostelgeschichte

Die Verbreitung »des christlichen Glaubens« im ersten Jahrhundert hat sich nicht etwa systematisch geplant oder organisiert vollzogen, wie es die nachträglichen Stilisierungen in Mt. 28,18–20 und Apg. 1,8 nahelegen mögen. Ausgehend von Judäa und Galiläa verbreitete sich »der christliche Glaube« in alle Himmelsrichtungen, und zwar in unvorhersehbarer und letztlich unkontrollierter Art und Weise. Wenn wir vom »christlichen Glauben« im ersten Jahrhundert sprechen, können wir dies nur unter Vorbehalt tun. Gemeint ist hiermit im Folgenden sozusagen ein kleinster gemeinsamer Nenner in Bezug auf den Glauben von Personen und Glaubensgemeinschaften, wonach in *irgendeiner* Weise vorausgesetzt wurde, dass Jesus der Messias/Christus sei. Die Schriften des Neuen Testaments reflektieren die Tatsache der Existenz einer Vielzahl von konkreten Deutungen des Auftretens Jesu im ersten Jahrhundert. In der ersten Generation von Christusgläubigen handelte es sich vor allem und fast ausschließlich um Juden, die eben *als* Juden diesen Glauben teilten. In der neutestamentlichen Wissenschaft wird heute zunehmend davon ausgegangen, dass *alle* Schriften des Neuen Testaments von Juden verfasst wurden – eben solchen, die an Jesus als den Messias/Christus glaubten. In diesem Beitrag werde ich anhand der Apostelgeschichte aufdecken, dass es christusgläubige Juden aus der Diaspora waren, die aus Jerusalem vertrieben wurden und die dann auf ihren Wegen in der Fremde die Bedeutung des Evangeliums als grenzüberschreitende, Menschen verschiedenster Herkunft und Kultur zusammenführende Botschaft und Kraft zu verstehen und zu kommunizieren lernten. Der Verfasser des lukanischen Doppelwerks legt allerdings Wert auf die Feststellung, dass sie dies nicht etwa aufgrund eigener Einsicht und Fähigkeit, sondern aufgrund von *Offenbarungswundern* vermochten.[2]

In seiner Apostelgeschichte legt Lukas eine ganz bestimmte Konstruktion der Ausbreitung des »christlichen Glaubens« vor. Dabei bildet er narrativ die drei Jahrzehnte von den 30er bis zu den 50er Jahren des ersten Jahrhunderts ab. Schreibend gegen Ende des ersten oder zu Beginn des zweiten Jahrhunderts, nahm er Erinnerungen aus unterschiedlichen Quellen auf, formte sie um und passte sie so in die Agenda seiner Großerzählung ein.[3] Die narrative Entfaltung dieser Geschichte ist programmatisch in Apg. 1,7–8 auf den Punkt gebracht:

---

[2] Vgl. vor allem Apg. 9,1–19; 10,1–11,18.
[3] Vgl. Lk.1,1–4; vgl. Apg. 1,1.

»Jesus sagte zu seinen Jüngern: Es ist nicht an euch, die Zeiten und Daten zu kennen, die der Vater in der ihm eigenen Macht gesetzt hat. Aber ihr werdet Kraft empfangen, wenn der Heilige Geist über euch kommt. Und ihr werdet meine Zeugen sein in Jerusalem, in ganz Judäa und Samaria und bis an die Enden der Welt.«

Diese Zusage darf nicht allzu wörtlich genommen werden. Sie beschreibt nur *im Groben* die Verbreitung des Christuszeugnisses im antiken Mittelmeerraum. Und an der waren die Adressaten dieser Rede Jesu – seine jüdischen, aus Galiläa stammenden Begleiter: die »Jünger« – eben kaum unmittelbar beteiligt. Nach Ausweis der Apostelgeschichte waren es vielmehr *jüdische Migranten aus der Diaspora*, denen die tragende Rolle bei der Verbreitung des »christlichen Glaubens« zukam. Es ist auch *historisch* plausibel, dass jene Juden, die in multireligiösen Lebenswelten der mediterranen Antike aufgewachsen waren, besser als ihre Glaubensgeschwister in Judäa oder Galiläa darauf vorbereitet waren, die Bedeutung des Evangeliums Nicht-Juden verständlich zu machen. *Sie* sprachen nämlich dieselbe(n) Sprache(n) wie Nicht-Juden – vor allem Koine-Griechisch –, und *sie* konnten kultursensibel agieren. Die christusgläubigen Juden aus der Diaspora vermochten das Evangelium von der grenzüberschreitenden Inklusion in Gottes Heil auch grenzüberschreitend plausibel zu kommunizieren. Im Folgenden werde ich ihren Beitrag für die Verbreitung des »christlichen Glaubens« im ersten Jahrhundert nach dem Zeugnis der Apostelgeschichte nachzuzeichnen versuchen. Dass die Apostelgeschichte dabei als *Erinnerungen spezifisch organisierendes Narrativ* mit einem hohen Konstruktionsanteil – wie alle narrativen Texte des Neuen Testaments – *kritisch* zu lesen ist, sollte sich von selbst verstehen.[4]

In der Erzählung der Apostelgeschichte kommen jüdische Migranten aus der Diaspora als *potentielle* Träger des Evangeliums zuerst in Kap. 2,1–13 in den Blick. Während der Pessach-Feierlichkeiten erleben Juden und Proselyten aus der Diaspora die Gegenwart des Heiligen Geistes bei den galiläischen Anhängern Jesu in Jerusalem. Der Heilige Geist ermöglicht es – so die Erzählung – den galiläischen Jüngern »in anderen Sprachen« zu sprechen. Das wäre für diese ungebildeten, aramäischsprachigen Fischer, Bauern und Handwerker ungewöhn-

---

[4] Vgl. dazu insgesamt Ute E. Eisen, Die Poetik der Apostelgeschichte. Eine narratologische Studie, Fribourg/Göttingen 2006. Eisen trägt auch den kulturwissenschaftlichen Grenzüberschreitungsdiskurs in die Exegese ein, dem in Bezug auf die Klärung zwischenmenschlicher Dynamik gerade im Hinblick auf das Verhältnis von Juden und Nicht-Juden in der Darstellung der Apostelgeschichte eine wesentliche Rolle zukommt.

lich genug.[5] Und so *erschrecken und wundern sich* auch die in Jerusalem anwesenden Diasporajuden angesichts des Ereignisses: ἐξίσταντο δὲ καὶ ἐθαύμαζον (Apg. 2,7 im Kontext der Verse 7–13). Es ist bedeutsam, dass dieses Sprachenwunder in Apg. 2 nicht als Kuriosum isoliert stehen bleibt. Es wird vielmehr sozialgeschichtlich übersetzt, indem es die Formierung der ersten *transkulturellen* Gemeinschaft von jüdischen Christusgläubigen bewirkt. Nach Auskunft von Apg. 2,37–47 begannen Juden und Proselyten aus Galiläa, Judäa und den Diasporas zusammen zu beten, zu speisen und ihr Hab und Gut miteinander zu teilen.

Transkulturelle Gemeinschaften sind fragile Sozialgebilde, und in Apg. 6,1–6 hören wir von Auseinandersetzungen zwischen den Einheimischen und den Migranten (6,1: ἐγένετο γογγυσμὸς τῶν Ἑλληνιστῶν πρὸς τοὺς Ἑβραίους) in der neu formierten christusgläubigen Gemeinschaft von Juden um die Versorgung der griechischsprachigen Witwen. Ein Kreis von sieben christusgläubigen Diasporajuden und Proselyten wird eingesetzt, um die Versorgung dieser vernachlässigten Witwen zu gewährleisten, darunter Stephanus und Philippus.

Es ist wiederum ein Jude aus der Diaspora – Paulus von Tarsus –, der nach Apg. 7,58 für die Ermordung des Diasporajuden Stephanus verantwortlich gemacht wird. Nach der Erzählung der Apostelgeschichte (8,1–4) hat Paulus ebenfalls die erzwungene Emigration von Mitgliedern der Gemeinde in Jerusalem verursacht. Einer von ihnen – der christusgläubige Diasporajude Philippus – ging nach Samaria, wo er vom Evangelium erzählte (8,5–25), mit dem Resultat, dass Samarier das Evangelium annahmen und den Heiligen Geist empfingen (8,12–13); Leute also, die aus jüdischer Perspektive als »Mischvolk« verachtet werden konnten, welches dem Götzendienst erlegen war. Dieser Philippus ging aufgrund einer Offenbarung (8,26) zur Straße, die nach Gaza führte. Dort begegnete er einem äthiopischen Eunuchen – einem Menschen, der eine hohe gesellschaftliche Stellung im äthiopischen Reich bekleidete. Es handelt sich bei ihm wohl um einen Proselyten, der in Jerusalem zum Gebet war (8,27). Wir hören davon, dass er des Philippus' Christusdeutung akzeptabel fand und sich taufen ließ. Lukas informiert uns nicht über den weiteren Lebensweg des Äthiopiers. Es ist wohl impliziert, dass das Evangelium mit diesem afrikanischen Proselyten weiter

---

[5] Vgl. auch in Bezug auf den Freimut des Petrus Apg. 4,5–31. Auch hier wird die Sprachfähigkeit der Ungebildeten (4,13: ἄνθρωποι ἀγράμματοί εἰσιν καὶ ἰδιῶται) auf ein Wunder (4,30: σημεῖα καὶ τέρατα) zurückgeführt: Der Heilige Geist (4,8.31) stattet die Christusgläubigen nach entsprechendem Bittgebet (4,24–30) mit der Kompetenz zur freimütigen Wortverkündigung aus. Entsprechend »wundern« sich die Petrus verhörenden Mitglieder des Synhedrions (4,13: ἐθαύμαζον).

nach Äthiopien reiste, und zwar in der ersten Hälfte der 30-er Jahre – mehr als anderthalb Jahrzehnte, bevor Paulus die ersten christusgläubigen Gemeinden in Mazedonien gründete!

Apg. 9 erzählt dann *nicht* von einer »Bekehrung« des Saulus-Paulus im Sinne einer Konversion von einer Religion zu einer anderen. Auch *nach* seiner dramatischen Begegnung mit dem erhöhten Christus blieb Paulus selbstverständlich Jude – und er blieb es sein Leben lang. Er wurde auch nicht zu einem besonderen Dienst »berufen«. Vielmehr wurde Paulus nach der Erzählung der Apostelgeschichte aufgrund einer Christusoffenbarung dazu *gezwungen* (vgl. die Imperative in Vers 6 und seine Erblindung), als ein »ausgewähltes Gefäß« (Vers 15: σκεῦος ἐκλογῆς) zu dienen, um »den Namen Christi vor die Völker, Könige und die Kinder Gottes zu bringen« (Vers 15: τοῦ βαστάσαι τὸ ὄνομά μου ἐνώπιον ἐθνῶν τε καὶ βασιλέων υἱῶν τε Ἰσραήλ). Auch bei Paulus haben wir also einen Fall von erzwungener Migration vorliegen, eben einer *spirituell* erzwungenen Migration. Eine solche ist in dem allgemeinen religio-kulturellen Kontext der mediterranen Antike, in dem die sichtbare Welt als eingebettet in weitere spirituell-numinose Wirkzusammenhänge vorgestellt, erlebt und kommuniziert wird, möglich.[6] Eine Wahl hatte Paulus nicht. Als jemand, der selbst in der Diaspora geboren und aufgewachsen war – in Tarsus in Kleinasien –, versuchte Paulus zunächst, andere Diaspora-Juden vom Christusglauben zu überzeugen: zuerst in Damaskus (9,20) und dann unter hellenistischen Juden in Jerusalem (9,28f.). Diese ersten Verkündigungsversuche des Paulus scheinen wenig erfolgreich gewesen zu sein. Zumindest berichtet uns Lukas nicht weiter davon.

Die Apostelgeschichte beschreibt insgesamt einen graduell sich vollziehenden Prozess der Ausbreitung des Evangeliums unter verschiedenen Bevölkerungsgruppen, die sich zunehmend in religiöser, ethnischer und geographischer Distanz zum Judentum in Judäa befinden: Zunächst waren Diasporajuden inkludiert worden, dann Proselyten und Samarier, dann Gottesfürchtige wie der römische Hauptmann Kornelius (Apg. 10f.) und schließlich bisherige Polytheisten der weiteren mediterranen Welt.

Apg. 11,19–26 ist – was die Grenzüberschreitung der Evangeliumsverkündigung und die nachfolgende Lebensgemeinschaft von Juden mit vormaligen Po-

---

[6] Vgl. Werner Kahl, Gott und göttliche Wesen, in: Kurt Erlemann u. a. (Hg.), Neues Testament und Antike Kultur, Bd. 3, Neukirchen 2005, 88–109. Vgl. auch Apg. 5,19: »Man muss Gott mehr gehorchen als den Menschen.«

lytheisten anbetrifft – von wegweisender Bedeutung für die weitere Entwicklung des Frühchristentums:[7]

> [19]Bei der Verfolgung, die wegen Stephanus entstanden war, kamen die Versprengten bis nach Phönizien, Zypern und Antiochia; doch verkündeten sie das Wort nur den Juden. [20]Einige aber von ihnen, die aus Zypern und Zyrene stammten, verkündeten, als sie nach Antiochia kamen, auch den Griechen (πρὸς τοὺς Ἕλληνας) das Evangelium von Jesus, dem Herrn. [21]Die Hand des Herrn war mit ihnen und viele wurden gläubig und bekehrten sich zum Herrn. [22]Die Nachricht davon kam der Gemeinde von Jerusalem zu Ohren und sie schickten Barnabas nach Antiochia. [23]Als er ankam und die Gnade Gottes sah, freute er sich und ermahnte alle, dem Herrn treu zu bleiben, wie sie es sich vorgenommen hatten. [24]Denn er war ein trefflicher Mann, erfüllt vom Heiligen Geist und von Glauben. So wurde für den Herrn eine beträchtliche Zahl hinzugewonnen. [25]Barnabas aber zog nach Tarsus, um Saulus aufzusuchen. [26]Er fand ihn und nahm ihn nach Antiochia mit. Dort wirkten sie miteinander ein volles Jahr in der Gemeinde und unterrichteten eine große Zahl von Menschen. In Antiochia nannte man die Jünger zum ersten Mal Christen (Χριστιανούς).

Wie, wann und durch wen erreichte das Evangelium die syrische Großstadt Antiochia? Lukas erzählt davon, dass einige von denen, die Jerusalem wegen der Verfolgung, die mit der Ermordung des Stephanus angehoben hatte, verlassen mussten, nach Phönizien, Zypern und Antiochia emigrierten, wobei sie zunächst noch »das Wort ausschließlich Juden verkündeten« (11,19). Einige von diesen jüdischen Migranten aber, die ursprünglich aus Zypern und aus dem nordafrikanischen Kyrene stammten, begannen damit, nicht-jüdischen Griechen zu predigen, von denen einige den Christusglauben annahmen. Dieser Übergang dürfte sich in der ersten Hälfte der 30-er Jahre vollzogen haben. Später kamen die beiden Diasporajuden Barnabas und Paulus hinzu und wirkten hier für ein Jahr. Wahrscheinlich beförderte die Tatsache, dass es eine stattliche Anzahl an »Gottesfürchtigen« um die große jüdische Gemeinde von Antiochia herum gab, und die damit gegebene Differenzierung in vollwertige, d. h. jüdische Synagogenmitglieder und nicht vollwertige, nicht-jüdische Gottesfürchtige, die Attraktivität einer an das Christusgeschehen gebundenen Evangeliumsverkündigung und damit einhergehenden Gemeindeorganisation, nach der jene Differenz aufgehoben war.[8] Der unmittelbare Kontext von Apg. 11,19–26 in Kap. 10,1–11,18 – zur Über-

---

[7] Einheitsübersetzung.
[8] Vgl. Michael Wolter, Paulus. Ein Grundriss seiner Theologie, Neukirchen-Vluyn 2012, 34: »Sie (die Gottesfürchtigen, W. K.) fanden hier nicht nur dasselbe, was ihnen am Judentum gefiel, sondern sie konn-

windung trennender Speisevorschriften – legt dies nahe. In jener der Antiochia-Episode vorgelagerten Erzählung wird von der göttlichen Rein-Erklärung aller Speise (10,15: Ἃ ὁ θεὸς ἐκαθάρισεν σὺ μὴ κοίνου) auf die Überwindung der Trennung von Menschen im jüdischen Reinheitsdiskurs geschlossen (10,28): »Da sagte er (Petrus) zu ihnen (den im Haus des Kornelius Versammelten): Ihr wisst, dass es einem Juden nicht erlaubt ist, mit einem Nichtjuden zu verkehren oder sein Haus zu betreten; mir aber hat Gott gezeigt, dass man keinen Menschen unheilig oder unrein nennen darf« – κἀμοὶ ὁ θεὸς ἔδειξεν μηδένα κοινὸν ἢ ἀκάθαρτον λέγειν ἄνθρωπον.

In Antiochia ereignete sich also – aus jüdischer Perspektive – etwas grundsätzlich Neues in dem Verständnis des Verhältnisses von Juden und Nicht-Juden und in der dem so interpretierten Evangelium entsprechenden Konstituierung einer transkulturellen und transethnischen Glaubens- und Lebensgemeinschaft von Christusgläubigen. In Antiochia entstand vielleicht zum ersten Mal zu Beginn des Frühchristentums ein grenzüberschreitendes »Drittes«, das sich bisherigen Zuordnungen entzog und vertraute Begrifflichkeiten sprengte. Insofern ist es kein Zufall, dass die christusgläubigen Juden und Nicht-Juden dieser Gemeinschaft nach Apg. 11,26 zum ersten Mal mit dem Neologismus »Christianer« (Χριστιανοί) belegt wurden. Diese Gemeinde wurde, wie gezeigt, von Diasporajuden in der Migration gegründet. Ihre Namen sind uns nicht überliefert, und was *sie* zu dieser Grenzüberschreitung bewogen hat, wird nicht erzählt. In dieser antiochenischen Gemeinde fanden Juden unterschiedlichster Herkunft zusammen mit unbeschnittenen und sicher Schweinefleisch konsumierenden Nicht-Juden. Das war in der damaligen Welt eine wohl bemerkenswerte Konstellation. Bei dieser Glaubens- und Lebensgemeinschaft handelte es sich nicht mehr um eine traditionelle Synagogengemeinde, sondern um eine neue Form von Ekklesia-Gemeinde.

Die Diasporajuden Barnabas und Paulus wurden durch eine erneute Intervention des Heiligen Geistes – in der Apostelgeschichte das entscheidend agierende Subjekt – in Antiochia weiter in die Migration getrieben, um das Evangelium zu

---

ten sich der christlichen Gemeinde auch anschließen, ohne dabei die kulturelle Desintegration in Kauf nehmen zu müssen, die mit dem Übertritt zum Judentum (Beschneidung) und der Praktizierung des jüdischen Alltagsethos (Speisegebote und andere Reinheitsvorschriften) zwangsläufig einhergegangen wäre. Dass ein solcher Vorgang sich nur in einer hellenistischen Großstadt mit einer nichtjüdischen Mehrheitskultur abspielen konnte und nicht in Jerusalem oder in einem judäischen Dorf, liegt auf der Hand.«

verkündigen. Apg. 13,1–3 reflektiert die multikulturelle Zusammensetzung der Leitung der Gemeinde in Antiochia:

> [1]In der Gemeinde von Antiochia gab es Propheten und Lehrer: Barnabas und Simeon, genannt Niger (ὁ καλούμενος Νίγερ), Luzius von Zyrene, Manaën, ein Jugendgefährte des Tetrarchen Herodes, und Saulus. [2]Als sie zu Ehren des Herrn Gottesdienst feierten und fasteten, sprach der Heilige Geist: Wählt mir Barnabas und Saulus zu dem Werk aus, zu dem ich sie mir berufen habe. [3]Da fasteten und beteten sie, legten ihnen die Hände auf und ließen sie ziehen.[9]

Das Leitungsgremium besteht aus einem Fünferteam von jüdischen Lehrern und Propheten: Manaën ist der einzige unter ihnen, der nicht aus der Diaspora stammt, der aber als »Jugendgefährte« des Herodes Antipas mit Sicherheit eine stark hellenisierte Version des Judentums vertrat. Barnabas stammt aus Zypern, Paulus aus Tarsus und die zwei anderen aus *Afrika* – Luzius aus dem nordafrikanischen Kyrene und Simeon mit dem Beinamen »Schwarzer« vielleicht aus südlicher gelegenen Regionen. Der Heilige Geist instruierte diese beiden zusammen mit Manaën, Barnabas und Paulus für ihren weiteren Dienst auszusenden. Dass zwei dieser drei Barnabas und Paulus segnenden Männer Afrikaner waren, wird in der westlich-exegetischen Tradition weithin nicht realisiert.[10] In afrikanisch-theologischer Perspektive erscheint diese Konstellation als äußerst bedeutsam. So konstatiert der ghanaische Pfingsttheologe Mensa Otabil: »I know some of us can not imagine those powerful and annointed black hands on the head of Paul. The truth is – it happened!«[11]

Nach Auskunft der Apostelgeschichte zwangen politische oder spirituelle Faktoren Paulus und seine Mitstreiter in die Migration Richtung Westen, so wie andere bereits *vor ihm* gen Norden, Osten und Süden – und sicher auch bereits gen Westen – aufgebrochen waren. Dies führte letztlich zur Verhaftung des Paulus durch die Römer und zu seiner Überführung nach Rom. Auf seinen Reisen im römischen Reich verkündigte Paulus zunehmend, wenn auch nicht ausschließlich, unter Nicht-Juden, d. h. Mitgliedern unterschiedlichster ethnischer Gruppen, die traditionell an eine Vielzahl von Göttern glaubten. Mit diesen Ad-

---

[9] Einheitsübersetzung.
[10] Eine Ausnahme ist Jacob Jervell, Die Apostelgeschichte, Göttingen 1998: »Simon Niger, ›der Schwarze‹, und Luzius von Kyrene sind also wahrscheinlich Afrikaner.«
[11] Mensa Otabil, Beyond the rivers of Ethiopia. A biblical revelation on God's purpose for the Black Race, Accra 1992, 63. Daraus folgert Otabil an eben dieser Stelle, »that it is alright for black people to send missionaries into the field«.

ressaten seiner Verkündigung teilte Paulus eine gemeinsame Sprache, das Koine-Griechisch als Lingua franca in weiten Teilen des römischen Reichs. Als Jude aus der Diaspora konnte Paulus gut vorbereitet sein für *cross*-kulturelle, grenzüberschreitende Kommunikation – anders etwa als die galiläischen Begleiter Jesu, seine »Jünger«, die dann in der weiteren Ausbreitung des Evangeliums auch keine Rolle mehr spielten.

Lukas präsentiert Paulus als jemanden, der sich meist ziemlich erfolgreich auf die Verständnismöglichkeiten und Erwartungen seiner jeweiligen Zuhörer einzulassen wusste.[12] Auch konnte er etwa seinen Assistenten Timotheus – einen nicht-beschnittenen Juden aus der Diaspora – »wegen der Juden« in einer bestimmten Region beschneiden lassen (Apg. 16,1–3). Somit konnte Paulus jüdische Traditionen und Bestimmungen gelten lassen – für Juden, ihn eingeschlossen. So konnte er, wie das Beispiel des Timotheus zeigt, selbst im Fall der Beschneidung Zugeständnisse machen – solange Beschneidung nicht die Bedeutung einer exklusivistischen Heilsrelevanz annahm!

Die Paulusbriefe stützen die lukanische Darstellung der paulinischen Strategie, unterschiedlichen Adressaten das Evangelium einigermaßen flexibel zu unterbreiten. Diese Flexibilität bringt Paulus in 1Kor. 9,19–23 auf den Punkt:

> [19]Obwohl ich frei bin und niemandem gehöre, habe ich mich zu einem Sklaven für jedermann gemacht, um möglichst viele zu gewinnen: [20]Den Juden begegnete ich als Jude, um die Juden zu gewinnen; jenen unter dem Gesetz als jemand unter dem Gesetz – obwohl ich selbst nicht unter dem Gesetz bin –, um jene unter dem Gesetz zu gewinnen. [21]Jenen, die das Gesetz nicht haben, als jemand, der das Gesetz nicht hat – obwohl ich nicht ohne das Gesetz Gottes bin, sondern im Gesetz Christi, um jene zu gewinnen, die das Gesetz nicht haben. [22]Ich begegnete den Schwachen als Schwacher, um die Schwachen zu gewinnen. Ich begegnete allen auf unterschiedliche Weise, um auf jeden Fall einige zu gewinnen. [23]Ich tue dies um des Evangeliums willen, um sein Mitarbeiter zu werden.[13]

Es entspricht dieser flexiblen Verkündigungsstrategie, wenn Paulus in der Apostelgeschichte Timotheus beschneiden lässt oder wenn er sich selbst in Jerusalem dem Nasiräat unterzieht (21,17–26). Diese jüdischen Traditionen sind für ihn als Juden weiterhin bedeutsam. Sie sind aber irrelevant in Bezug auf die Zueignung

---

[12] Ein Musterbeispiel ist die Rede auf dem Areopag; vgl. Werner Kahl, Paulus als kontextualisierender Evangelist beim Areopag, in: Eberhard Bons (Hg.), Der eine Gott und die fremden Kulte, Neukirchen-Vluyn 2009, 49–72.
[13] Übersetzung: W. K.

des Heils. Seine – auf eine Christusoffenbarung gründende – Interpretation des Christusereignisses als Ermöglichungsgrund und Instandsetzung grenzüberschreitender Inklusion ins Heil Gottes erlaubte Paulus ein hohes Maß an Flexibilität in der Evangeliumsverkündigung vor kulturell disparaten Zuhörern.

Paulus war in der multikulturellen, hellenistischen Polis Tarsus aufgewachsen. Dies war eine recht wohlhabende Stadt, die in der Antike bekannt war für ihre philosophischen Schulen und ihre große jüdische Gemeinde. Diese seine Herkunft bereitete Paulus hinsichtlich seiner kommunikativen Kompetenz hinreichend vor auf sein späteres Wirken als *cross*-kulturell sensibler Verkündiger des Evangeliums in der Migration. Die Apostelgeschichte präsentiert seine Fähigkeiten zur flexiblen, kulturellen Übersetzung des Evangeliums auch entsprechend *nicht* als besondere *Geistesgabe*, wie dies bei den galiläischen Begleitern Jesu eine notwendige Voraussetzung ihrer Verkündigung vor nicht-aramäischsprachigen Diasporajuden in Jerusalem war (Apg. 2). Offenbarungen kommen in Bezug auf Paulus an wesentlichen Wendepunkten seiner Beauftragung ins Spiel: bei seiner initialen Begegnung mit Christus (Apg. 9), bei dem Ruf nach Mazedonien (16,6–10) und bei seiner Rückkehr nach Jerusalem (20,21–23).

Es waren Kommunikationsfähigkeiten, die erst in transkulturellen Lebenskontexten erworben werden konnten, welche den Ausschlag für eine erfolgreiche Verkündigung des Evangeliums in der mediterranen Antike gaben. Diese Kompetenz konnten zumal Diasporajuden aus hellenistischen Städten des römischen Reichs aufweisen. Die Christusgläubigen unter ihnen, die sich in der Migration befanden, bildeten das Rückgrat der Evangeliumsverkündigung im ersten Jahrhundert. In *dieser* Hinsicht erweist sich die Apostelgeschichte grundsätzlich als bemerkenswert historisch plausibel.

Mit seiner Fokussierung auf Paulus hat Lukas nur einen ganz kleinen Ausschnitt aus der Verbreitungsgeschichte des Evangeliums im ersten Jahrhundert bewahrt – in einer ganz eigenen Konstruktion der Geschehnisse. Viele andere jüdische Migranten aus der diversen Diaspora waren in dieser Geschichte involviert – vor, neben und nach Paulus. Einige von ihnen werden in der Apostelgeschichte mehr oder weniger beiläufig erwähnt.[14] Detaillierte Erinnerungen an ihre Bemühungen sind uns nicht überliefert.

---

[14] Vgl. zu Priscilla und Aquila (Apg. 18) den instruktiven Beitrag von Nguyen van Thanh, Migrants as Missionaries: The case of Priscilla and Aquila, in: Mission Studies 30 (2013), 194–207.

Die Bedeutung von Migrationsbewegungen für die Etablierung transkultureller Gemeinden in der Gegenwart

Nach dieser Re-Lektüre der Apostelgeschichte möchte ich zwei Punkte benennen, die mir besonders bemerkenswert erscheinen im Kontext *gegenwärtiger* globaler Migrationsbewegungen und der Versuche zur Etablierung und Gestaltung transkultureller Gemeinden.

Erstens, in der Apostelgeschichte kommen jüdische Migranten aus der Diaspora als *Subjekte* mit einer Vision und einer Mission in den Blick. Genauer gesagt sind sie weniger Subjekte im modernen Wortsinn, als vielmehr *sub-jecti* in Bezogenheit auf den heilsamen Plan Gottes mit der Welt. Es handelt sich bei ihnen somit um gottbezogene Evangeliumsverkündiger mit besonderen Kompetenzen in *cross*-kultureller Kommunikation. Im Hinblick auf *die* Menschen, die seit einigen Jahrzehnten als Christen aus aller Welt nach Europa und somit auch nach Deutschland kommen, macht die Apostelgeschichte auf ihre mögliche Bedeutung in der Gestaltung der Kirche der Zukunft aufmerksam.

Zweitens, die Etablierung transkultureller Glaubens- und Lebensgemeinschaften im Raum der Kirche ist mit der Präsenz von Christen aus dem gesamten globalen Süden in Deutschland möglich geworden. Und oft genug existieren sie schon, wenn auch als fragile Unternehmungen, insbesondere unter Christen aus Westafrika. Unter sogenannten afrikanischen Migrationsgemeinden gibt es mono-ethnische wie multi-ethnische Gebilde, sei es, dass Christen sich hier nach – ethnisch diversen – Nationszugehörigkeiten organisieren oder nach vormaligen Kolonialsprachen (Englisch oder Französisch) und damit transnational. Am Rande der hiesigen Christenheit existieren also schon längst transkulturelle Gemeinden, und hier entstehen innovative gemeindliche Organisationsformen, die auf Seiten der verfassten Kirche, aber auch von Theologie und Religionswissenschaft erst mit erheblicher zeitlicher Verzögerung überhaupt wahrgenommen, geschweige denn reflektiert werden: So gibt es bereits in einigen Wohnhochhäusern in Hamburg das Phänomen von afrikanischen Hausgemeinden mit regelmäßig stattfindenden Gottesdiensten!

Die Kreierung transkultureller Gemeinden in der Gegenwart erscheint auf dem Hintergrund frühchristlicher Entwicklungen und Einsichten in die grenzüberschreitende Bedeutung von Evangelium als geboten, zumindest als Richtungsvorgabe. Am Beispiel Antiochias wurde deutlich – und darum geht es im Wesentlichen auch sonst in der Apostelgeschichte –, dass die lebensweltliche

Übersetzung des Evangeliums in die Kreierung transkultureller Gemeinden münden kann, wenn nicht gar: muss.

Die EKD-Publikation »Gemeinsam evangelisch!«[15] zeigt die Möglichkeit und das Potential eines zunehmenden Zusammen-Wachsens von alteingesessenen Christen einer ziemlich monoethnischen evangelischen Kirche und neu hinzugekommenen Christen, die eine große Varianz von regionalen, ethnischen, kulturellen und kirchlichen Herkünften aufweisen, an. Aufgrund globaler Migrationsbewegungen stehen die Kirchen vor Möglichkeiten und Herausforderungen, die denen im Frühchristentum nicht ganz unähnlich sind. Die Gestaltung entsprechender, Transkulturalität anstrebender Gemeinden weist ins Zentrum des Evangeliums. Landeskirchen haben kürzlich mit Projektstellen für eine »interkulturelle Öffnung« von evangelischer Kirche begonnen.

In diesem Zusammenhang hat die Missionsakademie an der Universität Hamburg 2015 das zweisemestrige Pilotprojekt *ÖkuFiT* (Ökumenische Fortbildung in Theologie) ins Leben gerufen, um das notwendige und jetzt mögliche Projekt einer interkulturellen Öffnung von Kirche theologisch zu flankieren und praktisch voranzutreiben. Es ist ausgerichtet auf Menschen in gemeindeleitenden Funktionen in Gemeinden anderer Sprache und Herkunft, auf Funktionsträger evangelischer Kirchengemeinden und Studierende der Evangelischen Theologie.

In einem *ersten Semester* wird das Phänomen *Transkulturelle Gemeinden* aus der Perspektive der verschiedenen theologischen Fächer in den Blick genommen:

- Vom Verweben des Eigenen mit dem Fremden (Konstituierende Sitzung)
- Grenzüberschreitende Gemeinden unter den ersten Christen (Schwerpunkt Neues Testament)
- Die Ausbildung monoethnischer Kirchen in der Geschichte (Schwerpunkt Kirchengeschichte)
- Transkulturelle Gemeinden als Erfordernis des Evangeliums (Schwerpunkt Systematische Theologie)
- Vom Bezeugen des grenzüberschreitenden Evangeliums (Schwerpunkt Missionswissenschaft)

---

[15] EKD (Hg.), Gemeinsam evangelisch! Erfahrungen, theologische Orientierungen und Perspektiven für die Arbeit mit Gemeinden anderer Sprache und Herkunft, Hannover 2014.

In einem *zweiten Semester* geht es aus praktisch-theologischer Perspektive um die Reflexion der Herausforderungen, die mit der Aufgabe einer konkreten Gestaltung transkultureller Gemeinden gegeben sind:

- Interkulturell Gottesdienst feiern (Schwerpunkt Liturgie)
- Kultursensible Lebensbegleitung (Schwerpunkt Seelsorge)
- Gemeindliche Modelle des Zusammen-Wachsens (Schwerpunkt Gemeindetheorie und Kirchenrecht)
- Vom Verweben des Vertrauten mit dem Irritierenden in der Begegnung mit Muslimen (Schwerpunkt Interreligiöser Dialog).

(Prof. Dr. Werner Kahl ist Studienleiter an der Missionsakademie an der Universität Hamburg)

ABSTRACT

In this contribution, the author presents a re-reading of Acts of the Apostles from the perspective of forced migration. He observes that it was exclusively Jewish migrants from multicultural Hellenistic cities who were prepared to communicate the meaning of Gospel in cultural-sensitive ways to non-Jewish peoples in the Mediterranean world. Long before Barnabas and Paul enter the scene, according to the narrative of Acts, these Jewish Christ-believers established probably the very first transcultural Christian faith-community in Syrian Antiochia. According to widespread theological interpretations of the meaning of Gospel in Early Christianity, especially in the versions of Paul and Luke, the creation of transcultural faith-communities is a necessary sociological translation of Gospel. The contemporary church in the North – often very much mono-ethnic in membership – is faced with challenges and possibilities due to global migration similar to experiences at the beginning of Christianity.

Christliche Themen in der Kunst Indiens von den Anfängen bis zur Gegenwart: Interreligiöser Dialog in der Kunst

Gudrun Löwner

Das frühe Christentum in Indien

Typisches Steinkreuz aus Chenganur, Kerala, Hinweis auf die Kirche etwa 250 Meter weiter.
Foto:© G. Löwner

Die Christen in Indien führen ihren Ursprung zurück auf Thomas, den »ungläubigen« Apostel, der im Jahre 52 n. Chr. in Kodungaloor, in der Nähe von Kochi/Kerala, gelandet sein soll. Ein Traditionsstrang bezieht sich auf die apokryphen Thomasakten aus dem 3. Jahrhundert, die davon berichten, dass Thomas sich zunächst geweigert hätte, nach Indien zu gehen, dann aber vom auferstandenen Christus als Sklave an einen Händler verkauft wurde und so per Schiff nach Indien gelangte, wo er den Märtyrertod erlitt.[1] Diese in Syrisch verfassten Schriften genießen bis heute große Wertschätzung bei den syrisch-orthodoxen Christen in Kerala. Ein anderer Traditionsstrang besagt, dass der Apostel Thomas in Kerala sieben Kirchen gebaut habe und dann weitergezogen sei nach Madras, heute Chennai. Dort soll er den Märtyrertod in Mylapore erlitten haben, einem Berg außerhalb von Chennai. Da die ersten Kirchen definitiv aus Holz ge-

---

[1] Jan N. Bremmer (Hg.), The apocryphal acts of Thomas, Leuven 2001 (Studies on early Christian apocrypha, Bd. 6).

baut wurden wie auch die Tempel zur damaligen Zeit, gibt es keine Überbleibsel aus der frühen Zeit. Wir können davon ausgehen, dass die ersten Christen sehr viel unbewusst von ihrer Umgebung übernommen haben. Der britische Theologe Paul M. Collins hat dafür den Begriff »unintentional indigenisation«[2]

Seitenansicht der orthodoxen St. Mary's Cheriapalli Kirche in Kottayam, Kerala mit Mauer aus dem Jahre 1579. Foto:© G. Löwner

geprägt, was in relevanter Weise den Tatbestand beschreibt. Dazu gehören bestimmt einfache Teakholzbauten mit hohen Dächern, Öllampen, Musikinstrumente, mit Fresken bemalte Wände, Mauern, die den sakralen Bereich von dem weltlichen abtrennen, das Sitzen auf dem Boden oder Stehen, Prozessionen mit Elefanten, Flaggenposten und vieles mehr. »Borrowing« und »crossover« wurden als Norm betrachtet.[3] Die Syrisch-Orthodoxe Kirche in Chenganur, die auf das 4. Jahrhundert zurückgeführt wird, ist dafür ein sprechendes Beispiel. Genannt seien das in die Mauer integrierte Torhaus, die Öllampen, die Trennung von Gläubigen und dem Allerheiligsten, das Steinkreuz, der Flaggenposten etc.[4]

Typische große Öllampe in der orthodoxen St. Mary's Cheriapalli Kirche in Kottayam, Kerala im Eingangsbereich. Foto: © G. Löwner

Die ältesten überlebenden Zeichen christlicher Präsenz in Indien sind Granitkreuze. 1547 errichteten die Portugiesen an dem Ort, an dem sie meinten, dass gemäß der Tradition dort der Heilige Thomas das Martyrium erlitten hat, eine Kapelle. Als sie das Fundament aushoben, fanden sie einen schwarzen Granit-

---

[2] Paul M. Collins, Christian Inculturation in India. Liturgy. Worship. Society, Aldershot 2007.

[3] Marsha Gail Olsen, Jesus, Mary and all the Saints: Indo-Portuguese Ivory Statuettes and their Role as Mission Art in 17th and 18th century Goa, unveröffentlichte Ph. D. Arbeit, Universität von Minnesota 2007, 101–102.

[4] Gudrun Löwner, Ein Fenster zum Himmel. Die farbenfrohe Kunst der Kirchen von Kerala, in: Jahrbuch Mission, Hamburg 2014, 179f.

stein mit Inschrift, vielleicht einen Grab-stein. Man glaubt, dass dies der älteste christliche Stein in Indien ist, obwohl es zwei ähnliche in Kottayam gibt (einer hat eine syrische Inschrift, wahrscheinlich 10. Jahrhundert) und anderswo. Das Alter wird geschätzt aufgrund der Tatsache, dass die Inschrift in Pahlavi ist, einer alten Form der persischen Sprache, die nach dem 8. Jahrhundert ausgestorben ist. Deswegen nimmt man an, dass der Stein mindestens aus dem 7. oder 8. Jahrhundert ist, wenn nicht früher.

Thomaskreuz oder Persisches Kreuz aus Granit vor dem 8. Jh. eingelassen in die von den Portugiesen errichtete Kapelle in Mylapore bei Chennai, Tamilnadu. Foto: © G. Löwner

Das Thomaskreuz, auch Persisches Kreuz genannt, hat keinen Korpus als Zeichen der Auferstehung (vielleicht auch ein Zugeständnis an den Islam, mit dessen Anhängern man in enger Nachbarschaft lebte) und eine Taube als Symbol des Heiligen Geistes. Die Enden des Kreuzes sind lanzenförmig geformt als blühende Knospen, die für das neue Leben unter dem Heiligen Geist stehen. Das Kreuz steht in einem Torbogen, der gehalten wird von Fabeltieren. Es steht auf einer stilisierten Lotusblüte oder einer anderen Form von Vegetation. Die Inschrift hat verschiedene Übersetzungen, aber die am meisten akzeptierte ist aus dem Jahre 1925 von den Professoren F. C. Burkitt und C. P. T. Winchworth von der Universität Cambridge: »Mein Herr Christ, habe Mitleid mit Afras, dem Sohn von Chaharbukht, dem Syrer, der dies in Stein gehauen hat (oder: der veranlasst hat, dass dies in Stein gehauen wird).«[5] Ähnliche Kreuze mit lanzenförmigen Enden, auf stilisierten Lotusblüten stehend, können auf Grabsteinen der Nestorianer entlang der Seidenstraße gefunden werden, wie die Forschungen von Hans-Joachim Klimkeit überzeugend dargelegt haben.[6] Im Falle der Seidenstraße wurde die Lotusblüte höchstwahr-

---

[5] George Menachery (Hg.), The St. Thomas Christian Encyclopaedia of India, Vol. I, Ollur, Kerala Thomapedia 2000, 15ff. Dort auch die unterschiedlichen Thomastraditionen.
[6] Hans-Joachim Klimkeit, Art on the Silk Road, in: Thomas W. Gaethgens (Hg.), Künstlerischer Austausch/ Artistic exchange, Akten des 28. Kongresses zur Kunstgeschichte, Berlin 1994, 477–484.

scheinlich vom Buddhismus übernommen, weil der Buddha als Zeichen der Reinheit auf der Lotusblüte sitzt wie auch die Göttin Lakshmi und manchmal auch Jesus in moderner indischer Kunst.

Die Portugiesen in Goa

Im Jahre 1498 landete Vasco da Gama auf der Suche nach Gewürzen und Christen in Calicut. Um 1510 begannen die Portugiesen, in Goa ein asiatisches »Goldenes Rom« im portugiesisch-indischen Barockstil zu bauen.[7] Durch das *Padruado*-System waren sie in besonderer Weise an den Papst gebunden und verpflichtet, in ihren Kolonien auf ihre Kosten Missionare einzusetzen. 1542 erreichte Francis Xavier (1506–1552), der zu der neu gegründeten Gemeinschaft der Gesellschaft Jesu gehörte, Goa. Die Kirchen waren architektonisch sehr einfach, sogenannte »Kistenkirchen«. Durch aufwendige größere vorgesetzte Fassaden und innen mehrstöckige Altäre aus geschnitztem vergoldetem Holz wurden sie zu Prunkgebäuden wie z. B. die bis heute gut erhaltene und benutzte Bon-Jesus-Kirche in Goa, in der sich der wunderbarerweise noch erhaltene Leichnam von Francis Xavier befindet. Ein Großteil der neu geschaffenen sakralen Kunst waren Kopien von portugiesischen Vorbildern. Die Schnitzereien waren von besserer Qualität als die Malereien. Eine besondere Rolle spielten die Elfenbeinschnitzereien für die Hausaltäre. Vor der Ankunft der Portugiesen waren um Goa sowie in Murshidabad, westliches Bengalen, Mysore, Tamilnadu etc. bereits viele Elfenbeinschnitzer vorhanden, und diese wechselten jetzt teilweise ihre Sujets von Hindugöttern zu christlichen Heiligen, die von Goa aus nach Brasilien, Spanien, Italien und Portugal exportiert wurden sowie in der neuen Kolonie stark nachgefragt wurden. Die neu Bekehrten ersetzten nämlich ihre Hindugötter in den Hausschreinen durch die christlichen Heiligen, Maria und Jesus oder ließen sich kleine Triptychen oder *Retablos* fertigen. Die meisten Elfenbeinschnitzereien waren genaue Kopien von europäischen Vorbildern und hätten auch aus Ceylon oder Macau sein können.

Aus dem Rahmen fallen Statuen, die man Felsstatuen des Guten Hirten nennt (*Good Shepherd Rockeries*).[8] Sie gibt es nur in Indien. Der anglikanische Theo-

---

[7] Joseph Velinkar, The Christian impress, in: Saryu Doshi (Hg.), Goa cultural patterns, Mumbai 1983, 61ff.
[8] Margarita M. Estella Marcos, Ivory Sculptures: Religious Figures from the Far Eastern Colonies of Spain and Portugal, in: Oriental Art Magazine (Singapore), Vol. 48/1, 25–38.

Jesus als Guter Hirte, Elfenbein, 17.–18.
Jh. 43,5 cm, Nr. A 38 – 1949
© Victoria & Albert Museum, London

loge John Butler nennt sie Christus/Krishna Elfenbeinschnitzereien[9] und schreibt, dass er davon eine ganze Reihe in den Museen der Welt gefunden habe. Während er darin eher eine synkretistische Form sieht, betrachten Bailey, Collin und Olsen diese Felsstatuen des Guten Hirten als die entscheidende Brücke zwischen Hinduismus und Christentum, als exzellente Beispiele von »*in-between*« zwischen zwei zusammenfließenden Kulturen.[10] Bailey ist mit Recht der Meinung, dass Missionskunst häufig ein wichtiger »Schlüssel ist, um die verloren gegangenen Stimmen der lokalen Menschen wiederzuentdecken«.[11] Olsen sieht darin nicht nur eine Statue für die private und öffentliche Verehrung, sondern sieht darin mit Collins in einer vollständigen Statue die Hauptaussagen des Evangeliums für die Neubekehrten repräsentiert.[12] Was versteht man nun unter solch einer Statue? Häufig befindet sie sich auf einem aus Holz geschnitzten Felsen, der oft verloren gegangen ist. Die Hauptperson ist ein stehender junger Hirte, der die Beine gekreuzt hat. Seinen Kopf stützt er häufig mit der linken Hand ab, was zu einer nachdenklichen Geste führt, er trägt einen Stecken in der Hand und Schafe auf der Schulter und zu seinen Füßen. Häufig trägt er ein Schaf in der Hand sowie eine Wasserflasche über der Schulter und ein knielanges Mäntelchen. Je nach Größe und Detailfreudigkeit der Darstellung befinden sich zwischen dem Guten Hirten und dem Felsen mehr oder weniger detailliert dargestellte Szenen. Zum Basisrepertoire gehören ein Brunnen, häufig im Einklang mit der Trinität dreistufig dargestellt, der den Durst für immer

[9] John Butler, Christian Art in India, Madras 1986, 57.
[10] Homi Bhabha, Cultures's In-Between, in: Stuart Hall u. a., Questions of Cultural Identity, London 1996, 54.
[11] Gauvin Alexander Bailey, Art on the Jesuit Missions in Asia and Latin America, 1542–1773, Toronto/Buffalo u. a. 2001, 5.
[12] Francis Collin, The Good Shepherd Ivory Carvings of Goa and their symbolism, in: Apollo, Sept. 1984, 170–175.

löscht (Joh. 4), rundherum viele Schafe, gelegentlich auch Vögel und weitere Tiere und darunter in einer Höhle die reuige Sünderin Maria Magdalena, die als die Verkörperung des »Missionskindes« schlechthin angesehen wurde. Sie liegt meist auf eine Hand aufgestützt und liest die Bibel und hat als Symbole für ihre Reue einen Schädel neben sich. Sie war in der damaligen Theologie der Prototyp der konvertierten Sünderin. So wie sie gerettet wurde, so würden alle gerettet, die Jesus nachfolgen. Der Brunnen steht auch für das Abendmahl und das Blut Christi, die auch den Durst der Neubekehrten stillen. Man kann sagen, dass diese Darstellungen des Guten Hirten für den/die Neukonvertierte(n) das Evangelium anschaulich in einer Figur darstellten.[13] Figuren für größere Hausaltäre waren bis zu einem halben Meter hoch und wurden durch angesetzte Elfenbeinteile, die in der Regel Vegetation darstellen, erweitert. Außer aus Elfenbein gibt es auch vier aus Bergkristall geschnitzte erhaltene Beispiele, mit Gold und Edelsteinen dekoriert, die vielleicht aus Sri Lanka stammen.[14]

Der nachdenkliche jugendliche Hirte hat auf jeden Fall eine große Affinität zu dem Liebesgott Krishna[15] und Buddha. Auch hat es in der frühen christlichen Kunst bereits Darstellungen des jugendlichen Guten Hirten gegeben, die Anleihen bei griechischen Göttern gemacht haben, aber sie waren weitgehend in Vergessenheit geraten. Die Basis ist Joh. 10,11, und man kann davon ausgehen, dass diese Gute-Hirten-Felsenstatuen eine bedeutende Rolle für die Frömmigkeit der Menschen damals gespielt haben und wie in einer Nussschale die wichtigsten Teile des Glaubens darstellten. Einige hatten über Jesus auch Darstellungen Gottes des Vaters und des Heiligen Geistes.[16] Unzweifelhaft sind diese Gute-Hirten-Darstellungen aus Elfenbein auf Felsen die frühesten Indigenisierungen zwischen portugiesischem Katholizismus und indischer Kultur. Sie repräsentieren einen gelungenen Zusammenfluss von Christentum und einheimischer Kultur

---

[13] Einige der Statuen waren angemalt und teilweise vergoldet. Das Victoria & Albert Museum hat auf seiner Website Acc. Nr. A27–1984 von ca. 1650 einen rot gekleideten Christus mit einer roten Maria Magdalena. Der Ausstellungskatalog von Natalia Correia Guedes (Hg.), Envontra de culturas: oito seculos de missionacao portuguesa: (exposicao) Mosteira de S. Vicente de Fora, Juli-Dezember 1994, Conferencia Episcopal Portuguesa, zeigt zahlreiche Beispiele aus Privat- und Ordenssammlungen.

[14] Wallace Museum London, Guter Hirte aus Bergkristall geschnitzt, mit Gold und Edelsteinen dekoriert, 16. Jahrhundert, 13 cm hoch.

[15] Im Museum von Francis Xavier in Xavier, Spanien, befindet sich ein Unikat. Dort sitzt auf dem Berg aus Holz ein Krishna mit der Flöte. Heute würde man dieses Stück als synkretistisch bezeichnen.

[16] So z. B. die exquisite Statue aus dem 17.–18. Jahrhundert, Acc. Nr. A 38 -1949, im Viktoria & Albert Museum in London sowie die modernere Statue aus dem 19. Jahrhundert, 46 cm hoch, die im Auktionshaus Koller im Jahr 2008, Nr. 2343, versteigert wurde. Abbildungen auch in: Gudrun Löwner/Anand Amaladass, Christian Themes in Indian art from the Mogul time till today, New Delhi 2012, 29ff.

und wurden weitergetragen in andere Kolonien der Portugiesen, besonders nach Lateinamerika, wo Elfenbeinschnitzereien traditionell unbekannt waren. So bekam die Missionskunst von Anfang an eine globale Bedeutung und wurde auch gerne in die Frömmigkeit der Portugiesen in Goa und zu Hause integriert.

Die Jesuiten am Hofe der Mogul-Herrscher

Heute hört es sich an wie aus einem Märchenbuch, aber es beginnt nicht mit »Es war einmal«, sondern entspricht historischen Tatsachen, dass der islamische Mogul-Herrscher Akbar der Große (Regierungszeit von 1556–1605) einen Bericht über die Ehrlichkeit der Christen hörte; darin wurde ihm zugetragen, dass christliche Priester ihren Gläubigen die Absolution verweigert hatten, weil sie an Steuerhinterziehungen gegen den islamischen Herrscher beteiligt waren. Für den ähnlich den Renaissancefürsten an allem interessierte Akbar, der alles Neue wie ein Schwamm aufsog, war dies ein Anstoß, sich ausführlich über das Christentum zu informieren. Als der herbeigerufene Priester Julian Perera aus Bengalen den Wissensdurst des Herrschers nicht mehr stillen konnte, empfal er, eine Delegation nach Goa zu senden und um Jesuiten zu bitten. Akbar folgte dem Rat, und zwei Botschafter wurden mit einem Einladungsschreiben nach Goa entsandt, worin er bat »um zwei Priester, mit guten Kenntnissen der Heiligen Schriften, die mit sich bringen sollen die Hauptbücher des Gesetzes und die Evangelien, denn ich habe ein großes Verlangen mit diesem Gesetz und seiner Vollkommenheit vertraut zu werden«.[17]

Trotz großer Bedenken des portugiesischen Gouverneurs machten sich unter der Leitung des adeligen Priesters Rudolfo Aquaviva aus Italien Anthony Montserrate und Francis Henriques, ein persischer Konvertit, der die Hofsprache Persisch sprach, auf und erreichten 1580 den Hof des Mogul-Herrschers mit ihren Geschenken. Ihnen wurde ein sehr herzlicher, glamouröser Empfang zuteil. Mit sich nahmen sie eine Biblia Montani in vier Sprachen (Hebräisch, Chaldäisch, Latein und Griechisch), gedruckt in Antwerpen, mit ca. 150 Stichen illustriert, sowie zwei Ölgemälde, eins eine Kopie der *Jungfrau Maria* aus der Borghese Kapelle der Kirche S Maria Maggiore in Rom, das andere ein Bild von Jesus

---

[17] Es gibt nur noch Abschriften des Originalschreibens. Pierre Du Jarric, S. J. Akbar and the Jesuits, übersetzt bei Charles H. Payne, London 1926, nachgedruckt 1996, 17.

Christus. Das Gemälde von Maria mit dem Jesuskind, die auch beide im Koran vorkommen, beeindruckte ihn so stark, dass er es als Zeichen der Ehrerbietung so lange über dem Kopf trug, wie seine Hände es tragen konnten.[18] Er verbeugte sich und küsste es auch wie die orthodoxen Christen ihre Ikonen. Später trug Akbar auch Maria an einer Kette um den Hals. Akbar hieß die Jesuiten sofort in seinem interreligiösen Dialog willkommen, den er jeden Donnerstag abhielt. Daran nahmen Muslime, Hindus, Jainas und Zoroastrier teil. Mit ihnen diskutierte er ausführlich die Grundfragen des Lebens, wie man sehr schön in der Miniatur von Nar Singh sehen kann, die um 1604 entstand.[19]

Alle Gelehrten der unterschiedlichen Religionen tragen bei sich ihre heiligen Schriften, um argumentieren zu können. Akbar war schon als Kind mit Malerei in Berührung gekommen und liebte sie. Sein ganzer Stolz war sein Hofatelier, in dem islamische und viele hinduistische Maler für ihn Miniaturen herstellten oder Texte mit Miniaturen illustrierten. Da Akbar keinen Druck kannte, sah er die gedruckten Bibelillustrationen für feinste Federzeichnungen an. Er war fasziniert von der perspektivischen Darstellung der Themen, den Schraffierungen der Gewänder und der Thematik Maria und Jesus. Sofort ließ er seine Hofma-

Mogul Herrscher Jahangir hält ein Porträt der Jungfrau Maria in der Hand, Mogul ca. 1620, Nr. 58.58.31 © National Museum, New Delhi

ler kommen und ermutigte sie, die schwarz-weißen »Drucke« und das Ölgemälde zu kopieren in den indischen Miniaturstil. Sie fertigen jedoch von Anfang an keine Kopien wie mit dem Kopierer an, sondern setzen die Themen in ein indisches Ambiente um. So wurde z. B. Maria zur Mogul-Prinzessin mit Kundan-Schmuck, die auf einem Seidenteppich aus Kaschmir sitzt, im Hintergrund sieht man einen früchtetragenden Mangobaum,[20] das Jesuskind erhält Fußkettchen,

[18] Edward Maclagan, The Jesuits and the Great Mogul, London 1932, 227.
[19] Heute in der Chester Beatty Library in Dublin. Abgebildet in: Linda York Leach, Mogul and Other Indian Paintings from the Chester Beatty Library, London 1995, Vol. 1.
[20] Löwner/Amaladass, Christian Themes, 54. Holy Family, um 1650, heute im Jaipur Palastmuseum.

Maria und das Jesuskind mit Portugiesen, Indern und Engeln, spät Mogul ca.
1750–55, 38 x 23 cm, Nr. 52.42
© National Museum, New Delhi

Maria liegt auf einem goldenen indischen Bett und lehnt an ein Polster, Gefäße sind indisch oder persisch. Nur sehr langsam gelingt es ihnen, die Perspektive zu kopieren, die Weite in die Miniaturen bringt. Außerdem schwenkt Akbar von idealisierten Bildern zu realistischen über. Studien von Friederike Weis zeigen in zahlreichen Beispielen, welche Gravur für welche Miniatur Pate gestanden hat.[21] Ein gutes Beispiel ist Albrecht Dürers Madonna aus dem Jahre 1513 und die nach diesem Vorbild etwa 1625 am Hofe von Akbars Sohn Jahangir entstandene Madonna und Kind.[22]

Akbar und später Jahangir waren so fasziniert von den christlichen Bildern, dass sie damit sogar die Wände und später das Grab von Akbar dekorieren ließen. In einer Miniatur von 1640 sieht man, dass die Wände des Palastes, wo der Mogul-Herrscher sich täglich seinen Untertanen zeigte, mit einer Menge von christlichen Figuren illustriert ist, und dies obwohl traditionell im Islam die Darstellung von Menschen und Tieren verboten ist.[23]

Obwohl nach knapp zwei Jahren nacheinander die ersten Jesuiten auf eigenen Wunsch den Hof Akbars verlassen, da sie der Ansicht waren, er würde sich nicht bekehren, so haben sie doch den Grundstein gelegt für die Kirche in Nordindien. Ihnen folgten immer wieder neue Jesuiten, die das Recht erhielten, in Agra eine Kirche (die trotz Zerstörungen bis heute besteht) zu bauen und Menschen zum Christentum zu bekehren. Nachfolgende Delegationsmitglieder teilten ihre Zeit auf zwischen normaler Missionsarbeit und der Arbeit bei Hofe, wo sie auch zum

---

[21] Friederike Weis, Europäische Einflüsse auf die Miniaturmalerei am Hof des Mogulkaisers Akbar (1556–1605), unveröffentlichte Doktorarbeit, Freie Universität Berlin 2005.

[22] Heute in der Royal Collection of Her Majesty Elizabeth II, The Royal Library, Windsor Castle. Abgebildet in: Löwner/Amaladass, Christian Themes, Innenseite.

[23] Jahangir schenkt Prinz Khurram einen Turbanschmuck, ca. 1640, The Royal Collection, the Royal Library Windsor Castle. Dies ist für uns auch der Nachweis außerhalb der Briefe der Jesuiten für die Existenz der christlichen Bilder wie Jesus und Maria an den Palastwänden. Als Zeichen für seine friedliche Herrschaft adaptierte er von der den Jesuiten geschenkten Bibel das Titelblatt, wo der Tierfrieden von Jes. 11,68 und 65,25 dargestellt wird. In der Miniatur ist sichtbar, dass der Mogul-Herrscher Jahangir an der wichtigsten Stelle seines Palastes (da zeigte er sich dem Volke) zusammen mit einer Weltkugel und seinem Vater Akbar einen Löwen und eine gehörnte Kuh malen ließ, um den Frieden seiner Herrschaft mit den biblischen Symbolen öffentlich zu demonstrieren.

Madonna und Kind, ca. 1625, indische
Miniatur nach der Gravur von Albrecht
Dürer © The Royal Library, Windsor Castle

Albrecht Dürer, Madonna und Kind,
1513

Unterricht von jungen Adeligen gebeten wurden. Einer, der am tiefsten in den Dialog eindringt und ihn voranbringt, ist der Neffe von Francis Xavier, Pater Jerome Xavier (1549–1617), der 1598 Akbar zwei Bilder aus Japan schenkt. Eins zeigt Jesus Christus, das andere Ignatius von Loyola, den Gründer des Jesuitenordens. Jerome Xavier bleibt etwa 20 Jahre am Hof und erlernt die persische Sprache auf Bitten Akbars. Zu Beginn des 17. Jahrhunderts präsentiert er Akbar sein wichtigstes Buch *Mirad-ul Quds*, Spiegel der Wahrheit, mit 27 farbigen Miniaturen illustriert. Wir besitzen davon heute noch mehrere Abschriften. Die Wichtigste gelangte erst vor einigen Jahren in den Besitz des Cleveland Kunstmuseums.[24] Es ist eine Darstellung des Leben Jesu und seiner Botschaft nach biblischen und apokryphen Quellen. Ein intensives Studium dieser Schrift zeigt sein diplomatisches Geschick, wie er seinen Glauben darstellt, ohne den Muslimen zu viele Angriffsflächen zu bieten. So erscheint z. B. kein Kreuz in der Miniatur, sondern eher ein Marterpfahl, an dem der leidende Christus dargestellt wird.

[24] Pedro Moura Carvalho/M. Thackston Wheeler, The Truth-Showing Mirror, Mirad-ul Quds. A Life of Christ for Emperor Akbar. A Commentary on Father Jerome Xavier. Text and Miniatures of Cleveland Museum, Leiden 2011. Khalid Anis Ahmed (Hg.), Intercultural Encounter in Mughul Miniatures, Lahore 1995, beschreibt ausführlich die Miniaturen, die in schlechtem Zustand in Lahore im Museum mit dem Text überlebt haben. Weitere Einzelminiaturen existieren, die früher einmal Teile von Manuskripten gewesen sind, z. B. Jesus und die samaritanische Frau am Brunnen, in der Custodia Stiftung in Paris.

Kreuzigung, 17. Jh. aus dem Golshan
Album © Golestan Palace Library

Das Martyrium der Hl. Cecilia, Miniatur nach
Hieronymus Wierix, ca. 1605-1615, Nr. AG
1133 © Jaipur City Palace Museum

Nach meinen Forschungen gibt es heute noch mindestens 1000 Miniaturen mit christlichen Themen, davon auch einige aus der Zeit des 17. und 18. Jahrhunderts, einige davon in einer deutschen Privatsammlung, die kürzlich im Museum Rietberg in Zürich ausgestellt wurde.[25] Die gewählten Themen sind vornehmlich Madonnenbilder mit Jesuskind oder Weihnachten. Aber auch die Geburt der hl. Anna, der Mutter Marias, das Letzte Abendmahl u. a. werden dargestellt.

Verhältnismäßig selten sind Kreuzesdarstellungen und Abnahmen vom Kreuz. Das überrascht nicht, da die Muslime nicht glauben, dass Jesus selbst gekreuzigt wurde, sondern jemand, der ihm ähnlich war. Trotzdem gibt es z. B. aus der Mogul-Zeit bereits eine Kreuzigungsdarstellung mit portugiesisch gekleideten Menschen unter dem Kreuz, typisch islamisch die Frauen rechts, die Männer links, zugeschrieben dem Maler Kesu Das.[26] Die Miniatur zeigt den Gebrauch der Perspektive. Weitere Kreuzigungen sind lediglich monochrom. Es finden sich auch zahlreiche Miniaturen mit alttestamentlichen Themen wie Schöpfung und Sintflut sowie Figuren wie Moses und Adam. Da es aber schwie-

[25] Franz-Josef Vollmer/Friederike Weis, Angels and Madonnas in Islam. Mughal and other Oriental Miniatures in the Vollmer Collection, 2015.
[26] Heute im Britischen Museum, 19,5 x 17,8 cm.

rig ist, zu entscheiden, ob es islamische oder christliche Themen sind, und niemand vereinnahmt werden soll, habe ich mich für den Dialog mehr auf die neutestamentliche Seite beschränkt. Obwohl keiner der Muslimherrscher selbst zu einer anderen Religion konvertierte, außer der selbst geschaffenen, entstanden am Mogulhof, besonders unter Akbar und Jahangir, die wichtigsten Zeugnisse islamisch-christlichen Dialogs in der Kunst, die je in der Welt entstanden.

In die Fußstapfen ihrer Vorgänger tretend waren die Jesuiten Robert di Nobili und der Italiener Beschi (1680–1747) sehr daran interessiert, das Evangelium auf allen Ebenen zu inkulturieren. Nur wenige wissen, dass bereits Beschi die Marienstatuen im Sari erfunden hat. Er ließ eine Zeichnung anfertigen von einer südindischen jungen Frau voller Schmuck und schickte sie 1715 nach Manila zu den damals sehr bekannten Holzschnitzern und gab eine lebensgroße Maria in Auftrag.[27] Diese Maria findet sich bis zum heutigen Tag in der katholischen Kirche von Konankuppam in Tamilnadu. Hunderte von Marienstatuen in Indien werden täglich oder wöchentlich umgezogen und die von ihnen getragenen Saris verkauft, so wie auch die Hindugötter und Göttinnen in Saris gehüllt werden, die die Gläubigen spenden.

Christentum durch die Brille von Künstlern anderen Glaubens

Es steht außer Zweifel, dass abgesehen von F. N. Souza (1924–2002)[28], der in der Tat Weltklasse-Kunst geschaffen hat, es keinem anderen Inder/Inderin, der/die zum Christentum gehört, gelungen ist, Ähnliches zu vollbringen. Der aus Goa stammende F. N. Souza war das Enfant terrible der indischen Kunstszene, der sich besonders im Ausland entwickelte. Die Skandale über seine Bilder von nackten Frauen sind Legion, aber er schuf wichtige Kreuzigungsdarstellungen wie die, die heute in der Tate Gallery in London zu sehen ist. Er setzte sich hinweg über die klassischen indischen Kunstregeln, die besagen, dass man nichts Hässliches, Trauriges, Leidendes, Hungerndes darstellt. Zu Beginn des 20. Jahrhunderts begegneten viele junge Künstler der westlichen Kunstwelt oder studierten sogar im Westen. Sie wandten sich teilweise bewusst diesen Themen zu, die

---

[27] Leonardo Fernando/Gispert Sauch, Christianity in India, New Delhi 2004, 103.
[28] Gudrun Löwner, Christliche Themen in der indischen Kunst, Frankfurt a. Main 2009, 123ff.

Jamini Roy, Letztes Abendmahl, ohne Jahr © Osian's Auktionshaus

vorher in der indischen Kunst, wo Schönheit und Proportion im Vordergrund standen, vernachlässigt wurden.

Einer der ersten, der christliche Themen darstellte, war der Hindubengale Jamini Roy (1887–1972). Nachdem er ein ausführliches Kunststudium im westlichen Stil genoss, wandte sich der begabte Künstler der Volkskunst zu und begann unter Verzicht auf die Perspektive in unendlichen Variationen und Wiederholungen seine Themen, die dem Dorfleben und den Religionen entlehnt waren, zu malen. In demselben Stil mit den starken Umrandungen und den großen Fischaugen malte er Hinduthemen, aber auch Madonnen, Christus, Christus am Kreuz, Letztes Abendmahl, Kreuzigungen etc.[29] Aber auch in dieser modernen Kunst sind die Figuren teilnahmslos. Das Motiv der Flucht nach Ägypten wiederholt sich ständig und steht in Zusammenhang mit der damaligen Grenzauseinandersetzung und der großen Flucht in Indien und Pakistan bei der Teilung des Kolonialreichs Indiens. Nachdem Jamini Roy sich so ausführlich mit Christus befasst hat, wurde es sozusagen gesellschaftsfähig, sich unabhängig von der eigenen Religion christlichen Themen zuzuwenden. Der berühmte südindische Hindukünstler K. C. S. Paniker liebte besonders das Bild von J. Roy *Christus und Josef* und hängte es bei sich auf. Es gehört bis heute seiner Familie. Man kann sagen, dass Christus zu einem Schlüsselthema der Kunst in Bengalen im letzten Jahrhundert avancierte. Weitere Künstler aus Bengalen, die sich christlichen

---

[29] Gerne wählen auch christliche Autoren seine Werke zur Wiedergabe in Büchern aus, z. B. Masao Takenaka/Ron O'Grady, The Bible Through Asian Eyes, Auckland 1991, 53.

Themen zuwandten, waren Nandalal Bose (1882–1966), der lange in Santiniketan, der von Tagore gegründeten Universität, lehrte. Er stellte 1925 auch Charles Freer Andrews dar, den britischen Professor, anglikanischen Mönch und einflussreichen christlichen Freund Gandhis. Das Motiv von Jesus als dem Guten Hirten übertrug er sogar auf den Buddha und malte ihn umgeben von Schafen.[30] Arup Das (1924–2004) hat den totalen Wandel vollzogen vom ästhetischen Leiden zu einem furchtbar gequälten Christus am Kreuz mit aufgedunsenem Bauch und teilweise nacktem Penis. Man wundert sich, dass mehrere dieser ästhetisch nicht ansprechenden großen Werke den Weg ins Museum gefunden haben. In Kirchen sind sie nicht anzutreffen, da die meisten Werke auch für Andacht nicht geeignet sind. Sie sind prophetisch, anklagend und provozierend. Arup Das sagte: »Ich habe Christus Gandhi vorgezogen, im Anfang geschah das eher unbewusst, und dann habe ich realisiert, dass niemand so viel in der Geschichte gelitten hat wie er. Seine Kreuzigung war transzendental und sein Leiden ohne Parallelen. In der Tat, Leiden ist das Thema meiner Kunst. Nicht nur das Leiden von Christus und Gandhi alleine, sondern das Leiden der bedauernswerten Menschheit.«[31]

Die Thematisierung des Leidens hat das Werk von Das gemeinsam mit dem von Nikhil Biswas (1930–1966), der leider viel zu jung an der Armutskrankheit, der Tuberkulose, starb. Viele seiner Zeichnungen erfolgten auf Einpackpapier. Heute werden seine anklagenden Werke sehr geschätzt, leider nicht zu seinen Lebzeiten. Biswas sagte: »Jesus Christus symbolisiert den Schmerz und das Leiden des einfachen Volkes, deswegen ist er das beste Symbol, um die Gefangenheit und Hilflosigkeit unseres Zeitalters darzustellen. Europa hat in seinem Eifer, ihn zu vergöttlichen, die einfache Wahrheit vergessen, dass er in erster Linie ein Mensch war.«[32] Obwohl Das, Biswas und auch Rabin Mondal selbst wahrscheinlich nicht zu den Dalits, den Unberührbaren, gehören, beginnt ohne Zweifel in der bengalischen Kunst die Hinwendung zu den Unterdrückten, Hungernden und Entrechteten, besonders auch in der Zeit des großen Hungers. Hier werden die Grenzen der traditionellen europäischen und indischen Kunst, charakterisiert durch den Altmeister Raja Ravi Verma, bewusst durchbrochen. Hier wird Jesus zum Prototyp der Leidenden und Entrechteten.

[30] Richard W. Taylor, Jesus in Indian Painting, Madras 1975, 58.
[31] Aus einem Ausstellungskatalog, New Delhi 1970. Zitiert nach Taylor, Jesus in Indian Painting, 83.
[32] Aus einem Bengali Monatsmagazin, zitiert nach Taylor, Jesus in Indian Painting, 79.

Aber auch im Süden wandte sich der Hindu Dhanapal (1919–2000) in seinen Statuen dem Leiden zu. Von besonderer Bedeutung ist eine Statuengruppe, heute im Museum in Chennai, die Christus als den darstellt, der das Kreuz trägt, umringt von trauernden Frauen. Es gelang ihm, in diesen trauernden Frauen in extremer Weise den Geist des Schmerzes und des Leides darzustellen. In Bombay gehört zu den führenden Künstlern der Zoroastrier Jehangir Sabavala (1922–2011), der Pietas und Kreuzigungen mit einem hohen Abstraktionsniveau geschaffen hat. Einige seiner Werke erinnern im Stil an den Deutsch-Amerikaner Lyonel Feininger (1871–1952) und den Kubismus. Sie sind jenseits von Inkulturation und könnten überall auf der Welt entstanden sein, sie sind kosmopolitisch. Sabavala hatte nicht das Bedürfnis, sich nationalistisch als Inder darzustellen. Seine Wohnung in einem der elegantesten Wohnviertel Bombays und sein Auftreten waren europäisch *upper-class*.[33] Er wurde weder von den Miniaturen noch von der Volkskunst beeinflusst. Er nahm sich die Freiheit, wie auch F. N. Souza, von vornherein als Weltbürger zu malen. Sabavala stammte aus einer wohlhabenden Parsee-Familie, die ihn auf eine christliche Schule schickte. Er zeigte große Hochachtung vor den Leistungen der Christen im Erziehungssektor und auf sozialem Gebiet. Zusätzlich zu christlichen Themen behandelte er auch buddhistische. Das Motiv der Menschen auf der Flucht und im Exil ist eng mit dem Schicksal seines Volkes verbunden und bewegte ihn sehr, wie er mir im Interview erklärte.

In Bombay gab es vielseitiges Interesse an Kunst. Hier betrat der muslimische Künstler M. F. Husain (1915–2011) die künstlerische Arena. Der zumeist barfuß auftretende Husain wollte damit an seine einfachen Verhältnisse erinnern, denen er entstammte. Um Geld für die Familie zu verdienen, malte er lange Zeit riesige Kinowerbeleinwände an, später Kindermöbel. Er wurde zum bekanntesten und sehr teuren indischen Künstler. Seine Mutter starb, als er sehr jung war. Schon als junger Künstler hatte er ein großes Interesse an Mutter Theresa, die ihn irgendwie an seine Mutter erinnerte, von der er nicht einmal ein Foto besaß. Husain sagte: »Ich habe in meinen Bildern versucht, das darzustellen, was ihre Gegenwart für Behinderte, Sterbende bedeutet, das Licht und die Hoffnung, die sie hervorbrachte, wenn sie sich nur nach dem Befinden erkundigte, wenn sie ihre Hand auf ein Kind legte, das auf der Straße abgelegt worden war. Ich habe bei

---

[33] Ich hatte das Privileg, ihn zweimal dort zu interviewen nach seiner schweren Krebserkrankung und kurz vor seinem Tod. Rituale als solche lehnte er ab, auch in seiner eigenen Religion, der er sich teilweise auch entfremdet hatte.

Maqbool Fida Husain, Mutter Theresa, 1988,
Ölgemälde 233 x 128 cm, Nr. 4119 © National Museum, New Delhi

dem Treffen mit ihr (gemeint Mutter Teresa) nicht geweint. Ich bin zurückgekehrt voller Stärke und Traurigkeit, dass es in mir fortwährend gärte. Deswegen versuche ich es immer wieder, nach einer gewissen Zeit, in einer anderen Technik. Um diesen Schmerz in meinem Gemälde richtig darzustellen, so glaube ich, muss ich daran sterben.«[34] Husain versuchte verzweifelt, das Gesicht von Mutter Teresa zu erfassen. Er schuf ein Triptychon mit der Pieta, worin er Maria durch Mutter Teresa ersetzte, und weitere Werke, heute in der Privatsammlung von Sara Abraham in Chennai[35], aber war nie mit dem Erreichten zufrieden. Dann machte er eine Studienreise durch Italien und fand heraus, dass die Schnitzer relativ wenig Sorgfalt verwendet hatten auf die Darstellung der Heiligengesichter,

Maqbool Fida Husain, Mutter und Kind V, Lithographie 43 x 56 cm, Nr. 4114 © National Museum, New Delhi

[34] Zitiert nach Yashodra Dalmia, Journeys I, New Delhi 2011, 116.
[35] Sara Abraham erkannte frühzeitig sein Talent und wurde zur führenden Galeristin in Indien.

aber sehr viel auf die Attribute. Nach dieser Beobachtung gab es für ihn kein Zurück mehr. Er entschied sich, Mutter Teresa ohne Gesicht darzustellen, erkennbar an dem weißen Bengali-Sari mit den blauen Borten. Eine neue Pieta entstand mit Mutter Teresa und weiteren Schwestern mit ihren typischen Saris, die in der Gestalt Christi den leidenden Menschen dienen.[36] Ab etwa 1979 widmete er sich dem Mutter-Teresa-Thema, und es ging später über in Mutterliebe generell. Niemand hat ihn mit den Serien der Ikone der Menschlichkeit beauftragt. Niemand hat sie bestellt, sondern ganz aus seinem freien Willen stand er mit Tausenden von Menschen am Flughafen von New Delhi, um die Nobelpreisträgerin willkommen zu heißen und zu skizzieren, begleitete sie durch die Slum-Viertel und skizzierte ihr Tun. Leider haben ihr Orden und die katholische Kirche diesen intensiven islamisch-christlichen Dialog zwischen den beiden niemals öffentlich thematisiert. Vor kurzem wurden noch mehr Bilder von Mutter Teresa bekannt, die Husain seiner damaligen Freundin geschenkt hatte. Sie schenkte sie Husain kurz vor seinem Tode zurück, als sie bereits Millionen Dollars wert waren. Der Orden bekam auch einige Werke geschenkt, die er damals bereits verkaufte bzw. an Großspender verschenkte. Insgesamt, schätze ich, gibt es mindestens 200 Ölgemälde und eine Serie von 10 Lithographien zu je 100 Exemplaren[37] aus der Mutter-Teresa-Serie.

Husain lebte seinen islamischen Glauben und verzichtete auf Alkohol. Seine Begegnung mit dem Christentum beschränkte sich nicht auf Mutter Teresa, sondern er nahm den Auftrag der katholischen Kirche an, die Lichtkuppel in der modernen Salvacao-Kirche in Mumbai mit christlichen Symbolen zu bemalen. In derselben Kirche befindet sich ein Seitenaltar der hinduistischen Künstlerin Anjolie Ela Menon, geboren 1940, die in Husain ihren künstlerischen Mentor sieht, der sie großzügig unterstützte. Eine der wenigen Künstlerinnen, wurde sie bei den Reisen mit ihrem Mann stark von russischen Ikonen beeinflusst, denen sie eine ganze Wand in ihrem Esszimmer gewidmet hat. Leider zensierte die katholische Kirche ihr Gemälde mit einem nackten Adam und einer nackten Eva, obwohl sehr taktvoll gemalt und verdeckt. Ihre Kunst ist beeinflusst von Byzanz und romanischen Formen, weniger von indischen, obwohl sie in einer Phase in ihrer Kunst zahlreiche alte indische Fenster aus Rajasthan mit ihren Kunstwer-

---

[36] Mutter Teresa, 1988, National Gallery of Modern Art, New Delhi.
[37] Alle zehn Motive sind in der National Gallery of Modern Art in New Delhi vorhanden. Amaladass/ Löwner, Christian Themes, 143.

ken kombinierte. Viele ihrer christlichen Werke erinnern an Ikonen und inspirieren zu Gebet und Meditation. Sie sind umgeben von dem Numinosen.[38]

Einer der engsten Vertrauten und Freunde von M. F. Husain war der Banker Krishen Khanna, ein Hindu, der zur Zeit der Teilung aus Pakistan nach Indien flüchtete. Geboren 1925 widmete er sich erst spät ganz der Kunst, da er vorher seine Familie unterstützte. Sein Vater unterrichtete an einer christlichen Hochschule, seine Frau ist Christin. Etwa mindestens 20 % seines umfangreichen Werkes sind christlichen Themen gewidmet, meistens Christus, Letztes Abendmahl, Verrat, Gethsemane, Pieta etc. Die dargestellten Figuren sind ganz gewöhnliche Inder/Inderinnen, wie er sie an den Teeständen im islamischen Nizzamudin, wo er Unterschlupf in Delhi gefunden hatte, jeden Tag beobachten konnte. Nicht der europäische Christus stand Pate bei seinen Werken, sondern die indischen Fakire.[39] So wie Jesus sich den Menschen an den Rändern der damaligen Gesellschaft zugewandt hat, so tut dies Khanna in seiner Kunst. Einige seiner Bilder kann man auch mit einer säkularen Interpretation versehen, z. B. *Die Auferstehung des Lazarus*. Hoskote spricht von einem »säkularen Wunder«. Die Person in Binden eingewickelt wird dann als Pars pro Toto gesehen für die Menschen, die durch die Globalisierung an die Ränder gestoßen werden als hungrig, als namenlose Opfer, als unerwünscht. Diesem Opfer zeigt der Humanist Khanna den Weg von Wandel, Protest, Emanzipation und Erneuerung.[40] Khanna und Sabavala sind die beiden einzigen Künstler, die Kontakte mit anderen christlichen Künstlern hatten jenseits von F. N. Souza. Jyoti Sahi besuchte Khanna, und beide zeigten mir mit viel Freude die Bücher von Arno Lehmann[41] und Taylor. Auch im persönlichen Gespräch gewann ich den Eindruck, dass Khanna Jesus humanistisch interpretiert. Auch die Auferstehung Christi ist für ihn ein diesseitiges Ereignis und ereignet sich immer dann, wenn Menschen Befreiung erfahren von konservativen Ideen, vom Kastensystem, von politischer Dominierung und neokolonialer Unterdrückung und Marginalisierung. In den letzten 20 Jahren befassen sich weniger Künstler mit Christus in Indien, aber Vivek Vilasini, Satish Gupta, geb. 1947, und Alexis Kersey, geb. 1972, setzen die Tradition in neuem Stil, mehr popartig, fort.

---

[38] Dalmia, Journeys I, 208ff.

[39] Aus einem Interview, zitiert nach Yashodra Dalmia, The Making of Modern Art, New Delhi 2001, 219.

[40] Ranjit Hoskote, The Crucible of Painting. The Art of Jehangir Sabavala, Mumbai 2005.

[41] Arnold Lehmann, Die Kunst der Jungen Kirchen (Berlin 2. überarbeitet Aufl.); Arnold Lehmann, Afroasiatic Christian Art, Saint Louis 1969. Diese Bücher sind Pionierarbeiten über christliche Kunst.

Indische Christen malen einen indischen Christus

Mit dem Ausbruch des Nationalismus in Indien befanden sich die Christen in einer schwierigen Situation, da sie automatisch mit der Kolonialmacht identifiziert wurden. Sie unternahmen zahlreiche Bemühungen, um das ihnen anhaftende »Fremde« (auf das sie eigentlich stolz waren) loszuwerden. Besonders Inder auf einem höheren Erziehungsniveau unternahmen zahlreiche Anstrengungen, sich als indische Christen zu präsentieren. In diesem Zusammenhang und später durch das II. Vatikanische Konzil angeregt, begannen indische christliche Künstler ihren Glauben in indischen Formen auszudrücken.

Angelo da Fonseca, Maria, Königin von Indien
© Art India, Pune

Zunächst machten sie zu diesem Zweck Anleihen beim Hinduismus und Buddhismus, wie der Methodist Frank Wesley (1923–2002)[42], die katholische Künstlerin Angela Trindade (1909–1980), der katholische aus Goa stammende Angelo da Fonseca (1902–1967), den der Jesuit Vater Heras als »Vater der indischen Kunst« bezeichnete[43], der Anglikaner Alfred D. Thomas (1907–1989), der sehr stark vom Buddhismus beeinflusst wurde und einen Christus darstellte, der nicht litt, und später die katholischen Nonnen Schwester Claire (geb. 1937) und Schwester Geneviève, die sehr bekannt wurden durch ihre indischen Weihnachtskarten, die teilweise durch die Jesuiten vermarktet wurden. Die neu aufkommende christliche Kunst musste mit viel Widerspruch leben, denn die überwiegende Mehrheit der Christen (ca. 80 %) gehört zu den Stammesangehörigen und den Dalits, den Unberührbaren. Sie haben keinen Zugang zu hinduistischen Symbolen, ja lehnen sie be-

---

[42] Naomi Wray/Frank Wesley, Exploring Faith with a Brush, Auckland 1993.
[43] Horst Rzepkowski, The Contribution of Angelo da Fonseca to Indian Christian Art, in: Verbum SVD 36, 1996, 236 S.

Sister Claire SMMI, Weihnachten © G. Löwner

wusst ab. Ihre Ablehnung fußt auf der Überzeugung, dass der dominante brahmanisch geprägte indische Kontext zu ihrer Unterdrückung maßgeblich beigetragen hat und sie sich deswegen kein Christentum wünschen, dass irgendwelche Anleihen in diesem Kontext macht. Für sie steht der weiße Christus für Gleichheit, sozialen Aufstieg und Zugang zur Moderne. Die benannten Künstler und viele weitere stellten auch auf den großen Ausstellungen des Vatikans zur Missionskunst aus, dadurch wurde ihre Kunst teilweise als »Missionskunst« abgewertet und fand manchmal mehr Interesse im Westen als in Indien. Zwei noch lebende Künstler sind von besonderer Bedeutung. Der eine, ein lutherischer Pfarrer, der sich quasi erst nach seinem Ruhestand hauptberuflich der Kunst widmete, Dr. Solomon Raj, geb. 1921, und der katholische Künstler Jyoti Sahi, geb. 1944, dessen Vater ein brahmanischer Inder war, seine Mutter eine Freikirchlerin aus Großbritannien.

Wegen seinen umfangreichen Veröffentlichungen, seiner Tätigkeit als Designer von Kirchbauten u. a. wird Sahi auch der »Theologe mit dem Pinsel« genannt und sehr geschätzt. Seit er mit der Dalitkultur auf einer Konferenz im Gurukul Seminary bekannt wurde, änderte er seinen Bezugsrahmen drastisch. Statt sich vom komplizierten Hinduismus beeinflussen zu lassen, näherte er sich nun den

Jyoti Sahi, Wasser und Licht, Hungertuch aus Indien, 1984 © Misereor Aachen

»kleinen Traditionen«, den Stammesreligionen und -traditionen, ihren Mythen und Geschichten, ihren bemalten Häusern und der Dalitkultur an. Sahi setzt sich ein für Gerechtigkeit, Frieden und Bewahrung der Schöpfung. Er sieht seinen Weg als Künstler als einen spirituellen Weg, als *sardhana*, wie auch seine Schülerin Lucy D'Souza-Krone, die in Deutschland durch das Misereor Hungertuch zu Frauen in der Bibel bekannt wurde.

Obwohl Solomon Raj selbst Dalit ist, hat er dies nie explizit betont. Jedoch die Auswahl seiner Themen spricht für sich. Jesus und die samaritanische Frau am Brunnen (Joh. 4), in der Jesus die Kastenbarrieren durchbricht und eine Unberührbare zur Botschafterin seines Evangeliums macht, ist sein Lieblingsthema in seinen leuchtenden Batiken und Holzschnitten. Befreiende Geschichten des Evangeliums und des Buddha, der auch als Befreier von den Kasten gefeiert wird, weil seine Mönchsgemeinde eine demokratische Gesellschaft war, die Flucht der Heiligen Familie nach Ägypten, Hagar in der Wüste finden sich dominant in seinem Werk.

Feministische, Stammes- und Dalitkunst

Heutzutage findet man ein verstärktes Interesse an den Kunstformen der marginalisierten Gruppen der Bevölkerung. Früher wurden ihre Kunstformen stark abgewertet und als Alltagskunst, Frauenkunst, Volkskunst etc. bezeichnet, da ihnen meistens das Individuelle, Einzigartige auf den ersten Blick zu fehlen scheint, was nach westlichem Denken Kunst ausmacht. Stattdessen stehen im Vordergrund die Wiederholung des Altbewährten und gelegentlich die Darstellung neuer Themen in traditionellen Formen. Diese Kunstformen sind auch meistens nicht auf Dauer angelegt. Sie dienen der Verschönerung bei Festen, Ritualen oder dem Protest als Straßentheater, Banner oder Poster.

Lucy D'Souza-Krone, Der Feministische Aspekt Gottes, 180 x 270 cm © Missio, Aachen

Bei den Christen ist Lucy D'Souza umstritten durch ihre Darstellung Christus', der an einem Mangobaum hängt, der Früchte trägt als Zeichen der Auferstehung. Seine Gesichtszüge sind feminin, er hat lange Haare, und die Künstlerin hat die negativen Gefühle der Asiaten gegen Christus am Kreuz dadurch zu überwinden versucht, dass sie das Kreuz zum Lebensbaum transfiguriert hat, was auch in der westlichen Kunst zu finden ist. Diesen Christus mit femininen

Zügen hat sie mit vier Befreiungsgeschichten aus der Bibel umgeben, wie die Geschichte der Wiederheirat von Ruth, eine echte Befreiung in einem Land, wo Wiederheirat von Witwen bis heute gesellschaftlich nur zögernd akzeptiert wird. Sie kämpft auch für die Überlebensrechte der Mädchen in ihrer Kunst. Obwohl ihre Figuren indisch angezogen sind und für uns fremd wirken, haben sich in Workshops viele westliche Frauen von diesem femininen Christus spontan angesprochen gefühlt, d. h. sie wecken trotz der indischen Inkulturierung globales Interesse.[44]

Andere Künstler beleuchten die schwer vorstellbare Zeit der Demütigungen und Kastengesetze in Kerala. So durften die Dalitchristinnen in Kerala (heute als Schweiz Indiens gefeierter Bundesstaat) im 19. Jahrhundert keine Blusen in der Öffentlichkeit tragen. Das betraf besonders die Nadarfrauen. Auch nach der Taufe mussten sie besonders bei Behörden Oben-ohne erscheinen. Mit der großen Unterstützung der Missionare, besonders dem Deutschen Ringeltaube und dem englischen Regenten, durften ab 1859 nach blutigen Revolten die unberührbaren Frauen endlich auch Blusen tragen, wie die Syrisch-Orthodoxen und die Muslime sie schon immer trugen. Chitrakaran T. Murali zeigt in seinen Werken solche Kämpfe der Unterdrückten und erhebt die Protestgeschichte einer Frau wieder neu ins Bewusstsein, die sich selbst ihre Brüste abschnitt, als der Steuereintreiber kam, um die Bruststeuer einzufordern. Damals mussten alle arbeitenden Frauen, d. h. die sowieso arm waren, eine Bruststeuer bezahlen. Diese Frau konnte nicht zahlen und starb an ihrem Protest. Als ihr Mann von ihrem Tod erfuhr, beschloss er, sein Leben auch zu beenden, und ließ sich mit der Leiche seiner Frau verbrennen, er beging *sati* als Mann. Durch die Umkehrung der Geschlechter wurde dieses Ereignis zum mächtigen Protest gegen die Bruststeuer. Murali präsentiert diese Ereignisse in seiner farbenprächtigen comicartigen Kunst.[45] Auch in Volkskunststilen werden Themen wie Abtreibung von weiblichen Föten, Mitgiftmorde und Vergewaltigung aber in subtilerer Weise dargestellt, wie im Madhubani-Stil von Bihar und im Patua-Stil von Bengal. Feministische Kunst ist meist außerhalb des Christentums zu finden.

In sehr erfolgreicher Weise ist es den Jesuiten gelungen, die malenden Warlis nach ihrem Übertritt zum Christentum zu einer bleibenden Einheit mit ihren alten Traditionen zu verschmelzen.

---

[44] Originalgemälde im Besitz von Missio München, zahlreiche Drucke.
[45] http://ajaysekhernet2013/03/28painting-critiques (16.11.2014).

Die durch ihre abstrakten Figuren bekannten Warlis in Maharashthra (etwa 180 km von Mumbai) malen in Dreiecken. Häufig verschwanden nach der Bekehrung bei Stammesangehörigen die Malereien. Die Jesuiten haben aber bewusst und erfolgreich Wert darauf gelegt, dass dies bei den begabten Warlis nicht passiert. So bemalen die christlichen Warlis genauso wie die hinduisti-

Typisches Hochzeitsgemälde eines katholischen Paares mit Eucharistiekelch, 2011. Foto: © G. Löwner

schen Warlis bis zum heutigen Tag ihre Häuser bei Hochzeiten von innen. Lediglich der Stammesgott wurde ausgetauscht durch den Abendmahlskelch und die Hostie als Präsenz Christi. Der Jesuit Wendell D'Cruz[46] hat sich darum sehr verdient gemacht.

Zum Politikum wurde kürzlich eine Madonnenstatue in einem Dorf Singpur bei Ranchi, die als Mutter mit einem Stammessari angezogen dargestellt wurde im Jahre 2013.

Mit massiven Protesten forderten Gruppen traditioneller Gläubiger, dass Christen eine weiße Maria aufstellen müssten und keine, die indisch aussähe, da sie

Typisches Hochzeitsgemälde eines katholischen Paares hinter dem Fernseher, 2011.Foto: © G. Löwner

sonst Menschen zum Christentum bekehren würden. Hier wurde Inkulturation lebensbedrohend. Mit einem großen Polizeiaufgebot konnte die Stammesmaria gerettet werden[47], die eigentlich nur die Umsetzung eines Bildes in Gips war, das schon lange bei den Ursulinen hing.

---

[46] Wendell D'Cruz, Christmas Revisited, A Story told to Warli children, 1990. Allgemein: Jashodra Dalmia, Painted World of the Warlis, Nachdruck 2008, New Delhi.
[47] Dean Nelson, Police guard ›tribal Virgin Mary‹ statue in India, in: The Telegraph, 28.8.2013. http:// www.telegraph.co.uk/news/ (3.7.2015).

Stammesmadonna im Dorf Singpur bei Ranchi in bemaltem Gips aus dem Jahre 2013. Foto: © G. Löwner

Was die Dalitkunst angeht, so ist sie primär nicht christlich. Die theologische Hochschule in Madurai hat sich immer wieder dem Thema zugewandt und Künstler in zwei Workshops zu Protestkunst inspiriert. Viele Elemente in der Dalit-Protestkunst sind buddhistisch. Das überrascht nicht, da der wichtigste Dalitführer Dr. Ambedkar sich bewusst für den Buddhismus als die Religion entschieden hat, der sich aufsteigende Dalits anschließen sollen.

Der westlich gekleidete Ambedkar mit Schlips, Brille und der indischen Verfassung unter dem Arm steht inzwischen in Gips in fast jedem Dorf und ist das Symbol für den Widerstand gegen das Kastenwesen. Manchmal wird er von einem Käfig umgeben, um zu verhindern, dass Dalitgegner ihn mit Ketten aus alten Schuhen statt Blumengirlanden entehren. Ambedkar ist die Ikone des Aufstiegs und selbst zum Bodhisattva geworden. Der buddhistische Künstler Savi Savarkar stellt Dalits dar, die eine tote Kuh tragen, und nennt dies »eine Dalit-Ikone vergleichbar mit dem christlichen Kruzifix«.[48] Sarvarkar steht zu seinem Dalitursprung, während andere ihn zu vertuschen suchen, wie ich es im Süden erlebt habe.

In der Zukunft wird es vermehrt Protestkunst aus vielerlei Richtungen geben[49], Hand in Hand mit der Option der meisten christlichen Kirchen für die Armen und

Dr. Ambedkar als Gipsstatue im Käfig in Tamilnadu. Foto: © G. Löwner

[48] Laura Holland, Spittoon and Swastika, in: http://www.valleyadvocate.com/article-print.cfm?aid (16.11.2014).
[49] Y. S. Alone, The Neo-Buddhist Movement and the Formation of Dalit Identity in Art, Architecture and Culture, in: Deeptha Achar/Shivaji K. Panikkar, Articulating Resistance Art and Activism, New Delhi 2012, 127–144.

Entrechteten und die Umwelt. Da das Leihen und Grenzüberschreiten zunimmt, ist es immer schwieriger, von christlicher Kunst zu sprechen. Heutzutage anders als in der Vergangenheit lassen sich indische hinduistische und muslimische Künstler eher vom Buddhismus beeinflussen als vom Christentum. Aber die Hausschreine der Menschen, ihre Poster in den Hütten und Wolkenkratzern werden weiterhin Zeugnis davon ablegen, was für die Herzen der Menschen wirklich wichtig ist: der weiße Christus mit dem großen Herzen, die mit einem Sari bekleidete Maria, für die schon Jahre im Voraus die Menschen ihren Spendentag buchen, die Stammesmaria oder... oder. Es ist sicher, dass das Grenzüberschreitende, das für die indische Gesellschaft sozusagen der Kitt ist, auch auf den Westen übergreifen wird und schachtelartige klar definierbare Identitäten überall abnehmen. Die Kunst geht diesen Weg prophetisch voraus.

(Dr. Gudrun Löwner ist Professorin für Ökumene am United Theological College in Bangalore, Südindien)

ABSTRACT

The author is inviting us to travel with her through the Indian art history from the beginnings of Christianity there till today. Her special emphasis is on painting and starts with the encounter between the Jesuits and the Muslim emperor Akbar in 1578 when he invited them to his court. Indigenized Christian miniature paintings after engravings which became the highlight of the interreligious dialogue are the result. From the 19th century onwards many Muslim, Hindu and Zoroastrian artists took an interest in the suffering Jesus and painted him. They saw in him all suffering people represented. In time of nationalism also Indian Christians started to paint an Indian Christ. Today the inspiration for Indian Christian art comes from the tribal and Dalit traditions and joins hands with artists of all faiths who articulate resistance in their art.

Die Sagbarkeit Gottes

Poststrukturalistische Theorie, historisch-kritische Methode und die Theologie der Religionen

Yan Suarsana

Poststrukturalistische Theorie ist in den letzten Jahren in nahezu alle Gesellschafts- und Geisteswissenschaften vorgedrungen. Auch wenn sie in der wissenschaftlichen Theologie bislang eher ein Randphänomen geblieben ist, könnte sie gerade an solchen Stellen fruchtbar gemacht werden, an denen vermeintlich fixe und (häufig mit Verweis auf religiöse Wahrheiten) schier unüberwindliche inhaltliche Positionen den Diskurs scheinbar ›für die Ewigkeit‹ strukturiert haben: in der sogenannten Theologie der Religionen und der darin begründeten Praxis des interreligiösen Dialogs.

Der vorliegende Aufsatz hat zum Ziel, das Potenzial einer poststrukturalistisch fundierten Herangehensweise im Bereich der Religionstheologie herauszuarbeiten. Dabei geht es zunächst darum, das Problem der sich entgegenstehenden Wahrheitsansprüche der verschiedenen religiösen Positionen zu dekonstruieren, um sich anschließend dem Status jener Texte zu widmen, die solche Ansprüche in der Regel zu einem Gutteil legitimieren – die sogenannten Offenbarungsschriften. Hier versuche ich (am Beispiel der Auslegung von Mk. 3,1–6 parr.) zu zeigen, wie ein poststrukturalistischer Ansatz der historisch-kritischen Exegese im Sinne einer perspektivischen ›Verschiebung‹ dienstbar gemacht werden könnte, um zuletzt Konsequenzen und Chancen dieser geänderten Voraussetzungen für eine poststrukturalistisch motivierte Theologie der Religionen sowie einen entsprechend bestimmten interreligiösen Dialog aufzuzeigen.

Die folgenden Überlegungen sollen dabei keinesfalls als geschlossener Entwurf zu einer ›neuen‹ Art von Religionstheologie verstanden werden; vielmehr handelt es sich dabei (noch) um höchst experimentelle Gedankenspiele, die allenfalls dazu geeignet sind, die Diskussion um vermeintlich unüberwindbare Grenzen des Religiösen aus einem veränderten Blickwinkel zu betrachten.

1. Der prekäre Status religiöser Wahrheit

Es scheint sich bis heute als weitgehender Konsens herausgebildet zu haben, dass die Kategorie der religiösen Wahrheit als *das* Haupthindernis im Entwurf einer allumfassenden Theologie der Religionen angesehen werden muss, wenn diese auch nur ansatzweise in der Praxis des interreligiösen Dialogs fruchtbar werden soll. In seinem Aufsatz *Viele Religionen – eine Wahrheit?* erklärt etwa Reinhard Leuze den Wahrheitsbegriff insofern für unumgänglich, als eine Theologie, die auf diesen verzichte,»den Gegenstand, von dem sie redet, die Religionen, völlig aus den Augen«[1] verliere – Religionen, deren entscheidendes Kennzeichen darin bestehe, dass sie die behauptete Allgemeingültigkeit ihrer Aussagen mit dem Zugriff auf universale Wahrheiten begründen.[2] Fernab eines exklusivistischen Verständnisses religiöser Wahrheit nimmt Leuze in der Folge indes eine Art historisierende Dekonstruktion dieser Wahrheit vor, indem er ihr die »Geschichte Gottes selbst«[3] einschreibt, »eines Gottes, der sich in seiner Einzigkeit und Einheit dem Volk Israel enthüllt hat, aber dann in einer konsequenten Weiterführung dieser Offenbarung den Weg der Universalisierung beschreitet und somit im Christentum wie im Islam in seiner Einheit und Einzigkeit bekannt wird«[4]. Mit dieser ›Historisierung der anderen Art‹ führt Leuze jedoch einen zweiten Wahrheitsbegriff ins Feld: Der traditionellen Vorstellung von einer unveränderlichen, zeitlos *hinter* den Dingen liegenden Wahrheit des Göttlichen stellt er ein Konzept gegenüber, das *Wahrheit* nun in den Diskurs über den Lauf von Welt und Wirklichkeit hinein verlagert und diese insofern überprüfbar macht, als sie im Bezug auf eine empirisch erfahrbare, nun geschichtliche Realität konzipiert ist: Indem er *Wahrheit* mit der historischen Dimension Gottes identifiziert, der in dieser Eigenschaft ganz konkret in den Lauf der Welt eingreifen und damit sichtbar werden kann, billigt er solchen Aussagen, die beanspruchen, von der Erfahrung

---

[1] Reinhard Leuze, Viele Religionen – eine Wahrheit?, in: Christian Danz/Friedrich Hermanni (Hg.), Wahrheitsansprüche der Weltreligionen. Konturen gegenwärtiger Religionstheologie, Neukirchen-Vluyn 2006, 29–40, hier: 30.
[2] Vgl. a. a. O.
[3] A. a. O. 38.
[4] A. a. O.

des historischen Gottes Zeugnis abzulegen, grundsätzlich die Möglichkeit zu, *wahr* in dem Sinne zu sein, dass sie die historische Wirklichkeit angemessen zu repräsentieren imstande sind. So fordere die »Bewegung des Transzendierens«[5], wie sie Zeugnis in den verschiedenen Religionen finde, »eine gegenläufige Bewegung der Vergegenständlichung. … Das ganz Andere, Jenseitige verschafft sich einen Zugang zu der Wirklichkeit, in der wir uns vorfinden. Im Umkreis der monotheistischen Religionen können wir diese Bewegung als Offenbarung bezeichnen«.[6]

An diesem Wahrheitsbegriff, der von der grundsätzlichen Möglichkeit ausgeht, die äußere Wirklichkeit im Diskurs über die Welt adäquat (hier in Form von Offenbarungstexten) repräsentieren zu können, lässt sich indes anschaulich die Problematik aufzeigen, welche jene philosophische Strömung, die seit geraumer Zeit als *Poststrukturalismus* bezeichnet wird, bereits in ihren Anfängen Ende der 1960er-Jahre ins Bewusstsein gerückt hat: So hat Michel Foucault in seiner *Archäologie des Wissens* die auch bei Leuze zugrunde liegende Annahme kritisiert, durch »in der Zeit verstreute Aussagen«[7] auf irgendeine Weise Zugriff auf ›die Realität‹ selbst zu erlangen: Denn man »würde sich mit Sicherheit täuschen, wenn man dem Sein … selbst, seinem geheimen Inhalt, seiner stummen und in sich verschlossenen Wahrheit das abverlangen würde, was man zu einem bestimmten Augenblick hat darüber sagen können«.[8] Nach Foucault ist das Objekt einer als äußerlich gedachten Wirklichkeit in seiner Einheit und Beschaffenheit vielmehr erst »durch die Gesamtheit dessen *konstruiert* worden, was in der Gruppe all der Aussagen gesagt worden ist, die [es] benannten, [es] zerlegten, [es] beschrieben, [es] explizierten, [seine] Entwicklungen anzeigten«[9]. In dieser Form ist es das Ergebnis der »Formationsregeln«[10] des Diskurses, in dessen Rahmen es verhandelt wird, der ideologischen Konzepte, der Plausibilitätsketten, der Grenzen des Sagbaren und nicht zuletzt der Machtverhältnisse, die die Deutungshoheit über ein Objekt maßgeblich mitbestimmen.[11] Keineswegs geht es, wie Sigrid Rettenbacher betont hat, »darum zu bestreiten, dass es eine Wirklichkeit außer-

---

[5] A. a. O. 37.
[6] A. a. O.
[7] Michel Foucault, Archäologie des Wissens, in: Ders., Die Hauptwerke, Frankfurt a. M. 2008, 471–700, hier: 505.
[8] A. a. O.
[9] A. a. O. (Hervorhebung durch mich)
[10] A. a. O. 513.
[11] Vgl. dazu auch Michel Foucault, Der Wille zum Wissen, in: Ders., Die Hauptwerke, 1023–1151.

halb des Diskurses gibt. Vielmehr möchten die [poststrukturalistischen] TheoretikerInnen darauf aufmerksam machen, dass man außerhalb des machtbesetzten Diskurses nicht auf diese Wirklichkeit zugreifen kann«.[12] Was in unserem Fall also ein Text über die Geschichte und Wirklichkeit Gottes zu sagen imstande wäre, ist nicht, wie Gott tatsächlich ist oder in der Vergangenheit war; vielmehr handelt es sich dabei lediglich um den Versuch, eine spezifische Konzeptionalisierung des Gottesbegriffs als *authentisch* in jenem Diskurs zu positionieren, in den der betreffende Text eingebettet ist und von dessen Formationsregeln seine Aussagen abhängig sind. Das bedeutet freilich, dass das historische Objekt ›Gott‹ für einen die Geschichte Gottes ergründenden Historiker lediglich als *Produkt* eines historischen Quellendiskurses greifbar ist – und keineswegs als diesem vorgelagerte geschichtliche Realität.

Können aber Aussagen über den Status von Wirklichkeit, die im Diskurs über eine als äußerlich gedachte, empirisch wahrnehmbare Welt getätigt werden, zumindest in dem Sinne wahr sein, dass sie als universal gültig und damit ›objektiv‹ gelten können? Die US-amerikanische Philosophin Judith Butler hat gezeigt, dass es sich bei dem Konzept von (materieller) Wirklichkeit in erster Linie um eine *Funktion* handelt, die es ermöglicht, Aussagen erfolgreich im Diskurs zu platzieren. In ihrem einflussreichen, 1993 erschienenen Buch *Körper von Gewicht* führt sie aus, dass der (weibliche) Körper nicht etwa deshalb im Diskurs um das Wesen und den Charakter von Weiblichkeit aufscheint, weil er schon ›da‹ und vorhanden ist, sondern weil er »als *vorgängig gesetzt* oder *signifiziert* [wird]. Diese Signifikation produziert als einen *Effekt* ihrer eigenen Verfahrensweise den gleichen Körper, den sie nichtsdestoweniger zugleich als denjenigen vorzufinden beansprucht, der ihrer eigenen Aktion *vorhergeht*«.[13] Keineswegs geht es Butler hier darum, die Existenz des Körpers *an sich* zu bestreiten, denn sie trifft keine Aussage über seine ›tatsächliche‹ Existenz; was Butler im weiteren Verlauf dekonstruiert, ist die *diskursive Praxis*, das Konzept *Körper* und damit *Materialität* als Ausdruck fixer, unüberwindlicher ›Wirklichkeit‹ zu konstruieren, um damit den Versuch zu starten, den Diskurs um das ›Wesen‹ von Weiblichkeit zum Erliegen zu bringen – ein Versuch, dessen Erfolg in gehöriger Weise von der Deutungsmacht seiner Urheber abhängig ist. Möglich ist dies nach Butler, weil

[12] Sigrid Rettenbacher, Interreligiöse Theologie – postkolonial gelesen, in: Reinhold Bernhardt/Perry Schmidt-Leukel, Interreligiöse Theologie. Chancen und Probleme, Zürich 2013, 67–111, hier: 89.
[13] Judith Butler, Körper von Gewicht. Die diskursiven Grenzen des Geschlechts, Frankfurt a. M. 1997, 56.

Materialität als Platzhalter für eine Vielzahl von »abgelagerten Diskursen«[14] dient, die zu allen Zeiten über den Charakter des (weiblichen) Körpers geführt worden sind; indem *Körper* nun als unumstößlicher Fixpunkt, als Garant für die äußere Wirklichkeit konstruiert wird, werden gleichzeitig diese vorangehenden (und gewiss noch andauernden) Diskurse über sein ›Wesen‹ verschleiert und der Körper damit als ›Ding‹ behauptet, das dem Diskursiven enthoben ist, weil es als unverhandelbare, nur empirisch erfahrbare Wirklichkeit ein unveränderliches ›Außen‹ repräsentiert.

Im Prinzip verhält es sich, auch ohne den Verweis auf Leuze, mit der (religiösen) Wahrheit insofern wie mit *Körper/Materialität*, als *Wahrheit* in (theologischen) Diskursen in der Regel prinzipiell als unüberwindlicher Fixpunkt gesetzt ist, der durch die Argumentation lediglich ›umspielt‹ werden kann. Mit dieser Praxis wird allerdings verschleiert, dass die konkrete Ausprägung der behaupteten Wahrheit stets das Ergebnis eines historischen Aushandlungsprozesses gewesen ist, der ab einem bestimmten Zeitpunkt – in einem spezifischen Machtgefüge und unter Ausschluss entgegenstehender Positionen – zu einem diskursiven Ankerpunkt sedimentiert ist. Dieser Befund ergibt sich freilich leicht, wenn man etwa einschlägige Darstellungen zur europäischen Kirchengeschichte aufschlägt:[15] So lassen sich beispielsweise zahlreiche Beschlüsse des Vierten Laterankonzils, das 1215 unter dem mächtigen Papst Innozenz III. abgehalten wurde, als erfolgreiche Versuche deuten, Jahrhunderte andauernde Diskurse über die Natur religiöser Sachverhalte zu fixieren, indem die von der Amtskirche vertretenen theologischen Positionen (unter Aufwendung beinahe des gesamten kirchlichen Machtapparates) als *wahr* im Diskurs signifiziert wurden. So hatte die Transsubstantiationslehre das eindeutige Ziel, die spätestens seit 1049 mit Berengar von Tour immer wieder aufflammenden Streitigkeiten über die ›wahre Natur‹ der Eucharistie zu beenden, indem die Lehre von der wesenhaften Verwandlung von Brot und Wein als religiöse Wahrheit zwar nicht dogmatisiert, aber immerhin im Sinne einer »eucharistische[n] Lehrfixierung«[16] formuliert wurde.[17] Für unser Interesse schwerer wiegt allerdings die Bestätigung der Trinitätslehre, die bereits 325/381 als Dogma festgelegt worden war:[18] Hier offenbart sich,

---

[14] A. a. O. 55.

[15] Ich verwende im Folgenden beispielsweise Wolf-Dieter Hauschild, Lehrbuch der Kirchen- und Dogmengeschichte. Band 1: Alte Kirche und Mittelalter, Gütersloh 2007³.

[16] A. a. O. 595.

[17] Vgl. a. a. O. 592–596.

[18] Vgl. a. a. O. 28–49.

dass es sich auch bei der Dreieinigkeit, deren Wahrheitsgehalt heute wohl kaum ein europäischer Christ anzweifeln wollte, tatsächlich um eine machtvolle Fixierung uralter Diskurse um das ›wahre Wesen‹ Gottes[19] handelt, die noch beinahe ein Jahrtausend nach ihrer Dogmatisierung von einem der mächtigsten Päpste aller Zeiten bestätigt und als universale religiöse Wahrheit (re)signifiziert wurde.[20] Noch bedeutsamer wird dieser Umstand, wenn man bedenkt, dass die Trinität des christlichen Gottes als schier unüberbrückbare Hürde im interreligiösen Dialog mit dem Islam angesehen wird,[21] der die Wahrheit Gottes gerade über den Verweis auf dessen innere Einheit bestimmt. In diesem Zusammenhang erweist sich die Kategorie der religiösen Wahrheit, die freilich auch immer die Falschheit des ihr Widersprechenden impliziert, als die von Butler beschriebene Verschleierung der abgelagerten Diskurse, die erst zu ihrer Signifizierung geführt haben. Mit anderen Worten: Religiöse Wahrheit ist das *Produkt* des theologischen Diskurses und ihm keineswegs als unveränderliches Außen, das es zu enthüllen gilt, vorgängig. Es ist dabei die Behauptung dieser Vorgängigkeit und Unveränderlichkeit eines absoluten Außen, welche die Historizität der eigenen Aussage verschleiert und diese damit als unverhandelbare, universale Repräsentation der Wirklichkeit (und damit als *Wahrheit*) konstruiert. In diesem Sinne ist auch die oben thematisierte These Leuzes zu beurteilen, dass nämlich der an der Geschichte handelnde Gott selbst für seine Universalisierung und Transzendierung verantwortlich sei, indem er seine zunächst nur an das Volk Israel ergangene Offenbarung ausgeweitet habe:[22] Denn die Universalität und Transzendenz Gottes ist nichts, was dem theologischen Diskurs vorgängig wäre; sie ist vielmehr ebenfalls erst im Diskurs um das ›Wesen‹ Gottes – nicht zuletzt durch Leuze selbst – als religiöse Wahrheit signifiziert worden.

---

[19] Vgl. a. a. O. 1–54.
[20] Vgl. a. a. O. 595. Die Bestätigung war Teil eines Lehrbekenntnisses, das explizit gegen die Katharer und Albigenser gerichtet war (vgl. a a. O.).
[21] Vgl. etwa Rat der EKD (Hg.), Klarheit und gute Nachbarschaft. Christen und Muslime in Deutschland, Hannover 2006, 18f.; Werner Schatz, Streite mit ihnen auf die beste Art. Praktische Anleitung zum christlich-muslimischen Dialog, Zell a. M./Würzburg 2010, 236–280; Muna Tatari/Klaus von Stosch (Hg.), Trinität – Anstoß für das islamisch-christliche Gespräch, Paderborn u. a. 2013.
[22] Vgl. Leuze, Religionen, 38.

2. Die Natur der religiösen Offenbarung

Es ist nun keineswegs so, dass eine Dekonstruktion der Wahrheitskategorie diese als theologisches Konzept überflüssig machen würde. Was eine solche Herangehensweise indes anstrebt, ist die Sichtbarmachung des Umstandes, dass es sich auch und gerade bei dem Konzept der universalen Wahrheit (und damit auch bei einer bestimmten Aussage, die als *universal wahr* signifiziert wurde) um eine historische Größe handelt, deren Etablierung als legitime, allgemeingültige Repräsentation eines zeitlosen, unveränderlichen Außen im direkten Zusammenhang mit den Machtverwerfungen jenes Diskurses steht, in dessen Rahmen sie verhandelt wird. Dies gilt umso mehr, als eine Aussage über religiöse Wahrheit ja stets (wie auch bei Leuze) unter Verweis auf solche Diskurskomplexe getätigt wird, die im Allgemeinen als *Offenbarung* bezeichnet werden.

Zweifellos handelt es sich bei Texten, denen der Status einer Offenbarung zugebilligt wird, um keine gewöhnlichen Texte. Dies hängt weniger mit dem Charakter der Texte selbst zusammen, sondern betrifft vielmehr den historischen Umstand, dass diese Texte zunächst in einem bestimmten Kontext als Offenbarung signifiziert worden sind. Diese Signifizierung sedimentierte bald (durch die Beschaffenheit des jeweiligen zeitgenössischen Diskurses) zu einer allgemeingültigen Wahrheit, was schließlich dazu geführt hat, dass die betreffenden Texte durch ihre derart privilegierte Stellung über mehr oder weniger lange Zeiträume tradiert wurden. Während einige von ihnen, wie etwa die Bibel oder der Koran, über viele Jahrhunderte praktisch unverändert überliefert und dabei immer wieder (nicht zuletzt durch die Praxis des interreligiösen Dialogs) in ihrem Status resignifiziert wurden, sind andere Texte erst in jüngerer Zeit auf diese Weise zu Offenbarungstexten geworden. Prominentes Beispiel dafür ist (wenn auch im weiteren Sinne) die Bhagavadgita, die sich erst im 19. Jahrhundert (im Zuge der konzeptionellen Herausbildung des Hinduismus als Weltreligion) als *die* Schrift der indischen Religion etablieren konnte:[23] Während dieser wohl bereits Jahrhunderte vor unserer Zeitrechnung entstandene Text vor dem 19. Jahrhundert lediglich in bestimmten Strömungen wie der Vedanta-Philosophie hochgeachtet wurde, führte die begeisterte Rezeption durch europäische und US-amerikanische Orientalisten, Transzendentalisten oder Theosophen zu einer Popularisie-

---

[23] Vgl. Michael Bergunder, Die Bhagavadgita im 19. Jahrhundert. Hinduismus, Esoterik und Kolonialismus, in: Michael Bergunder, Westliche Formen des Hinduismus in Deutschland. Eine Übersicht, Halle 2006, 187–216.

rung dieser Schrift auch im indischen Kontext.[24] Ausdruck dieser Entwicklung war der stark durch theosophisches Gedankengut beeinflusste Neohinduismus: So präsentierte Vivekananda (1863–1902) die Bhagavadgita auf dem Weltparlament der Religionen im Jahre 1893 (als Vertreter der Weltreligion des Hinduismus) als »den einzigen autoritativen Kommentar der Veden«[25] und setzte in weiteren Vorträgen die Gita mit dem Neuen Testament parallel.[26] Auch Mahatma Gandhi (1869–1948) betrachtete »das Buch par excellence für die Erkenntnis der Wahrheit«[27] und ließ den Text (in einer theosophischen Übersetzung) 1905 »zur religiösen Unterweisung der indischen Jugend« in Südafrika drucken. Spätestens um 1910 galt die Bhagavadgita auch bei Hindus »außerhalb des Vedanta als zentrale und populäre Schrift des Hinduismus«[28], wie der bekannte indische Jurist und Reiseschriftsteller Lala Baijnath konstatiert: »Die Gita ist frisch wie immer und genau das, was dem Christen die Bibel ist …«[29] An diesem Beispiel lässt sich anschaulich zeigen, wie die Beschaffenheit eines spezifischen Kontextes (hier des kolonialen) die diskursive Sedimentation des zuvor eher marginalen Status der Gita im Sinne eines zentralen Trägers universaler religiöser Wahrheit bedingt hat: Zum einen durch die prominente Rezeption der Vedanta-Philosophie durch westliche Denker, deren diskursive Deutungsmacht (nicht zuletzt unter Vermittlung der Theosophie) auch auf indische Gelehrte wie Vivekananda und Gandhi großen Einfluss ausübte; zum Zweiten aber vor allem durch die globalen Konzeptionen von (Welt-)Religion und ›östlicher‹ Spiritualität, welche der koloniale Kontext hervorgebracht hatte und die in der Folgezeit die Idee eines ›Hinduismus‹ und seiner zentralen Lehren, wie sie die Bhagavadgita vermeintlich am besten repräsentierte, entscheidend prägte.

Prinzipiell verhält es sich freilich auch mit der biblischen Überlieferung wie mit der Bhagavadgita, auch wenn die Sedimentierung der Diskurse um den Status dieser Texte wesentlich länger andauerte und viel weiter zurückliegt als im Fall des indischen Pendants. Während die Aushandlungsprozesse um den biblischen Kanon spätestens mit der Reformationszeit und dem Konzil von Trient weitgehend zum Erliegen gekommen sind, entspinnt sich seither vor allem auf hermeneutischer Ebene der Disput, auf welche Weise diese Texte, deren Status

---

[24] Vgl. a. a. O. 203–211.
[25] Zitiert nach a. a. O. 205.
[26] Vgl. a. a. O. 206.
[27] Zitiert nach a. a. O. 209.
[28] A. a. O. 210.
[29] Zitiert nach a. a. O. 210.

als *Offenbarung* inzwischen unbestritten scheint, zu deuten sind. Vor diesem Hintergrund kann *Offenbarung* im Butler'schen Sinne auch als die Materialität des theologischen Wahrheitsdiskurses bezeichnet werden: So handelt es sich beispielsweise bei der argumentativen Praxis, theologische Aussagen bezüglich ihres Wahrheitsgehaltes mit dem Verweis auf Bibelstellen zu belegen, zum einen um den Verweis auf abgelagerte Diskurse über den Status dieser Überlieferung: Indem diese als Träger universaler Wahrheit resignifiziert wird, sollen die ausgewählten Textzitate als diskursive Fixpunkte positioniert und der Diskurs um die auf diese Weise belegten Aussagen zum Erliegen gebracht werden. Zum anderen erzeugt diese Zitationspraxis *Offenbarung* beständig neu, da der Versuch einer Fixierung der eigenen theologischen Aussagen ja auf der Resignifikation von *Offenbarung* als *rein formaler* Operation beruht: So ist es etwa nicht der Inhalt der herangezogenen Zitate, der die Wahrheit der eigenen Aussagen konstituiert, sondern die Tatsache, dass diese Textstellen als zu *Offenbarung* zugehörig behauptet werden. *Offenbarung* ist in diesem Sinne als Signifikant völlig entleert und ein Platzhalter für die (zum Teil abgelagerten) Diskurse, die über göttliche Wahrheit und Wirklichkeit geführt wurden und noch werden. Dies gilt freilich für jeden Akt der Zitation im Sinne einer formalen Markierung des Zitats als Teil der göttlichen Wahrheit im Rahmen eines theologischen Diskurses, und somit freilich auch und gerade für die Autoren der biblischen Texte (wie auch aller anderen Offenbarungstexte) selbst: Deren Textproduktion stellt ja prinzipiell nichts anderes dar, als die Zusammenstellung von Aussagen über göttliche Wirklichkeit, die ihnen einerseits bereits als *Offenbarung* überliefert waren, und solchen, die sie selbst als Fixpunkte des theologischen Diskurses positionieren wollten.

3. Historisch-kritische Exegese als Dekonstruktion

Die Herausstellung von *Offenbarung* als historischem Gegenstand ist indes keine neue Sache, liegt diese Annahme doch seit jeher der Methode der historisch-kritischen Exegese zugrunde. Was aber die Dekonstruktion des Wahrheitsbegriffs zur Folge hat, ist freilich das Ende einer (möglicherweise impliziten) Hoffnung, in den Quellentexten überhaupt ein wie auch immer geartetes ›authentisches‹ Zeugnis der universalen göttlichen Wirklichkeit zu enthüllen. In diesem Sinne würde man die historisch-kritische Methode in ihrer Intention ›verschieben‹ müssen, und zwar von dem Ansinnen der *Re*konstruktion eines Urtextes hin zu einer konsequenten *De*konstruktion des Endtextes. Das Ziel bestünde dabei darin, die Genese von *Offenbarung* als *Produkt* der biblischen Texte sowie der Diskurse, in die sie eingebettet sind, nachzuvollziehen. Wie das funktionieren kann, will ich im Folgenden unter anderem am Beispiel von Mk. 3,1–6 parr. illustrieren. Dabei wird sich zeigen, dass eine solchermaßen bestimmte Form der Exegese sich methodisch zu keinem Zeitpunkt von der ›klassischen‹ Weise der Auslegung unterscheidet. Vielmehr geht es mir darum, die einschlägigen, in jeder Einführung nachzulesenden Methodenschritte unter einer ›verschobenen‹ poststrukturalistischen Perspektive zu beleuchten.[30]

3.1 Hermeneutische Vorentscheidungen

3.1.1 Wir leben in Geschichten – Narrativität und Wirklichkeitsverständnis

»Wer die Frage nach der Beschaffenheit von Narrativität aufwirft, nötigt zwangsläufig zu einer Reflexion der Beschaffenheit unserer Kultur und, so scheint es, gar der menschlichen Natur als solcher.«[31]

Hayden White, neben Foucault einer der großen Demaskierer der vermeintlich ›objektiven‹ Geschichtsschreibung, hat uns in *The Content of the Form* vor Augen geführt, dass es sich ausgerechnet bei der Narrativität, die er den Historikern des 19. Jahrhunderts zum Vorwurf gemacht hatte, um eine Art »Metacode«[32], ein »menschliches Prinzip«[33], handelt: So hatte White zunächst moniert, dass sich wirkliche, als historisch gedachte Ereignisse »nicht in Form von Geschichten darbieten«[34] und dass einem Irrtum, ja einer Fantasie verfalle, wer glaube, »dass wirkliche Ereignisse angemessen repräsentiert werden, wenn gezeigt werden kann, dass sie die formale Kohärenz einer Geschichte abbilden«[35]. Auch Foucault

---

[30] Ich verwende hier exemplarisch Udo Schnelle, Einführung in die neutestamentliche Exegese, Göttingen 2000[5].

[31] »To raise the question of the nature of narrative is to invite reflection on the very nature of culture and, possibly, even on the nature of humanity itself.« Hayden White, The Content of the Form. Narrative Discourse and Historical Representation, Baltimore 1987, 1.

[32] »... meta-code ...« A. a. O.

[33] »... human universal ...« A. a. O.

[34] »... real events do not offer themselves as stories ...« A. a. O. 4.

[35] »... that real events are properly represented when they can be shown to display the formal coherency of a story?« A. a. O.

hat wiederholt darauf hingewiesen, dass die ›nackte‹ (historische) Realität keineswegs in Form kontinuierlicher Abläufe und logischer Verknüpfungen ›objektivierbar‹ sei; das, was er als die »wirkliche Historie«[36] bezeichnet, folge keinen erzählerischen Kategorien und Kontinuitäten, sondern sei vielmehr durch Diskontinuität und Zufall geprägt. Denn am »historischen Anfang der Dinge findet man nicht die immer noch bewahrte Identität ihres Ursprungs, sondern die Unstimmigkeit des Anderen«[37]. Und dennoch (oder gerade deswegen) ist es nach White eben die erzählerische Kohärenz, »nach der wir trachten«[38], denn nur in der Erzählung können die Ereignisse ›zu uns sprechen‹, und nur in der tröstenden »Schließung«[39] einer Geschichte erscheint, wonach wir uns sehnen: »In dieser Welt trägt die Wirklichkeit die Maske der *Bedeutung*, der Vollständigkeit und Fülle, die wir uns nur vorstellen, doch niemals erfahren können.«[40] Diesem Umstand sei es zu verdanken, dass die Schließung einer Geschichte als nichts anderes als »ein Verlangen ... nach moralischer Bedeutung«[41], als eine *Moral von der Geschicht'*, gedeutet werden könne – »ein Verlangen, dass Sequenzen wirklicher Ereignisse gemäß ihrer Bedeutung als Bestandteile eines moralischen Dramas beurteilt werden«[42].

3.1.2 Bibelhermeneutische Modelle als kontextuelle Plausibilisierung göttlicher Wirklichkeit

Diesem Bedürfnis nach narrativer Geschlossenheit tragen im besonderen Maße die erzählenden Texte der Bibel Rechnung, die das heilsgeschichtliche Handeln Gottes im Alten und Neuen Testament in Form von mehr oder weniger umfangreichen erzählerischen Einheiten darstellen. Dass solche Texte indes keineswegs als fixe, inhaltlich geschlossene Repräsentationen von Wirklichkeit interpretiert werden können, werden wir feststellen, wenn wir diese mit Jacques Derridas Verständnis von schriftlicher Kommunikation konfrontieren. Denn, so Derrida,

---

[36] Michel Foucault, Nietzsche, die Genealogie, die Historie, in: Walter Steiner (Hg.), Michel Foucault. Von der Subversion des Wissens, Frankfurt a. M. 1987, 69–90, hier: 79.
[37] A. a. O. 71.
[38] »... to which we ourselves aspire ...« White, Content, 21.
[39] »... closure ...« A. a. O.
[40] »In this world, reality wears the mask of a meaning, the completeness and fullness of which we can only imagine, never experience.« A. a. O. (Hervorhebung durch mich)
[41] »... a demand ... for moral meaning ...«A. a. O.
[42] »... a demand, that sequences of real events be assessed as to their significance as elements of a moral drama.« A. a. O.

was jedes Zeichen als Schrift konstituiere, sei der Umstand, dass die Möglichkeit seines Funktionierens »an einem gewissen Punkt von seinem ›ursprünglichen‹ Sagen-Wollen … getrennt wurde«[43] – aufgrund der Tatsache, dass sein ›Referent‹ (oder gar sein Signifikat) im Laufe der Iteration des Zeichens abhanden gekommen ist[44]. Im Falle biblischer Texte trifft freilich beides zu: Einerseits sind uns die Autoren (wenn überhaupt!) höchstens in Form einer *Signatur* (etwa der Evangelist, der im Allgemeinen als Markus bezeichnet wird) bekannt, die ja »*per definitionem* die aktuelle oder empirische Nicht-Anwesenheit des Unterzeichners«[45] impliziert. Zweitens ist auch das dem Zeichen innewohnende Verhältnis zwischen Signifikant (etwa λεγιών in Mk. 5,9) und dem so bezeichneten Signifikat (hier: der Dämon) kein fixes; mag der Dämon zu markinischen Zeiten noch als realer teuflischer Geist gedacht sein, so bezeichnet λεγιών für den historisch-kritischen Exegeten vermutlich eher die *Vorstellung* eines solchen Geistwesens. Was also hier das Zeichen identisch mit sich selbst macht, ist nicht, dass es auf ein fixes Signifikat verweist, sondern vielmehr als Einheit in immer neuen Kontexten (in der markinischen Gemeinde oder dem Studierzimmer des Exegeten) *zitiert* werden kann; »von dort aus kann es mit jedem gegebenen Kontext brechen und auf absolut nicht-sättigbare Weise unendlich viele neue Kontexte zeugen. Das heißt nicht, daß das Zeichen außerhalb eines Kontextes gilt, sondern ganz im Gegenteil, daß es nur Kontexte ohne absolutes Verankerungszentrum gibt«.[46]

Derridas Schriftverständnis lässt sich vorzüglich anhand des bereits erwähnten, Jahrhunderte währenden Streits um die biblische Hermeneutik illustrieren. So war Luthers *sola scriptura*, das in der Orthodoxie (und später vor allem im Pietismus) gar zur Idee der Verbalinspiration des biblischen Textes führte, zunächst seinem »Kampf gegen eine Überformung der ursprünglichen biblischen Intentionen durch sekundäre philosophische Lehren der katholischen Kirche«[47] geschuldet. Was hier als eine konsequente Anwendung augustinischer Hermeneutik anmutet, indem die Verknüpfung des Signifikanten mit dem Signifikat auf einer vermeintlich ›wörtlichen‹ Ebene fixiert wird, ist tatsächlich auf den reformatorischen Kontext mit seinen Abgrenzungen zu altgläubigen Verstehenskategorien zurückzuführen. Demgegenüber haben »die moderne Welterkenntnis und

---

[43] Jacques Derrida, Signatur, Ereignis, Kontext, in: Peter Engelmann (Hg.), Jacques Derrida. Limited Inc., Wien 2001, 15–45, hier: 32.

[44] Vgl. dazu a. a. O. 29.

[45] A. a. O. 43.

[46] A. a. O. 32.

[47] Manfred Oeming, Biblische Hermeneutik. Eine Einführung, Darmstadt 2007², 12.

die Einsicht in die geschichtliche Bedingtheit der biblischen Zeugnisse, wie sie im Verlaufe der Aufklärung geltend gemacht wurden«[48], ein neues Modell der Bibelhermeneutik hervorgebracht, welches die Signifikate des biblischen Textes zunächst an ihrer historischen Plausibilität zu messen gedachte, »um alle bloß zufälligen Geschichtstatsachen auszuschneiden und den Kern herauszupräparieren, der die ewigen Grundwahrheiten ... enthält«[49]. Vor allem die liberale Theologie hat (in der Reaktion auf die aufkommenden Naturwissenschaften an den Universitäten) den Historismus schließlich zum Programm biblischer Exegese erhoben. So bedeutet Verstehen nach Ernst Troeltsch etwa, »auf der Basis von genetischem Denken ein geistiges Phänomen in geschichtliche Entwicklungslinien einordnen zu können«[50]. Die so formulierte Verknüpfung biblischer Aussagen mit den Kategorien und Konzeptionen der Religionsgeschichtsschreibung, wie sie etwa in der historisch-kritischen Exegese zutage tritt, steht dabei im klaren Widerspruch zur Idee der Verbalinspiration der lutherischen Orthodoxie, indem zwar beide Positionen auf der Ebene des Signifikanten auf denselben Gegenstand (den materiellen biblischen Text) rekurrieren, auf der Ebene des Signifikats jedoch eine deutliche Verschiebung vornehmen (wie ich oben am Beispiel von λεγιών gezeigt habe), die ihrem jeweiligen Kontext geschuldet ist. Dem konnte auch die Idee einer Personalinspiration biblischer Autoren nicht abhelfen, wie sie seit Schleiermacher »an Terrain gewonnen«[51] hat. Zwar tritt hier das romantische Ideal des »geistigen Erlebens eines Individuums«[52] insofern hervor, als die göttliche Inspiriertheit des biblischen Autors immerhin durch einen »kongenialen Geist«[53] entschlüsselt werden könne; der historisierende Impetus des aufklärerischen Kontextes wird jedoch weiterhin beibehalten, indem die »sprachliche[n] Äußerungen durch philosophische Analyse objektiv und intersubjektiv nachvollziehbar auf ihre Struktur hin«[54] beleuchtet werden.

Fassen wir zusammen: Zwar handelt es sich bei dem biblischen Text, den wir als Ausgangpunkt jedweder Exegese ansehen, auf der (materiellen) Ebene des Signifikanten um eine kohäsive Einheit, die seit annähernd zwei Jahrtausenden mit größter Bemühung um absolute Unveränderlichkeit tradiert wird. Diese Be-

---

[48] Gerhard Maier, Biblische Hermeneutik, Wuppertal/Zürich 1990, 96.
[49] Oeming, Hermeneutik, 14.
[50] A. a. O. 15.
[51] Maier, Hermeneutik, 89.
[52] Oeming, Hermeneutik, 15.
[53] A. a. O.
[54] A. a. O.

mühungen haben indes nicht verhindern können, dass die ›Bedeutung‹ dieses Textes, das Signifikat, stets fließend und niemals fix war; die inhaltliche ›Füllung‹ dieses »reinen Signifikanten«[55] *Bibel* war nicht gegeben, sie wohnte dem Text nicht inne, sondern war stets das Produkt der Diskurse, die die biblischen Texte verhandelten. Die Konsequenz aus diesen Überlegungen geht über rezeptionsästhetische Schlussfolgerungen noch hinaus: Das, was traditionell als den biblischen Texten vorausgehend gedacht ist und von diesen literarisch interpretiert wird – die Wirklichkeit Gottes in der Geschichte –, ist mit Derridas »Bruch der Anwesenheit«[56], der zur Abtrennung des »›ursprünglichen‹ Sagen-Wollens«[57] vom überlieferten Textgebilde geführt hat, nurmehr als *Folge*, als Produkt der verschiedenen Rezeptionskontexte zu denken. Diese durch die Exegese produzierte ›historische Realität‹, die (nicht zuletzt von Leuze) als Wirken Gottes in der Welt verstanden wird, ist dabei eingebettet in die Plausibilitätsketten der sie verhandelnden Diskurse, indem sie von diesen antizipiert und strukturiert und selbst wiederum als geschlossene Erzählung repräsentiert wird.

3.2. Historisch-kritische Exegese als Genealogie

Wer unter einer poststrukturalistischen Perspektive den Umgang mit biblischen Texten pflegen will, kann diese freilich nicht länger als Zeugnisse einer Realität verstehen, die auf irgendeine Weise ›dahinter‹ liegt, die ihnen vorgängig ist und die es zu entschlüsseln gilt. Daher rücken auch die Verfasser der Texte nicht länger als Deuter und Überlieferer göttlicher Wirklichkeit ins Blickfeld, sondern vielmehr als *Leser* der ihnen überkommenen Traditionen, die in ihren ›Rezeptionen‹ diese Realität (unter den Bedingungen ihres jeweiligen Kontextes) erst erschaffen haben. Die Exegese leistet in diesem Sinne keine Annäherung an das ›Geschichte gewordene‹ Handeln Gottes an der Welt, sondern zeichnet (gemäß der foucault'schen Genealogie) die *Genese von Wissen* über dieses später als historisch gedachte Heilshandeln nach: Der Exeget ließe sich nicht von dem Anliegen leiten, etwas zu enthüllen, »»was schon war‹, … ein wesenhaftes und zeit-

---

[55] Vgl. zu diesen Ausführungen auch das Konzept des »pure signifier« in Slavoj Žižek, The Sublime Object of Ideology, London/New York 1989, 110.
[56] Derrida, Signatur, 25.
[57] A. a. O. 32.

loses Geheimnis«[58]; »die Genealogie muß [seine] Historie sein: die Geschichte der Moralen, der Ideale, der metaphysischen Begriffe … als der verschiedenen Interpretationen, welche auf dem Theater der Handlungen … auftreten«.[59]

3.2.1 Die Zweiquellentheorie als genealogischer Stammbaum[60]

Das genealogische Verständnis der Exegese soll am Beispiel der synoptischen Evangelienlektüre veranschaulicht werden. Gerade die Zweiquellentheorie ist in hervorragender Weise dazu geeignet, die Fixierung der zumeist in losen Text- und Spruchsammlungen überlieferten frühchristlichen Tradition als historisierende Narrative zu illustrieren. Dabei lässt sich die zunehmende erzählerische Verdichtung, die sich bei Matthäus und Lukas gegenüber dem Markusevangelium findet, als Versuch deuten, eine in der Jesus-Tradition konzeptionalisierte Wirklichkeit Gottes in kohärenten literarischen Texten zu plausibilisieren und weiterzugeben. Während Mk. als das älteste Evangelium in seinem »einfache[n] und volkstümliche[n] Griechisch«[61] noch an vielen Stellen die Zusammenstellung ursprünglich lose überlieferter Einzeltexte kaum durch redaktionelle Überleitungen zu verbergen vermag, so sind Mt. und vor allem Lk. sichtlich bemüht, den Text des Mk., den sie zu großen Teilen in ihre eigenen Evangelien übernommen haben, durch »sprachliche und sachliche Verbesserungen«[62], durch Glättung und Übersetzung der in Mk. enthaltenen aramäischen Fremdworte an ihr eigenes Werk anzupassen. Entscheidender für den Versuch, die Tradition als ›historische‹ Realität erzählerisch zu plausibilisieren, dürfte darüber hinaus jedoch der Umstand gewesen sein, dass beide Evangelisten die Chronologie des Mk. zwar im Großen und Ganzen übernehmen,[63] diesen jedoch an ihre spezifischen erzählerischen und theologischen Konzeptionen anpassen: Während Mt. (ganz anders als Mk.) Jesus von Anfang als »Gottes Sohn öffentlich ›prokla-

---

[58] Foucault, Nietzsche, 71.

[59] A. a. O. 78. Foucaults Konzept der Genealogie kann hier nicht im Detail ausgebreitet werden. Die folgenden Ausführungen sollten die grundsätzliche Vorgehensweise dennoch deutlich werden lassen.

[60] Die Zweiquellentheorie kann im Folgenden freilich nur in Grundzügen und ohne problematisierende Einzelheiten skizziert werden.

[61] Schnelle, Einführung, 69.

[62] A. a. O.

[63] Vgl. Gerd Theißen, Das Neue Testament, München 2004[2], 23. Zu Parallelen und Abweichungen vgl. im Detail Heinz Conzelmann/Andreas Lindemann, Arbeitsbuch zum Neuen Testament, Tübingen 2004[14,] 71f.

miert« (Mt. 3,17)«[64] und durch die Vorschaltung des Stammbaums (Mt. 1,1–17) und der Geburts- und Kindheitsgeschichten (Mt. 1,18–2,23) diesen als »Nachkommen'der Erzväter und als Davididen«[65] und damit als bedeutende Persönlichkeit der jüdischen Heilsgeschichte inszeniert, so findet sich bei Lk. das erklärte Ziel, dem Leser »Gewissheit«[66] über die geschilderten Vorgänge zu verschaffen (Lk. 1,4). Sein Evangelium trägt deutliche Züge einer historiographischen Darstellung, die (zusammen mit der Erweiterung durch die Apostelgeschichte) offensichtlich in der Absicht verfasst ist, die ›Geschichte Jesu‹ als historische Realität zu fixieren und damit als ›tatsächlich so geschehen‹ in den Köpfen seiner Leser zu platzieren.

Auch die übrigen durch Mt. und Lk. rezipierten Quellen stützen diesen Befund. Sowohl die von beiden Evangelisten verwendete Logienquelle als auch das jeweilige Sondergut können als Sammlungen weitgehend unzusammenhängender Texte charakterisiert werden,[67] die erst durch die narrative Verarbeitung Eingang in die (früh)christliche Tradition gefunden haben. Ähnlich wie etwa im Falle des apokryphen Thomasevangeliums scheint deren inkohärente literarische Form einer weiterreichenden Überlieferung ansonsten eher hinderlich gewesen zu sein.

3.2.2 Transformation im Detail – Der synoptische Vergleich

Was sich anhand der übergreifenden textuellen Genese in Gestalt der Evangelien demonstrieren lässt, tritt freilich auch auf mikrotextueller Ebene zutage. Hier zeigt sich im Detail, auf welche Weise die Evangelisten als Leser der Tradition das ihnen überkommene Material rezipiert und repräsentiert haben. Als Beispiel soll hier Mk. 3,1–6 parr. dienen, eine Perikope, die den Höhepunkt in einer längeren Reihe von Auseinandersetzungen Jesu mit seinen Gegnern um die Einhaltung pharisäischer Vorschriften bildet.[68] Hier entzündet sich an der Frage, ob Jesus am Sabbat die gelähmte Hand eines Mannes heilen soll, der ihn in der Synagoge aufsucht, ein Streit, ob »man am Sabbat Gutes tun oder Böses tun« (Mk. 3,4)[69] solle, der letztendlich zum Beschluss der Pharisäer (und Herodianer)

---

[64] A. a. O. 327.
[65] A. a. O.
[66] A. a. O. 338.
[67] Vgl. Schnelle, Einführung, 72–84; Theißen, Neues Testament, 24.
[68] Vgl. Walter Grundmann, Das Evangelium nach Markus, Berlin 1984, 94.
[69] Übersetzung nach: Die Bibel nach der Übersetzung Martin Luthers. Revidierter Text, Stuttgart 1981.

führt, Jesus zu töten. Der Text findet sich ebenfalls bei Mt. (12,9–14) und Lk. (6,6–11).

Die Perikope Mk. 3,1–6 ist im Wesentlichen in drei Teile gliederbar. »Die Exposition stellt die handelnden Personen vor«[70] und »läßt beides erwarten, den Streit mit den Gegnern und die Heilung des Kranken«[71] (V. 1f.): Jesus geht am Sabbat in die Synagoge, in der sich zufällig ein Kranker befindet (V. 1), was mit der Anwesenheit der Pharisäer, deren Absicht Jesus zu erahnen scheint, den Konflikt heraufbeschwört (V. 2). Es folgt der Hauptteil, in dem der Akt der Heilung (V. 3 und V. 5 ab »$\lambda \acute{\epsilon} \gamma \epsilon \iota$«[72]) den Konflikt mit den Schriftgelehrten (V. 4 und V. 5 bis »$\alpha \dot{\upsilon} \tau \hat{\omega} \nu$«) gleich einer Ringkomposition umrahmt: Jesus fordert den Kranken auf, hervorzutreten, spricht dann zu den Pharisäern, über deren Verstocktheit er verstimmt ist, und heilt anschließend die gelähmte Hand. Der Schluss (V. 6) schließlich stellt die Folge der (nach Ansicht der Jesusgegner) Missachtung des Sabbats dar: Sie beschließen, ihn zu töten. Dabei handelt es sich gleichzeitig um die verspätete Reaktion der Pharisäer, die in der Gegenwart des Messias schweigen (V. 4: »$\dot{\epsilon} \sigma \iota \acute{\omega} \pi \omega \nu$«).

Lk. entspricht im Wesentlichen der Gliederung des Mk.-Textes: V. 6 und V. 7 eröffnen zunächst das Szenario. Die Erwähnung, dass dem Kranken die rechte Hand gelähmt sei (»$\dot{\eta} \ \chi \epsilon \grave{\iota} \rho \ \alpha \dot{\upsilon} \tau o \hat{\upsilon} \ \dot{\eta} \ \delta \epsilon \xi \iota \grave{\alpha}$«), findet sich indes bei Mk. nicht und rührt möglicherweise aus einem Umstand her, der sich in einem apokryphen Evangelium ausgeführt findet: Der Kranke ist Maurer und verdient sich mit seinen Händen sein Brot[73], womit der Verlust der rechten Hand in diesem Falle eine besonders schwere Einschränkung darstellte. V. 8–10 schildern sodann den Konflikt und die Heilung in einer ähnlichen Ringkomposition wie bei Mk. V. 8 allerdings enthält wieder eine ausführlichere Beschreibung, denn dass Jesus das Ansinnen der Lauernden kennt, kann bei Mk. lediglich erschlossen werden, während es bei Lk. ausdrücklich erwähnt wird: » $\mathring{\eta} \delta \epsilon \iota \ \tau o \grave{\upsilon} \varsigma \ \delta \iota \alpha \lambda o \gamma \iota \sigma \mu o \grave{\upsilon} \varsigma \ \alpha \dot{\upsilon} \tau \hat{\omega} \nu$ «. Die Aufforderung »$\mathring{\epsilon} \gamma \epsilon \iota \rho \epsilon \ \kappa \alpha \iota \ \sigma \tau \hat{\eta} \theta \iota$« weist noch deutlicher darauf hin, dass der Kranke im Raum sitzt, was bei Mk. nicht explizit betont wird, vermutlich, weil es zu jener Zeit ohnehin so üblich war[74]. Es wird auch durch »$\kappa \alpha \grave{\iota} \ \dot{\alpha} \nu \alpha \sigma \tau \grave{\alpha} \varsigma$

---

[70] Joachim Gnilka, Das Evangelium nach Markus, Zürich 1978, 125.
[71] A. a. O.
[72] Sämtliche griechischen Bibelzitate nach Kurt Aland/Barbara Aland u. a. (Hg.), Nestle-Aland. Novum Testamentum Graece, Stuttgart 1993²⁷.
[73] Vgl. Gnilka, Evangelium, 127.
[74] Vgl. a. a. O.

ἔστη« das Aufstehen des Kranken noch einmal hervorgehoben, auch, um die Erzählung vollständiger erscheinen zu lassen, denn bei Mk. muss das Aufstehen des Mannes wieder erschlossen werden. Eine stärkere Gewichtung erhält sodann das Jesuswort durch die Erwähnung seines Namens »Ἰησοῦς« in V. 9 sowie den belehrenden Beginn der direkten Rede: »ἐπερωτῶ ὑμᾶς«. Dafür entfällt die emotionale Reaktion Jesu auf die Verstocktheit der Pharisäer, was zusätzlich die Erhabenheit des Christus impliziert, die ihn vom zornigen Menschen bei Mk. distanziert. In V. 11 schließlich erzählt Lk. die Reaktion der Pharisäer in abgeschwächterer Form als Mk.: Zunächst erklärt »ἐπλήσθησαν ἀνοίας« die Reaktion der Jesusgegner und grenzt sie durch ihren Unverstand noch weiter von Jesus ab. Doch ihre Beratung untereinander endet nicht mit der Absicht, ihn zu töten, sondern lediglich »τί ἂν ποιήσαιεν«. Offensichtlich liest Lk. Mk. hier nicht in dem Sinne, dass die Heilung am Sabbat den Höhepunkt einer Reihe von Konflikten mit den Schriftgelehrten darstelle, obwohl Lk. dieselbe Reihenfolge der vorangehenden Perikopen aufweist wie Mk. Unter diesem Aspekt scheint ein Todesurteil als Folge der Sabbatmissachtung in der Tat unangemessen, zumindest insofern, als es im vorhergehenden Fall (Lk. 6,1–5) nicht erfolgt. Die Anwesenheit der Herodianer bei Mk. deutet Joachim Gnilka als dessen Interesse, selbige als Gegner Jesu zu nennen.[75] Diese Intention findet sich bei Lk. durch das Fehlen der Erwähnung der Anhänger des Herodes ebenfalls nicht.

Auch bei Mt. leiten V. 9 und V. 10 (bis »ξηράν«) das Szenario ein, indem sie Ort und Personen vorstellen. »μεταβὰς ἐκεῖθεν« stellt, anders als Mk., den Bezug zur vorhergehenden Perikope her: Auch im Gegensatz zu Lk. spricht Mt. ausdrücklich von demselben Tag, dessen Erwähnung allerdings wegfällt, da sich ja V. 1–8 bereits am Sabbat ereignen. Auch die Anwesenheit der Pharisäer wird nur durch »συναγωγὴν αὐτῶν« angedeutet, deren explizite Erwähnung Mt. auch hier im Gegensatz zu Mk. und Lk. weglässt, da sie ebenfalls Akteure der vorangehenden Perikope sind. Doch weder lauern noch schweigen sie, sondern fragen Jesus direkt nach dem Gebot des Sabbats (V. 10). Mt. stellt die Pharisäer also nicht derart hinterhältig und feige dar, wie sie bei Mk. und Lk. inszeniert werden; die Absicht, ihren Gegner anzuklagen, schildert jedoch auch Mt. in V. 10: »ἵνα κατηγορήσωσιν αὐτου«. Jesus antwortet hier auf die Frage der Schriftgelehrten aber nicht mit dem Herrenwort, welches bei Mk. und Lk. zu finden ist: Keine Frage ist es, die die Gegner Jesu durch beredtes Schweigen bejahen und

---

[75] Vgl. a. a. O. 126.

die diese belehren soll; vielmehr begründet Jesus seine Position mit dem Vergleich seiner beabsichtigten Heilung mit der Rettung eines Schafs (V. 11f.) und kommt selbst zu dem Schluss: »ὥστε ἔξεστιν τοῖς σάββασιν καλῶς ποιεῖν«. Die Aufforderung an den Kranken, hervorzutreten, entfällt, was darauf schließen lässt, dass sich außer Jesus, dem Kranken und den Pharisäern niemand in der Synagoge befindet. Der Hauptteil wird nun in V. 13 mit der Heilung des Kranken abgeschlossen. Wie bei den anderen Synoptikern verlassen die Jesusgegner schließlich in V. 14 die Synagoge, wobei Mt. wie Mk. auf die Erwähnung des Unverstandes verzichtet. Überhaupt stimmen die beiden parallelen Schlussverse bei Mk. und Mt. fast wörtlich überein, wobei bei Mt. die Erwähnung der Herodianer fehlt (vermutlich aus ähnlichem Grunde wie bei Lk.). Von der Tötungsabsicht (»ἀπολέσωσιν«) der Pharisäer spricht jedoch auch Mt., was insofern verwunderlich ist, da dieser zu keinem Zeitpunkt der Absicht des Mk. zu folgen scheint, die Heilung am Sabbat als Endpunkt einer Klimax zu setzen, da der Mikrokontext bei Mt. offensichtlich einer anderen Intention folgt und die entsprechenden Perikopen anders angeordnet sind.

Letztlich spricht der synoptische Vergleich von Mk. 3,1–6 parr. eindeutig für eine Markuspriorität: Lk. und Mt. lassen sich aus Mk. am plausibelsten herleiten, bleibt seine Kohärenz doch aufgrund der genannten Lücken in der Handlungsschilderung hinter den anderen Synoptikern zurück, die die Texte in dieser Hinsicht nach ihrer Übernahme bearbeitet haben. Gegen eine Matthäuspriorität spricht zudem das abweichende Herrenwort aus dem Mt.-Sondergut, weshalb die Variante der anderen Evangelisten als besser bezeugt und damit als genealogisch ursprünglicher gelten kann, wobei eine mögliche Lukaspriorität durch die Abschwächung der Tötungsabsicht, die bei Mk. und Mt. vorhanden ist, ausgeschlossen werden kann. Zudem ist bei Mt. und Lk. die Absicht auszumachen, Jesus eher als geduldigen denn als zornigen Lehrer darzustellen, der zumindest bei Lk. den Pharisäern in jeder Hinsicht überlegen ist.

3.2.3 Kontext und Kon-Text – Motivgeschichte und ›Sitz im Leben‹

Die Iterabilität eines biblischen Textes geht (wie oben beschrieben) zunächst mit dessen Einbettung in die (unendlich vielen) Kontexte einher, mit denen er brechen/die er erzeugen kann. Daraus folgt, dass ein biblischer Text wiederum nur in dem Sinne zitiert werden kann, dass auch sein Kontext als Kon-Text im wörtlichen Sinn zitiert wird, der dadurch freilich ebenso wie der Text selbst einer permanenten semantischen Verschiebung unterliegt. Insofern dürfte die Sagbarkeit eines Textes einerseits durch den Versuch gewährleistet sein, seinen Entstehungskontext zu lesen; auf der anderen Seite verschwimmt hier der »auf absolut nicht sättigbare Weise«[76] gedachte zeitgeschichtliche Kontext mit den unendlich vielen Kontexten, die die Rezeption dieses Textes begleitet haben. In diesem Sinne gehen freilich auch zeitgeschichtlicher Kontext und Kontext des Rezipienten ineinander über – ein Umstand, der nicht nur die semantische Verschiebung eines Textes bei jedem Versuch seiner Rezeption bedingt, sondern umgekehrt auch den unmittelbaren Kontext der Rezeption selbst konstituiert.

Knüpfen wir an die zuvor gemachten exegetischen Überlegungen zu Mk. 3,1–6 an. Hier relativiert sich die offenkundige Annahme, dass der Streit um den Sabbat sich an der beabsichtigten Heilung eines »nicht lebensgefährlich Behinderten«[77] entzündet, dahingehend, dass das Motiv der Hand in zeitgenössischer wie auch in rezenter Lesart keineswegs nur ›irgendein‹ Körperteil repräsentiert, sondern sehr wohl lebenswichtige, wenn nicht gar lebenserhaltende Funktion hat. So spricht etwa Aristoteles von χείρ als dem »ὄργανον ὀργάνων‹,[78] durch das »Kraft und Anstrengung«[79] des Menschen zur Wirkung kommen, Heilung und Segen von den Göttern auf die Menschen übergehen, aber auch Macht und Kontrolle ausgeübt werden. Über die Bedeutung der griechisch-paganen Hand hinaus findet sich in der LXX vor allem die rituelle Verwendung der Hände. Bei der Segnung ist die rechte Hand der linken vorzuziehen, vermittelt Erstere doch den stärkeren Segen (Gen. 48,14), ferner gilt sie als die eigentlich wirkende (Ex. 15,6); eine erhobene Hand spricht einen Schwur aus (Ex. 6,8).[80] In der Tradition der LXX finden sich auch im NT der Schwur (Apk. 10,5f.) und der Segen (Lk. 24,50) durch die Hand ausgedrückt, ebenso gewöhnlich mit der Hand vollzogene Tätigkeiten, wie etwa zu beten (1. Tm. 2,8) oder alltägliche Arbeit zu verrichten (1. Th. 4,11).[81] Besonders letztere Tätigkeit ist auch in der heutigen Zeit maßgeblich für die zentrale Bedeutung der Hand verantwortlich, als freilich die tätliche Arbeit nach wie vor die Lebensgrundlage der meisten Menschen unserer

---

[76] Derrida, Signatur, 32.

[77] Ludger Schenke, Das Markusevangelium. Literarische Eigenart, Text und Kommentierung, Stuttgart 2005, 97.

[78] Vgl. Eduard Lohse, Art. χείρ, in: Gerhard Friedrich (Hg.), Theologisches Wörterbuch zum Neuen Testament. Band 9, Stuttgart u. a. 1973, 413.

[79] Fritz Laubach/Siegfried Wibbing, Art. χείρ, in: Lothar Coenen/Klaus Haacker (Hg.), Theologisches Begriffslexikon zum Neuen Testament. Band 2, Wuppertal 2000, 1285.

[80] Vgl. Lohse, Art. χείρ, 415.

[81] Vgl. a. a. O. 419.

Gesellschaft darstellt. Doch auch einige weitere der genannten Aspekte des markinischen Kontextes sind über Jahrtausende hindurch bis in unsere Epoche tradiert worden – ein Umstand, der gewiss nicht unerheblich durch die Iteration biblischer Texte bedingt ist. In diesem Sinne prägt die permanente Erzeugung neuer Kontexte durch die Rezeption biblischer Texte auch insofern die Lesbarkeit von Mk. 3,1–6, als der unmittelbare Kontext des Rezipienten und sein Verständnis des Motivs der Hand als eines lebenswichtigen Körperteils in diesem Zusammenhang selbst maßgeblich durch den biblischen Text konstituiert ist. Ähnlich verhält es sich auch mit der zentralen Frage, die in Mk. 3,1–6 verhandelt wird, nämlich ob »man am Sabbat Gutes tun oder Böses tun« (Mk. 3,4) soll; hier ermöglicht das Verständnis der Hand als eines lebenswichtigen Organs erst die ›Übersetzung‹ der bereits im antiken Judentum diskutierten (und von Jesus in Mk. 3,1–6 bejahten) Frage, ob »die Lebensrettung den Sabbat [verdrängt]«[82] (Joma 85 a/b). Insofern hinterlässt der ›Sitz im Leben‹ von Mk. 3,1–6 auch im heutigen Kontext seine Spuren, als auch die Sabbatfrage im rezenten Judentum freilich noch immer kontrovers diskutiert wird.

3.2.4 Tradition liest – Formgeschichtliche Überlegungen

Die Vorstellung einer Iteration des Kontextes, die die Plausibilität biblischer Texte stützt, kann auch für solche Überlegungen fruchtbar gemacht werden, die traditionell als Formgeschichte bezeichnet werden. So handelt es sich bei den Texten zunächst ganz allgemein um die narrative Fixierung religionsgeschichtlicher Wirklichkeit, indem die jeweiligen Autoren die lose überlieferten ›Traditionsfetzen‹ im Sinne ihrer eigenen Verstehenskategorien zu literarischen Komplexen verbunden haben. Dass dieses ›Lesen‹ der Überlieferung keine unabhängige und eigenständige Leistung der Autoren jener neuen literarischen Tradition gewesen ist, wird deutlich, wenn man sich dem zeitgenössischen textuellen Diskurs zuwendet, der die genannten Verstehenskategorien verhandelte: So findet sich im Falle der Perikope aus Mk. 3,1–6 etwa in den Historien des Tacitus ein Stück (IV 81[83]), das dem wundergeschichtlichen Element aus Mk. 3 (der Heilung der Hand) im erzählerischen Aufbau äußerst ähnlich ist, und zwar gleichermaßen in der »Schilderung des Gebrechens, Annäherung an den Wundertäter, Er

---

[82] Joma 85 a/b (2. Jh.). Zitiert nach Klaus Berger/Carsten Colpe, Religionsgeschichtliches Textbuch zum Neuen Testament, Göttingen 1987, 38f.
[83] Vgl. a. a. O. 37f.

wähnung der Manipulation, Schilderung der Öffentlichkeit des Vorgangs (Menge als Zeuge), Erfolg des Heilers«[84]. Ganz im Sinne Foucaults fungiert der Autor hier nurmehr als ›Schnittpunkt der Diskurse‹,[85] indem er erstens der frühchristlichen Tradition die kontextuellen, narrativen Kategorien eines Heilungswunders einschreibt und zweitens diese mit einer weiteren literarischen Formtradition verknüpft – dem sogenannten Apophthegma. Tatsächlich handelt es sich bei dieser Gattung der »kurzen Anekdote über Philosophen, Heilige oder Mönche, die in einem pointierten Ausspruch gipfeln«[86], nach Klaus Berger keineswegs um eine »alttestamentlich-altjüdische Gattung«[87], sondern um eine vor allem im hellenistischen Kulturraum geprägte literarische Form. Ähnlich wie in dem oben erwähnten, thematisch verwandten Stück aus Joma sind in Mk. 3,1–6 also jüdische Theologie (Sabbatfrage) und hellenistische Erzähltradition (Apophthegma/Chrie) zu einer literarischen Einheit verwoben. In diesem Sinne können die strukturellen Ähnlichkeiten biblischer Texte, die in der modernen Exegese als literarische Formen kategorisiert sind,[88] als Iterationen zeitgenössischer kontextueller Kategorien verstanden werden, die die jeweiligen Autoren den einzelnen Texten eingeschrieben haben. Damit haben sie nicht nur den Diskurs jener losen frühchristlichen Überlieferung kategorial konzeptionalisiert, sondern diesen auch mit den übergreifenden kulturellen Diskursen und deren Verstehenskategorien verschweißt.

4. Religionstheologie als Ideologiekritik

4.1 Absage an eine pluralistische Theologie der Religionen

Der oben umrissene Ansatz einer Exegese religiöser Offenbarungstexte aus poststrukturalistischer Perspektive scheint auf den ersten Blick ein religionstheologisches Modell zur Konsequenz zu haben, wie es etwa von John Hick oder Perry Schmidt-Leukel im Sinne einer pluralistischen Theologie der Religionen vorgestellt wurde. In seinen Schriften hat Hick das Göttliche dem Menschen als das

---

[84] A. a. O. 38.
[85] Vgl. Erich Prunč, Entwicklungslinien der Translationswissenschaft, Berlin 2012³, 262f.
[86] Conzelmann/Lindemann, Arbeitsbuch, 97.
[87] Klaus Berger, Formen und Gattungen im Neuen Testament, Tübingen/Basel 2005, 142.
[88] Ich folge hier Conzelmann/Lindemann, Arbeitsbuch, 91–113.

ganz Andere und Unbegreifliche gegenübergestellt, dessen Repräsentation im menschlichen Bewusstsein (und damit auch in den von Menschen verfassten Offenbarungstexten) von unterschiedlichen kontextuellen Gegebenheiten geprägt sei:

> »Wenn wir diese Hypothese mit Hilfe der philosophischen Begriffe Immanuel Kants zusammenfassen, dann lässt sich einerseits zwischen dem einzigen göttlichen Noumenon, dem Ewig Einen *an sich* ... und andererseits der Vielzahl göttlicher Phainomena, den göttlichen *personae* der theistischen Religionen und den Konkretionen der Vorstellung des Absoluten in den nicht-theistischen Religionen, unterscheiden.«[89]

Die konkrete Ausprägung dieser *personae* etc. sei – ganz im Gegensatz zur transzendenten Wirklichkeit – »eng mit der menschlichen Kultur und Geschichte verknüpft ..., die wiederum eng mit grundlegenden geographischen, klimatischen und ökonomischen Gegebenheiten zusammenhängen«[90]. Auch Schmidt-Leukel bestimmt – im Anschluss an Hick – die Voraussetzungen einer pluralistischen Theologie der Religionen wie folgt:

> »*Erstens* die Erkenntnis, dass wenn die transzendente Wirklichkeit als eine unbegreifbare und unbeschreibbare Wirklichkeit gedacht werden soll, die konkreten personalen und impersonalen Vorstellungen von dieser Wirklichkeit, die wir in den Religionen finden, nicht den Status unmittelbar zutreffender Beschreibungen haben können ... Die *zweite* theologische Voraussetzung besteht darin, Offenbarung im Sinne göttlicher Selbsterschließung zu deuten. Das heißt, dass es nichts anderes ist als die unendliche transzendente Wirklichkeit selbst, die sich dem Menschen erschließt. ... Die unterschiedlichen Offenbarungszeugnisse und Urkunden der Religionen lassen sich dann als menschliche Reaktionen auf eine universale Selbsterschließung der transzendenten Wirklichkeit deuten.«[91]

Doch ein solches Modell scheint mir aus mehreren Gründen mit dem poststrukturalistischen Ansatz unvereinbar. Zunächst hat Friedrich Hermanni gezeigt, dass die von Hick propagierte, prinzipiell unverfügbare und grenzenlose transzendente Wirklichkeit von diesem sehr wohl eine Charakterisierung erfährt: »Erstens existiert sie, zweitens steht sie dem menschlichen Bewusstsein als Anderes gegenüber und drittens wirkt sie auf das Bewusstsein ein und erzeugt da-

---

[89] John Hick, Gott und seine vielen Namen, Frankfurt a. M. 20022, 58.
[90] A. a. O. 56.
[91] Perry Schmidt-Leukel, Gott ohne Grenzen. Eine christliche und pluralistische Theologie der Religionen, Gütersloh 2005, 216.

durch Information.«[92] Wie hier deutlich wird, geht Hick dabei grundsätzlich von der Möglichkeit aus, dass das äußere, transzendente Eine im menschlichen Bewusstsein auf irgendeine Art und Weise repräsentiert werden kann, auch wenn diese Repräsentationen durch kontextuelle Unterschiede geprägt sind: So sei das »Ewig Eine … in der Menschheit stets gegenwärtig und diese Gegenwart wird insbesondere von dafür empfänglichen Seelen vermittelt: von den Heiligen, Mahâtmas, Arahants, Gurus, Propheten und Messiassen …«[93] Demgegenüber handelte es sich nach poststrukturalistischem Verständnis bei den »empfänglichen Seelen« zunächst um nichts weiter als privilegierte Positionen im Gefüge der diskursiven Deutungsmacht, denen jedoch prinzipiell keine wie auch immer geartete ›tiefere‹ Erkenntnis einer außerdiskursiven Wirklichkeit zuzubilligen ist. Vor diesem Hintergrund wäre das in religiösen Offenbarungstexten postulierte transzendente Äußere in der Tat völlig unverfügbar, weil eine irgendwie ›angemessene‹ Repräsentation der äußeren Materialität oder ›Realität‹ – auch und gerade im Bezug auf ihre (Nicht-)Existenz – hier *prinzipiell* nicht möglich ist[94]. Den ersten Grundsatz einer poststrukturalistisch motivierten Theologie der Religionen bildet also die Annahme, dass eine dem Sprachlichen vorgelagerte, als äußerlich gedachte Realität zu keinem Zeitpunkt im Diskurs repräsentierbar ist. Dies bedeutet, dass es sich bei der von Hick und Schmidt-Leukel vorausgesetzten transzendenten, gegebenenfalls göttlichen Realität vielmehr um ein *Produkt* des religiösen Offenbarungdiskurses handelt – und bei deren überlieferten ›Repräsentationen‹ um in puncto Deutungshoheit privilegierte Aussagen, die den Status religiöser Wahrheit erlangt haben.

Der zweite Grund für die Unvereinbarkeit eines religionstheologischen Pluralismus mit dem poststrukturalistischen Ansatz ist das Verständnis von ›Religion‹, wie es die genannten Autoren vertreten: So begreift etwa Hick Religionen als klar abgrenzbare Gebilde mit ihren jeweils ganz eigenen Symbolsystemen und Narrativen:

> »Wir [Christen] gleichen einer Gruppe von Menschen, die ein langes Tal hinunterwandern, dabei ihre eigenen Lieder singen und im Laufe der Jahrhunderte ihre eigenen Geschichten und Slogans entwickelt haben, ohne sich der Tatsache bewusst zu sein, dass jenseits des Hügels ein an-

---

[92] Friedrich Hermanni, Der unbekannte Gott. Plädoyer für eine inklusivistische Religionstheologie, in: Christian Danz/Friedrich Hermanni (Hg), Wahrheitsansprüche der Weltreligionen. Konturen gegenwärtiger Religionstheologie, Neukirchen-Vluyn 2006, 149–169.
[93] Hick, Gott, 96.
[94] Vgl. Schmidt-Leukel, Gott, 200–209.

deres Tal liegt, das von einer weiteren Gruppe von Menschen durchwandert wird, die in derselben Richtung unterwegs sind und ebenfalls ihre eigene Sprache, ihre eigenen Lieder, Geschichten und Gedanken haben, und dass es jenseits eines weiteren Hügels noch eine Gruppe gibt. Keine dieser Gruppen weiß von der Existenz der anderen.«[95]

Grundlage dieser These Hicks ist vor allem die Annahme, dass die Entstehungszeit heutiger ›Weltreligionen‹ in der sogenannten »Achsenzeit« im ersten Jahrtausend v. Chr. anzusiedeln sei[96] – einer Zeit, in der

> »die Kommunikationswege zwischen den Zivilisationen Chinas, Indiens und des Nahen Ostens fast so dürftig und langsam [waren], als hätten sich diese Zivilisationen auf unterschiedlichen Planeten befunden. ... Von diesem Standpunkt aus erscheint es nur natürlich, dass die Offenbarung vielfältig gewesen sein muss, das heißt, dass sie auf unterschiedliche Weise in den verschiedenen Zentren der menschlichen Kultur geschah.«[97]

Indes hat die poststrukturalistische (und vor allem postkoloniale) Spielart der Kulturwissenschaften gezeigt, dass es sich bei *Religion* vielmehr um ein *modernes*, globales Konzept handelt, das sich erst im Zuge des Kolonialismus und dem daraus resultierenden Beginn der Globalisierung als weltweites Deutungsmodell sozialer Wirklichkeit etablieren konnte. So konstatiert Michael Bergunder, dass mit »den Erkenntnissen von Globalgeschichte, Orientalismuskritik und Postkolonialismus ... davon ausgegangen werden [kann], dass sich der heutige Gebrauch von ›Religion‹ mit einiger Plausibilität ins frühe 20. und späte 19. Jahrhundert zurückverfolgen lässt«[98]. Hier sei »das ›Entstehen globaler Uniformität‹, eingebunden in einen komplexen Prozess einer ›ambivalenten Beziehung zwischen dem Globalen und dem Lokalen‹«[99], einhergegangen mit der »Uniformierung von ›Weltreligionen‹ [als] eines der zentralen Phänomene des 19. Jahrhunderts«[100]. Ausdruck dieser Genese ist etwa das oben thematisierte Auftauchen des Hinduismus als Weltreligion mit seiner zentralen ›Offenbarungsschrift‹, der Bhagavadgita – ein Vorgang, der ja das Ergebnis eines längeren Aushandlungsprozesses zwischen indischen und europäischen Denkern gewe-

[95] Hick, Gott, 44f.
[96] Vgl. a. a. O. 50.
[97] A. a. O.
[98] Michael Bergunder, Was ist Religion? Kulturwissenschaftliche Überlegungen zum Gegenstand der Religionswissenschaft, in: ZfR 19 (2011), 3–55, hier: 54.
[99] A. a. O. 51.
[100] A. a. O.

sen ist. Im Anschluss an diese Überlegungen hat auch Brent Nongbri die verbreitete Praxis moderner Historiographen offengelegt, *Religion* als Konzept in antike Kontexte hineinzutragen: Zwar würden diese grundsätzlich »anerkennen, dass Religion *als Konzept* zwar nicht in antiken Kulturen existierte«[101], doch (aufgrund einer Ontologisierung des Religionsbegriffs als »etwas ›da draußen‹«[102]) Religion weiterhin als vermeintlich antikes *Phänomen* beschreiben. »Das Ergebnis solcher Praktiken … ist die Wiedereinschreibung von Religion als etwas, das zeitlos in allen Kulturen präsent ist«[103], in den antiken Kontext – ein Vorwurf, der prinzipiell auch auf Hick und Schmidt-Leukel ausgeweitet werden kann[104]. In diesem Zusammenhang hat auch Wilfred Cantwell Smith betont, dass es sich bei religiösen Traditionen nicht um eine »metaphysische Realität«[105] handele; »vielmehr haben wir es hier mit *historischen* Gegebenheiten zu tun, die als solche erforscht werden müssen«.[106]

Übertragen auf die pluralistische Religionstheologie bedeutet dies, dass deren Vertreter in ihren Theorien von falschen Voraussetzungen ausgehen: Die heutige ›multireligiöse‹ Beschaffenheit der Welt, deren verschiedene religiöse Positionen sie miteinander ins Gespräch bringen wollen, ist nicht das Ergebnis uralter religiöser Bewegungen, die sich Jahrtausende lang völlig unabhängig voneinander entwickelt haben; vielmehr ist sie das historische Produkt eines globalen Diskurses, der in den letzten 150 Jahren aufgekommen ist und der den verschiedenen Akteuren ihre jeweilige Position auf der religiösen ›Landkarte‹ zugewiesen hat. Es ist klar, dass dieser Diskurs in seinen Konzeptionalisierungen auf Entwicklungen in den verschiedenen Kontexten zurückgreift, die lange zurückliegen, doch die Markierung, Äquivalentsetzung und substantielle Füllung dieser Traditionen als ›Weltreligionen‹ war die Folge eines globalen Aushandlungsprozesses um das jeweils Eigene und Andere. Die in diesem Diskurs getätigten Aussagen über das Eigene werden stets im Bezug auf das jeweilige Gegenüber getätigt und

---

[101] »… recognize that religion was not a concept in ancient cultures …« Brent Nongbri, Before Religion. A History of a Modern Concept, New Haven/London 2013, 152. (Hervorhebung durch mich)

[102] »… something ›out there‹ …« A. a. O. 151.

[103] »The result of such techniques … is the reinscription of religion as something eternally present in all cultures.« A. a. O. 152.

[104] Die Ontologisierung von Religion scheint mir eine der impliziten Grundvoraussetzungen der pluralistischen Religionstheologie zu sein, die die Vergleichbarkeit der von Hick und Schmidt-Leukel thematisierten (Welt-) Religionen bedingt. Vgl. etwa auch Schmidt-Leukel, Gott, 18–21.

[105] »… metaphysical reality«; Wilfred Cantwell Smith, The Meaning and End of Religion, Minneapolis 1991, 195.

[106] »[W]e are dealing here rather with historical actualities, which must be explored as such.« A. a. O. (Hervorhebung durch mich)

sind insofern davon abhängig, sodass es sich bei der globalen Religionsgeschichte (ganz im Gegensatz zur Annahme Hicks) um eine *entangled history* oder »Verflechtungsgeschichte«[107] handelt, »denn die miteinander in Beziehung stehenden Entitäten sind selbst zum Teil ein Produkt ihrer Verflechtung ... Die zahlreichen Abhängigkeiten und Interferenzen, die Verflechtungen und Interdependenzen bilden so den Ausgangspunkt eines *transnationalen* Geschichtsbildes«[108]. Dabei sind die »Einheiten einer ›Verflechtungsgeschichte‹ ... keineswegs vorgegeben, sondern selbst historische Konstrukte, die vom jeweiligen Thema und Kontext abhängen«.[109] Ein aktuelles und sprechendes Beispiel ist in diesem Zusammenhang der christlich-muslimische Dialog in Deutschland: So begreift etwa die EKD in ihrer Handreichung zum Thema die Begegnung mit den Muslimen gerade als »Chance zur Überprüfung und Festigung des *eigenen* Standortes und zur Verbesserung der Kenntnisse und Auskunftsfähigkeit zu zentralen christlichen Glaubensaussagen«[110] – eine These, die etwa Werner Schatz in seiner *Praktischen Anleitung zum christlich-muslimischen Dialog* eindrücklich in die Tat umgesetzt hat, indem er die theologischen Streitpunkte zwischen Christen und Muslimen zum Anlass genommen hat, zentrale christliche Themen (wie etwa Trinitätslehre und Christologie) neu zu durchdenken[111]. Auch der Jesuit Christian W. Troll liefert in seinem Band *Unterscheiden um zu klären* vor allem eine ›Selbstvergewisserung‹ über das vermeintlich Eigene und Fremde, indem er theologische Grundsätze aus beiden Religionen ausschließlich in der Bezugsetzung zueinander auswählt und bestimmt[112] – eine Praxis, die freilich einen Großteil der Publikationen zum christlich-muslimischen Dialog auszeichnet. Auf muslimischer Seite sind schließlich Bassam Tibi oder Tariq Ramadan[113] zu nennen, die mit ihren (sich freilich erheblich unterscheidenden) Entwürfen eines

---

[107] Bergunder, Religion, 53; siehe auch Sebastian Conrad/Shalini Randeria, Einleitung. Geteilte Geschichten – Europa in einer postkolonialen Welt, in: Sebastian Conrad/Shalini Randeria u. a. (Hg.), Jenseits des Eurozentrismus. Postkoloniale Perspektiven in den Geschichts- und Kulturwissenschaften, Frankfurt a. M. 2013², 32–70, hier: 40.

[108] A. a. O. 39. (Hervorhebung durch mich) Vgl. auch Bergunder, Religion, 53f.

[109] A. a. O. 40.

[110] Rat der EKD (Hg.), Klarheit, 112. (Hervorhebung durch mich)

[111] Vgl. Schatz, Streite.

[112] Vgl. Christian W. Troll, Unterscheiden um zu klären. Orientierung im christlich-islamischen Dialog, Freiburg 2008.

[113] Vgl. etwa Tariq Ramadan, Muslimsein in Europa. Untersuchungen der islamischen Quellen im europäischen Kontext, Köln 2001.

Euro-Islam umfangreich auf die an muslimische Gläubige herangetragenen Themen reagiert haben:[114]

> »Unter Euro-Islam verstehe ich eine Interpretation des Islam, die offen ist und im Zeichen der hoch-islamischen Aufklärung sowie des islamischen Rationalismus steht. Ein Euro-Islam ist vereinbar mit drei europäischen Verfassungsnormen: 1) Laizismus ..., 2) säkulare Toleranz ... und schließlich 3) Pluralismus.«[115]

Zuletzt hat in diesem Sinne auch der muslimische Religionspädagoge Mouhanad Khorchide den Entwurf einer islamischen Theologie vorgelegt, die unter dem Banner des Humanismus den Islam als Religion der Barmherzigkeit und Liebe neu bestimmt.[116]

Auf diese Weise erzeugt die Begegnung zwischen den zwei Religionen diese (vor allem an den konkreten Orten der Interaktion) beständig neu, indem sie Grenzen und Gemeinsamkeiten aushandelt sowie neue und vermeintlich alte theologische Inhalte (re-)produziert und im Diskurs positioniert.[117] Rettenbacher spricht gerade von diesem »inter« der Interaktion, dem *Zwischenraum*, als einer »wesentliche[n] Kategorie zur Verhandlung von Identitäten«[118] und betont, »dass Identitäten nie als reine Entitäten vorliegen. Identitätszuschreibungen sind vielmehr das Produkt diskursiver Aushandlungsprozesse, die sich an den Grenzen

---

[114] Vgl. dazu Hansjörg Schmid, Europäischer Islam? Kontextualisierungen, normative Positionen, interreligiöse Perspektiven, in: Michael Hüttenhoff (Hg.), Christliches Europa? Studien zu einem umstrittenen Konzept, Leipzig 2014, 117–140.

[115] Bassam Tibi, Europa ohne Identität? Leitkultur oder Wertebeliebigkeit, München 2000³, 257.

[116] Vgl. Mouhanad Khorchide, Islam ist Barmherzigkeit. Grundzüge einer modernen Religion, Freiburg 2012; Mouhanad Khorchide, Scharia – der missverstandene Gott. Der Weg zu einer modernen islamischen Ethik, Freiburg 2013.

[117] Die Frage, ob der Dialog mit dem Christentum den Islam verändert, ist freilich nicht unumstritten; so konstatiert Andreas Feldtkeller, dass die Gegenreaktionen anderer Muslime auf die angeführten progressiven Ansätze »insgesamt die Auswirkungen des Dialogs auf den Islam als ein Nullsummenspiel erscheinen lassen«, das häufig durch »anti-westliche Konventionen« ergänzt werde, indem alles, »was mit dem Westen konnotiert wird, ... tendenziell unter dem Verdacht [steht], die innere Stärke der islamischen Welt unterminieren zu wollen« (Andreas Feldtkeller, Hat sich der Islam durch den Dialog verändert?, in: Michael Koch (Hg.), Verändert der Dialog die Religionen? Religionsbegegnungen und Interreligiöser Dialog, Frankfurt a. M. 2007, 11–19, hier: 18f.). Zur Problematisierung vgl. Henning Wrogemann, Hat sich der Islam in Deutschland verändert? Eine Spurensuche, in: Michael Koch (Hg.), Verändert der Dialog die Religionen? Religionsbegegnungen und Interreligiöser Dialog, Frankfurt a. M. 2007, 21–32, der darüber hinaus die Frage nach Veränderung durch den »lebensweltlichen Dialog« zumindest für den türkischstämmigen Islam in Deutschland klar bejaht (a .a. O. 31). Insgesamt sollte bedacht werden, dass freilich nicht allein die theologische Öffnung *liberaler* Muslime als Veränderung begriffen, sondern im Gegenteil gerade auch die konzeptuelle ›Abschottung‹ und Radikalisierung vermeintlich ›wahrer‹ (weil angeblich zeitloser) muslimischer Identitäten gegenüber dem Westen als Ausdruck einer sich im Wandel befindlichen Religiosität gedeutet werden kann.

[118] Rettenbacher, Theologie, 68.

zwischen Kulturen, Nationen, Religionen, Geschlechtern, etc. abspielen«[119]. Der zweite Grundsatz einer poststrukturalistisch motivierten Theologie der Religionen muss also lauten: Ihre Voraussetzung ist nicht von der von Hick geäußerten Erkenntnis getragen, »dass unsere eigene Religion nur eine unter vielen ist«[120], sondern entspricht dem Umstand, dass gerade auch die eigene religiöse Identität das Produkt *eines* globalen Diskurses ist und insofern von den als ›anders‹ abgegrenzten religiösen Identitäten *abhängig*. Mit anderen Worten: Jede Religion ist immer auch das Produkt der jeweils anderen, was zur Folge hat, dass sich alle Religionen zumindest in ihrer diskursiven Konstitution aufs Haar gleichen.

4.2 Das Ethos einer poststrukturalistischen Religionstheologie

Nehmen wir die beiden oben aufgestellten Grundsätze (eine Absage an die Möglichkeit, äußere Wirklichkeit adäquat repräsentieren zu können, sowie die These, dass die verschiedenen Religionen das Produkt ein und desselben Diskurses sind) zum Ausgangspunkt unserer weiteren Überlegungen, so muss zunächst festgehalten werden, dass es sich bei dem Gegenstand einer poststrukturalistischen Theologie der Religionen keineswegs um den Einen Gott, das ewige Transzendente oder Ähnliches handeln kann, da diese, wie gesagt, prinzipiell nur als Produkte des Diskurses greifbar sind. Gegenstand einer solchen Religionstheologie können also nur die *Religionen* sein, genauer gesagt: Der globale Diskurs, der die verschiedenen religiösen Identitäten mit ihren jeweiligen theologischen Konzeptionen hervorgebracht hat und fortwährend iteriert.

Auf dieser Grundlage würde sich eine solchermaßen bestimmte Religionstheologie den globalen Aushandlungsprozessen widmen, die den Diskurs um Religion konstituieren – mit ihren Konzeptionen des Transzendenten, ihren Narrativen, Plausibilitätsketten und Machtverwerfungen. Das Ziel bestünde dabei zunächst darin, die Genese der den Diskurs strukturierenden religiösen ›Wahrheiten‹ transparent zu machen und als dessen Produkte zu dekonstruieren. Dies könnte sowohl aus einer historischen Perspektive geschehen – etwa in Form einer poststrukturalistischen Exegese religiöser Offenbarungstexte, wie ich sie oben zu demonstrieren versucht habe, oder in Gestalt einer historischen Diskursana-

[119] A. a. O.
[120] Hick, Gott, 44.

lyse, wie ich sie an anderer Stelle unternommen habe[121]. Oder die Religionstheologie würde sich ganz konkret jenen ›Zwischenräumen‹ zuwenden, die im Prozess der Begegnung der verschiedenen Religionen aufscheinen: dem interreligiösen Dialog.[122]

Was nun eine poststrukturalistische Religionstheologie von einer unter ähnlichen theoretischen Voraussetzungen arbeitenden Religionswissenschaft (zumindest ihrem eigenen Anspruch nach) unterscheidet, ist das spezifische Ethos, mit dem sie betrieben wird, und das sich der Selbstverortung des Religionstheologen *innerhalb* des Religionsdiskurses verdankt, will er die Dekonstruktion religiöser ›Wahrheiten‹ nicht lediglich um ihrer selbst willen betreiben. Dieses Ethos speist sich aus seiner eigenen religiösen Identität und entspringt möglicherweise dem in dieser Identität verankerten Konzept der Nächstenliebe und dem daraus resultierenden Willen zum Frieden und Dialog unter den Menschen.[123] Vor diesem Hintergrund betriebe er Dekonstruktion als *religiöse Ideologiekritik*: Unter religiöser Ideologie verstehe ich dabei ein System von Bedeutungen, dessen inhaltliche Konzeptionen als ›religiöse Wahrheiten‹ im Diskurs sedimentiert sind und das damit insofern realitätsstiftenden Charakter erlangt hat, als ein Anzweifeln seines Wahrheitsgehalts als ›religiöse Realitätsverleugnung‹ (und damit gleichsam als Gotteslästerung) aufgefasst würde. Kritikwürdig wird Ideologie dadurch, dass die diskursive Praxis, Aussagen über den Verweis auf jene ›religiösen Wahrheiten‹ zu fixieren, ›objektive‹ Antagonismen durch diskursive Ausschlüsse produziert, die daher rühren, dass die Plausibilität, die den auf diese Weise ausgeschlossenen Bedeutungen zugrunde liegt, nicht durch die sedimentierte ›Wahrheit‹ des ideologischen Diskurses legitimiert ist. Diese von Foucault als »Demagogie«[124] bezeichnete Praxis

> »muß verlogen sein. Sie muß ihr eigenes Ressentiment unter der Maske des Allgemeinen verbergen. Und wie der Demagoge die Wahrheit, das Gesetz der Wesenheiten und die ewige Notwendigkeit anrufen muß,

---

[121] Vgl. Yan Suarsana, Pandita Ramabai und die Erfindung der Pfingstbewegung. Postkoloniale Religionsgeschichtsschreibung am Beispiel des »Mukti Revival«, Wiesbaden 2013; Yan Suarsana, Inventing Pentecostalism. Pandita Ramabai and the Mukti Revival From a Post-colonial Perspective, in: PentecoStudies 13/2 (2014), 173–196.

[122] Wie das konkret geschehen könnte, will ich im nächsten Abschnitt umreißen.

[123] Dass dieses Ethos auch über andere Identitäten begründet werden kann, versteht sich von selbst und steht einer religionstheologischen Betätigung nicht im Wege.

[124] Foucault, Nietzsche, 83.

muß sich der Historiker auf die Objektivität, die Exaktheit der Fakten, die unverrückbare Vergangenheit berufen.«[125]

In diesem Sinne bedeutet religiöse Ideologiekritik zunächst ganz allgemein, durch Dekonstruktion die Historizität der als *Wahrheit* sedimentierten Bedeutungen aufzuzeigen und damit die prinzipielle Möglichkeit alternativer Deutungen göttlicher Wirklichkeit im Diskurs einzutragen, um damit einen Dialog über den Charakter eben dieser verhandelten Wirklichkeit zu ermöglichen. Der Religionstheologe ist somit im Kern ein *Historiker* religiöser Wahrheiten, der diese Geschichtsschreibung freilich im Sinne des foucault'schen Genealogen betreibt: als »wirklichkeitszersetzende Parodie«[126] und »identitätszersetzende Auflösung«[127].

> »Die genealogisch aufgefaßte Historie will nicht die Wurzeln unserer Identität wiederfinden, vielmehr möchte sie sie in alle Winde zerstreuen; sie will nicht den heimatlichen Herd ausfindig machen, von dem wir kommen …; vielmehr möchte sie alle Diskontinuitäten sichtbar machen, die uns durchkreuzen.«128

In diesem ›Zersetzungsprozess‹ kann darüber hinaus die Tatsache ans Licht kommen, dass der Ausschluss des jeweils ›Anderen‹ bereits Teil der Geschichte jener als Wahrheit etablierten Aussagen gewesen ist und durch die Sedimentation derselben enthistorisiert und damit objektiviert wurde.

Bleiben wir zwecks eines Beispiels zunächst bei der genealogischen Bibelexegese. So findet sich etwa in dem von Hermann Häring herausgegebenen Band *Der Jesus des Papstes*, der sich mit der Theologie Benedikts XVI. auseinandersetzt, ein Aufsatz des Schweizer Theologen Leo Karrer, in dem dieser unter stetem Verweis auf die biblische Überlieferung Aussagen über die ›wahren‹ Handlungsabsichten Jesu tätigt: Für diesen stehe »der Mensch im Mittelpunkt, nicht das Gesetz oder der Sabbat«[129] – eine These, die etwa auch mit Blick auf Mk. 3,1–6 untermauert werden kann.

> »Solches Verhalten und solche Botschaft waren und sind umstürzlerisch. In seinem Verhalten überwindet Jesus nämlich die ausgeklügelte Regie der Gesetzlichkeit in Ethik und Kult. Er sprengt die sakralisierten Formen damaliger Religiosität … Dadurch befreit er die Menschen von den Zwän-

---

[125] A. a. O.
[126] A. a. O. 85.
[127] A. a. O.
[128] A. a. O. 86.
[129] Leo Karrer, Vom Kreuz zum Gekreuzigten, in: Hermann Häring (Hg.), Der Jesus des Papstes. Passion, Tod und Auferstehung im Disput, Berlin 2011, 83–100, hier: 90.

gen pervertierender Religiosität, abergläubischer Scheu sowie sklavischer Unterwerfung.«[130]

Nähert man sich dieser Bestimmung der ›Natur‹ Jesu mit dem Blick des foucault'schen Genealogen, so kann es freilich nicht darum gehen, auf irgendeine Art dessen ›wahren‹ Charakter zu enthüllen und die oben zitierten Aussagen daran messen zu wollen; vielmehr geht es darum zu zeigen, dass die ›Natur‹ Jesu selbst das Produkt eines historischen Diskurses ist, in dessen Verlauf es permanenter inhaltlicher Verschiebung unterworfen ist: Zunächst als Konzept des oben anhand der Exegese von Mk. 3,1–6 exemplarisch herausgestellten Offenbarungsdiskurses, der den am Sabbat heilenden Jesus im Kontext antiker Traditionen, Verstehenskategorien und Debatten innerhalb des zeitgenössischen Judentums konstituiert. Dieses im Rahmen des antiken Kontextes bestimmte Konzept der ›Natur‹ Jesu wird nun durch die Rezeption Karrers iteriert und erfährt damit eine inhaltliche Verschiebung, die durch den unmittelbaren Kontext des Exegeten bestimmt ist: In diesem Fall bestünde die Aufgabe einer religionstheologischen Dekonstruktion nicht allein in der genealogischen Exegese der betreffenden Bibeltexte, sondern ebenso darin, Debatten und diskursive Verwerfungen innerhalb der katholischen Kirche und Theologie transparent zu machen, die sicherlich einen nicht unerheblichen Einfluss auf einige in Härings Band versammelte Texte gehabt haben dürften, um die Historizität der ›religiösen Wahrheit‹ der Natur Jesu zu erweisen.

Wie an diesem Beispiel deutlich wird, steht eine solchermaßen betriebene Theologie der Religionen keineswegs ›über‹, ›zwischen‹ oder ›hinter‹ *verschiedenen* Religionen, wie es etwa im Falle der pluralistischen Religionstheologie propagiert wird; vielmehr kann es dem poststrukturalistischen Ansatz nur darum gehen, Differenz als dem Diskurs *nachgängig* zu begreifen und diese Differenz nicht auf die Verschiedenheit von Religionen, sondern auf divergierende, historisch bedingte inhaltliche Positionen innerhalb des religiösen Diskurses zurückzuführen, von denen die Vielzahl religiöser Identitäten nur ein begrenzter Ausdruck ist. Insofern kann die Bezeichnung *Theologie der Religionen* freilich nur einen Teilbereich des poststrukturalistischen Ansatzes abbilden.

---

[130] A. a. O. 91.

4.3 Die Unverfügbarkeit als Fixpunkt des interreligiösen Dialogs

Begeben wir uns nun auf das ›klassische‹ Spielfeld einer Theologie der Religionen, den sogenannten interreligiösen Dialog, so gilt es, sich zunächst den zweiten Grundsatz einer poststrukturalistisch motivierten Religionstheologie in Erinnerung zu rufen: Die konzeptionellen Grenzen, die die verschiedenen Religionen konstituieren, sind ebenso das Produkt des globalen Religionsdiskurses wie die theologischen Positionen, die diesen Religionen ihre inhaltliche ›Substanz‹ verleihen. Das bedeutet freilich einerseits, dass diese Grenzen und die daraus resultierenden religiösen Inhalte niemals absolut fix und unveränderlich sein können, weil sie das Ergebnis einer historischen Genese sind; es bedeutet aber andererseits, dass die Grenzen, welche die Religionen mit ihrer Substanz konstituieren, gleichwohl *existieren* und deren Historizität keinesfalls zur Auflösung sämtlicher Identitäten führt, wie es einer poststrukturalistischen Denkart zuweilen vorgeworfen wird. Die religiösen Grenzen und Positionen sind keineswegs beliebig, sondern abhängig von den historischen Gegebenheiten und Prozessen des Diskurses, dessen Produkt sie repräsentieren, und müssen daher auch und gerade von einer poststrukturalistisch argumentierenden Religionstheologie ernst genommen werden.

Dies bedeutet nicht nur, dem im interreligiösen Dialog als Gegenüber gesetzten Partner zuzugestehen, dass seine religiöse Identität und Positionierung grundsätzlich plausibel, rechtmäßig und als solche anerkennenswert ist; es bedeutet vor allem, auch sich selbst als in einen konkreten religionsgeschichtlichen Kontext eingebunden zu begreifen – und damit als den ›historisch Anderen‹ des jeweiligen Gegenübers. Die konkrete Folge davon ist, dass eine solchermaßen bestimmte Theologie der Religionen eben *nicht* ›über‹ dem religiösen Diskurs schwebt und dabei sowohl die eigenen als auch die jeweils anderen religiösen Positionen dekonstruiert.

Die Positionierung des ›Eigenen‹ und des ›Anderen‹ bildet indes lediglich den Ausgangspunkt einer poststrukturalistischen Theologie der Religionen. Ziel der Dekonstruktion ist dagegen idealerweise das Auflösen dieser Grenzen im Sinne einer De-Essentialisierung, um die prinzipielle Gesprächsfähigkeit in den relevanten Bereichen herzustellen. Diese Dekonstruktion kann allerdings immer nur im Dialog erfolgen, wobei beide Seiten zunächst die jeweils ihnen zugeschriebenen Positionen einer genealogischen Analyse unterziehen und somit eine strukturelle Kompatibilität herstellen, welche die Basis für weitergehende Gespräche bildet. Anders als die oben beschriebene Praxis des ›klassischen‹ interreligiösen Dialogs, welche die Grenzen zwischen dem jeweils ›Eigenen‹ und ›Fremden‹ im Sinne einer Identitätsfindung teilweise noch weiter fixiert, geht es hier gerade darum, Grenzen abzubauen und die diskursive Festschreibung eines ›objektiven‹ Grabens zwischen den Positionen grundlegend aufzubrechen.

Die Dekonstruktion und De-Essentialisierung von Grenzen und Positionen darf jedoch keineswegs mit einer völligen *Aufgabe* eigener Traditionen zugunsten der angestrebten Gesprächsbereitschaft verwechselt werden. Im Sinne der poststrukturalistischen Theorie handelt es sich bei der Dekonstruktion vielmehr um eine *Verschiebung*, als sich die von Foucault als *metaphysisch* bezeichnete[131] Idee einer objektiven inhaltlichen Geschlossenheit in den Bereich der Transzendenz (und damit ins prinzipiell Unverfügbare) verlagert. Die vermeintliche Substanz der verschiedenen Positionen wird dabei als ein Komplex historisch gewachsener Narrative offenbar, die sich an dieser Unverfügbarkeit – im Kontext des globalen religiösen Diskurses – abarbeiten. Die prinzipielle Unverfügbarkeit (und nicht etwa das Unverfügbare selbst!) wird somit zum Fixpunkt eines Dialogs, der zumindest von seinen Startbedingungen her als interreligiös bezeichnet werden kann, weil die Verschiebung der ›objektiven‹ Realität oder Wahrheit in den Bereich des Unverfügbaren die einzige gemeinsame Grundlage der Verständigung bildet – eine Grundlage, die freilich die gleichzeitige Anerkennung der Historizität einer jeglichen, zuvor als ›objektiv‹ behaupteten, diskursiven Position impliziert.

Das Themenspektrum ist dabei denkbar weit: Neben der genealogischen Offenbarungsexegese dürfte besonders die Dekonstruktion theologischer Traditionen und Dogmen im Vordergrund stehen, die zum Teil nur recht lose mit dem Verweis auf Heilige Texte legitimiert werden und deren historische Genese häufig bereits den Gegenstand ›klassischer‹ historischer Forschung bildet. So ist etwa zuletzt vor allem mit Mouhanad Khorchide die Debatte um eine historiographisch und literaturwissenschaftlich unterfütterte Exegese des Koran auch in der islamischen Theologie wieder ins Rollen gekommen[132] – eine Entwicklung, die zumindest potentiell einen poststrukturalistisch motivierten Dialog zwischen Islam und Christentum auf den Weg bringen könnte. Ein solches Gespräch

---

[131] Vgl. Foucault, Nietzsche, 73.
[132] Vgl. v. a. Khorchide, Islam, 159–196; oder auch die entsprechenden Aufsätze in: Mouhanad Khorchide/Klaus von Stosch (Hg.), Herausforderungen an die Islamische Theologie in Europa. Challenges for Islamic Theology in Europe, Freiburg 2012; Hamideh Mohagheghi/Klaus von Stosch (Hg.), Moderne Zugänge zum Islam. Plädoyer für eine dialogische Theologie, Paderborn u. a. 2010.

könnte dabei nicht nur auf die umfangreiche historische Bibelforschung zurückgreifen, sondern auch auf Studien aus dem Bereich der Kultur- und Islamwissenschaften, in denen Textualität und Literarizität der koranischen Überlieferung seit Längerem Gegenstand der Diskussion sind[133]. Auch darüber hinaus dürfte ein solchermaßen bestimmter ›interreligiöser‹ Dialog massiv von der universitären Religions- und Kirchengeschichtsschreibung profitieren, die (zum Teil bereits mit poststrukturalistischer Fundierung[134]) akribisch und ohne Scheuklappen die historische Genese theologischer Positionen und Abgrenzungslinien nachgezeichnet hat. Vor diesem Hintergrund bestünde auch der poststrukturalistisch motivierte Dialog der Religionen nicht in einer völligen Neubestimmung des interreligiösen Gesprächs; vielmehr handelte es sich auch hier lediglich um eine *Verschiebung* in dessen theoretischen Voraussetzungen, ohne die Position und inhaltliche Verankerung der Dialogführenden (beispielsweise im Rahmen der theologischen Wissenschaften und eingebettet in die einschlägige kultur- und religionswissenschaftliche Forschung) strukturell zu verändern.

5. Die Historizität des Religiösen – und Gott als literarische Figur?

»[D]as Korrelat zur Offenbarung ist nicht Kritik, sondern Gehorsam, ist nicht Korrektur ..., sondern Sich-korrigieren-lassen. Wie Hiob muß der Mensch hier verstummen, weil Gott ihm etwas zu sagen hat.«[135] Der Einwand, mit dem der pietistische Theologe Gerhard Maier 1974 Aufsehen in Kreisen historisch-kritischer Exegeten erregte, kann in ähnlicher Form freilich auch bezüglich einer poststrukturalistisch motivierten Theologie formuliert werden. Nicht genug, dass diese selbst die Offenbarung als genuin historisches (und damit menschengemachtes) Produkt begreift, sie nimmt darüber hinaus dem Text auch sein außertextuelles Signifikat – ein Signifikat, das hier intuitiv mit dem Bereich der

---

[133] Vgl. exemplarisch Angelika Neuwirth, Der Koran als Text der Spätantike. Ein europäischer Zugang, Berlin 2010; Angelika Neuwirth, Studien zur Komposition der mekkanischen Suren, Berlin/New York 2007².

[134] Vgl. etwa Jörg Haustein, Writing Religious History. The Historiography of Ethiopian Pentecostalism, Wiesbaden 2011; Ulrike Schröder, Religion, Kaste und Ritual. Christliche Mission und tamilischer Hinduismus in Südindien im 19. Jahrhundert, Halle 2009; Friedemann Stengel, Omnia sunt communia. Gütergemeinschaft bei Thomas Müntzer?, in: ARG 102 (2011), 133–174; Suarsana, Pandita.

[135] Gerhard Maier, Das Ende der historisch-kritischen Methode, Wuppertal 1984⁵, 18.

göttlichen Wirklichkeit, dem Heil des Menschen, ja mit dem fleischgewordenen Gott selbst identifizierbar ist. Wenn Gott nur noch als literarisches Konzept, als bloße Funktion innerhalb des Textes verstanden wird, wer ist es dann, der da zu Hiob spricht? Und wenn Tradition prinzipiell nicht mehr ist als Iteration und Verschiebung diskursiver Kategorien, wird dann das Evangelium Gottes nicht eine beliebige, selbstreferentielle Sache ohne verlässlichen Ankerpunkt?

Zunächst muss an dieser Stelle nochmals hervorgehoben werden, dass eine poststrukturalistische Perspektive prinzipiell nicht davon ausgeht, außersprachliche Realität in Diskursen angemessen repräsentiert zu finden. Dennoch wird dadurch die Existenz dieses ›Außen‹ keineswegs bestritten, sondern lediglich als Referenz (oder als ›Garant der Wahrheit‹) des Diskurses negiert. Darüber hinaus verläuft die Iteration textueller Kategorien keineswegs beliebig. Im Gegenteil – die poststrukturalistische Theorie argumentiert, wie gesagt, streng historisch, und die Plausibilität textueller Konzeptionen ist eingebettet in die argumentativen Muster der sie umgebenden Diskurse. Was also bleibt, ist jenes prinzipiell unverfügbare Außen, dessen Unverfügbarkeit zumindest indirekten Widerhall findet in der zur Tradition fixierten ›Genese von Wissen‹ über dieses Außen – ein Wissen, das jedoch lediglich auf die *Konzeption* eines Außen verweisen kann und nicht auf dieses selbst. Die theologische Konsequenz bestünde nun darin, dass auch Gott als prinzipiell unverfügbar gedacht werden müsste und seine Referenz damit nicht für die Plausibilität (und damit ›universale Wahrheit‹) der ihn verhandelnden Texte bürgen könnte. Ein solches Gottesverständnis ginge noch über den ›ganz anderen‹ Gott der dialektischen Theologie hinaus; auch und gerade die biblische Offenbarung könnte dabei nurmehr als diskursive und historische Ausprägung des Gnadengeschenks des Glaubens gedacht werden, der dann freilich lediglich ein *Glauben an ...*, beinhalten würde – und weniger ein *Glauben, dass ...*, wie es etwa der von Maier propagierte Gehorsam gegenüber der biblischen Überlieferung impliziert: Der Mensch vertraute darauf, dass Gott ihn rechtleitete, während die Pläne Gottes mit ihm selbst und seiner Welt als buchstäblich *unergründlich* und prinzipiell unzugänglich verstanden werden müssten. Die biblischen Texte zeichneten sich dann in erster Linie dadurch aus, dass ihren Autoren dieses Vertrauen in besonderem Maße gegeben war, und sie – in unmittelbarer Nähe zu der unverfügbaren Wirklichkeit Gottes auf Erden – den Glauben sagbar gemacht haben.

(Dr. Yan Suarsana ist tätig in der Abteilung für Religionswissenschaft und Interkulturelle Theologie der Theologischen Fakultät der Universität Heidelberg)

ABSTRACT

In recent years, post-structuralist theory has been introduced to various fields of social science and the humanities. The (highly experimental) essay at hand seeks to explore the potentials of a post-structuralist perspective on the theology of religions. The first step in this venture is to deconstruct the question of religious truth, followed by an examination of the status of texts legitimizing the diverging claims of such truth: the genre of revelation literature. Here, I make the attempt of »shifting« (in the Derridarian sense of the word) the methods of Historical Criticism to a more post-structuralist hermeneutics by interpreting Mark 3:1–6 exemplarily. In a final step, I sketch the consequences of this approach for some kind of post-structuralist theology of religions and therefore also explore the capability of a so-determined inter-religious dialogue.

Kritik der europäischen Vernunft?

Herausforderungen für die Interkulturelle Theologie aus Lateinamerika und Afrika

Heike Walz

Ein bekannter Mythos der *Ashanti* in Ghana erzählt von der Spinne Anansi und der Kalebasse der Weisheit.[1]

> Anansi wollte alle Weisheit der Welt sammeln und bereitete eine Kalebasse vor, um darin sämtliches Wissen aufzubewahren. Er zog los und befragte alle Menschen nach ihrem Wissen, bis er nach langer Zeit die Weisheit der ganzen Welt in seiner Kalabasse hatte. Da dachte er sich: »Jetzt bin ich der Klügste von allen. Nun muss ich das Wissen verstecken, damit ich für immer der Klügste bleibe! Der oberste Wipfel eines hohen Baumes, den nur eine Spinne erklimmen kann, ist das beste Versteck.« Anansi band sich die schwere, mit allem Wissen gefüllte Kalebasse vor den Bauch und begann, den Baum mit seinen acht Beinen zu erklimmen. Doch die Kalebasse war ihm stets im Weg. Was er auch versuchte, er kam nur bis zur Hälfte des Stammes. Sein kleiner Sohn beobachtete ihn und schlug vor: »Warum bindest du dir nicht die Kalebasse auf den Rücken?« Anansi versuchte es. Und tatsächlich konnte er auf diese Weise den obersten Baumwipfel erreichen. Jetzt fiel ihm auf, dass selbst sein junger Sohn weiser war als er. »Man kann die ganze Weisheit der Welt nicht in einer Kalebasse verstecken!«, rief er und schüttete ihren ganzen Inhalt in einem weiten Bogen über die Welt. So geschah es, dass sich das Wissen auf der Welt verbreitete. Und Anansi fühlte, was Weisheit bedeutet.

---

[1] Die hier nacherzählte Geschichte beruht auf www.ideenhochdrei.org/de/angebot/initiativen/anansiforum/was-bedeutet-anansi/ (2.1.2015). Vgl. auch: Ananse and the Pot of Wisdom, in: Adwoe Badoe/ Baba Wague Diakite, The Pot of Wisdom. Ananse Stories, Toronto 2008, 45–47.

Die Geschichte von Anansi erklärt auf spielerische Weise, dass Wissen auf der ganzen Welt existiert und nicht an einem Ort konzentriert ist. In diesem Beitrag soll die Interkulturelle Theologie mit dem Wissen und der Weisheit auf der Welt in Dialog treten. Deshalb frage ich nach den Herausforderungen aus dem globalen Süden für die Interkulturelle Theologie:[2] Inwiefern wird hier »Kritik an der europäischen Vernunft« geübt, wie es als Frage im Titel des Vortrags steht? Es ist ein Wortspiel in Anlehnung an Veröffentlichungen aus dem globalen Süden, auf die ich noch zu sprechen komme.[3] Welche Angebote der interkulturellen Vermittlung werden im globalen Süden gemacht, vor allem beim Zusammenprall verschiedener Weltsichten?

Diese Fragen beschäftigen mich, seit ich als Interkulturelle Theologin »zwischen den Welten« arbeite. Als ich 2006 meine Rolle als Professorin am I.U. ISEDET in Buenos Aires[4] zwischen Argentinien und der Schweiz reflektierte, beschrieb ich sie als »weder richtig hier noch dort«. Meine Kolleginnen und Kollegen drückten dies in einem lateinamerikanischen Sprichwort aus: Sie nennen solch einen Zustand *ni chicha ni limonada*: »weder Maisbier noch Limonade«.[5] Interkulturelle Theologie »zwischen den Welten« steht zwischen den theologischen Herausforderungen und der Kritik aus dem globalen Süden und der hiesigen Theologie.

Im Folgenden möchte ich zunächst begründen, weshalb es wichtig ist, Herausforderungen aus dem globalen Süden für die Theoriebildung der Interkulturellen Theologie einzubeziehen (1.). Exemplarisch werde ich dies an kontextuellen Theologien aus Lateinamerika (2.) und Afrika (3.) erarbeiten und Schlussfolgerungen für die Weiterentwicklung der Interkulturellen Theologie ziehen (4.).

---

[2] Dieser Beitrag basiert auf einer Gastvorlesung an der Augustana-Hochschule in Neuendettelsau am 16.12.2014.

[3] Die Wortspiele mit Kants Werktiteln (z. B. Immanuel Kant, Kritik der Urteilskraft, Hamburg, Felix Meiner, 2006) stehen stellvertretend für den Anspruch, ein »anderes Denken« zum Anschlag zu bringen. Längst nicht alle setzen sich direkt mit Kants Philosophie auseinander.

[4] http://isedet.edu.ar (2.1.2015).

[5] Als Repräsentantin der Ökumenischen Mitarbeitenden der Evangelischen Missionsgesellschaft Basel (mission 21) hielt ich am 19.10.2006 in Santiago de Chile den Vortrag: »Ni chicha, ni limonada.« La situación de colaboradora/es ecuménica/os en América Latina como mediadora/es, Asamblea Continental Latinoamericana de Misión 21.

1. Interkulturelle Theologie zwischen den Welten – auf Europa beschränkt?

Der Begriff »Interkulturelle Theologie« wurde in den 1970er-Jahren von den Missionstheologen Hans Jochen Margull, Walter Hollenweger und Richard Friedli programmatisch eingeführt. Sie forderten, sich für kontextuelle Theologien aus Afrika, Asien, Lateinamerika und dem Pazifik zu öffnen und eurozentrische Perspektiven hinter sich zu lassen.[6] Inwiefern ist dies nach vierzig Jahren eingelöst worden? Hat sich hier eine Arbeitsteilung etabliert? Werden im Süden materielle kontextuelle Theologien für den eigenen Kontext entwickelt und im transatlantischen Norden die theoretische Meta-Reflexion, was »Interkulturelle Theologie« und »Interkulturalität« bedeuten sollen? Andreas Feldtkeller stellt fest:

> »Ein großer Teil der Kontextuellen Theologien, die in Afrika, Asien und Lateinamerika ausgearbeitet wurden, beschränkt sich gerade nicht darauf, aus dem eigenen Kontext heraus das Evangelium neu zu interpretieren, sondern befindet sich dabei auch in kritischer Auseinandersetzung mit der Relation zwischen dem eigenen Kontext und anderen Kontexten – insbesondere mit dem hegemonialen Kontext der westlichen Welt. ... Nur sind die Methoden der Kritik dabei in der Regel andere, als sie in den westlichen akademischen Diskursen anerkannt sind.«[7]

Feldtkeller stellt deshalb die Frage, »ob Interkulturelle Theologie eine weitgehend auf Europa beschränkte Vermittlungswissenschaft geblieben ist«.[8]

Zwei Beobachtungen sprechen für diese These. *Erstens* wird in den bisherigen Entwürfen und Überlegungen zur Interkulturellen Theologie[9] wenig danach gefragt, in welcher Form so etwas wie ›Interkulturelle Theologie‹ im außerwestli-

---

[6] Vgl. Werner Ustorf, The Cultural Origins of Intercultural Theology (2008), in: Mark J. Cartledge/David Cheetham (Hg.), Intercultural Theology. Approaches and Themes, London 2010, 11–28, hier: 11f.

[7] Andreas Feldtkeller, Interkulturelle Theologie und Religionswissenschaft – Eine Verhältnisbestimmung, in: ZMiss 40/2–3 (2014), 231–243, hier: 242.

[8] A. a. O.

[9] Vgl. insbesondere Klaus Hock, Einführung in die Interkulturelle Theologie, Darmstadt 2011; Volker Küster, Einführung in Interkulturelle Theologie, Göttingen 2011; Ulrich Dehn, Interkulturelle Theologie als Wahrnehmungswissenschaft weltweiten Christentums, in: http://www.theologie.uni-hamburg.de/imoer/download/grundlagentext_interkulturelle_theologie.pdf (o. J.), 1–17; Mark J. Cartledge/David Cheetham (Hg.), Intercultural Theology. Approaches and Themes, London 2011; Henning Wrogemann, Interkulturelle Theologie und Hermeneutik. Grundfragen, aktuelle Beispiele, theoretische Perspektiven. Lehrbuch, Gütersloh 2012; Judith Gruber, Theologie nach dem Cultural Turn. Interkulturalität als theologische Ressource, Stuttgart 2013.

chen Raum existiert oder unter welchen Begriffen ähnliche Zusammenhänge reflektiert werden.[10]

Zweitens werden selten Theoriebeiträge aus Afrika, Asien, Lateinamerika und dem Pazifik rezipiert. Eher selten wird gefragt, wie dort »Kultur« oder »Interkulturalität« verstanden werden. Dies entspricht der Diskussionslage in den deutschsprachigen Kulturwissenschaften. Hamid R. Yousefi und Ina Braun stellen in ihrer interdisziplinären Einführung zur Interkulturalität fest:

> »Außereuropäische Kulturtheorien werden im Kontext europäisch-westlicher Forschung kaum zur Kenntnis genommen. Dieses Defizit lässt sich an dem dreibändigen Handbuch der Kulturwissenschaft‹ verdeutlichen … Der Kulturbegriff wird aus dem Lateinischen abgeleitet, die Folgerung aus dieser etymologischen Herleitung ist eine Fokussierung des Kulturbegriffs auf die vom Lateinischen beeinflussten westeuropäischen Kulturgebiete.«[11]

Gleichwohl lässt sich einwenden, dass ein Perspektivenwechsel weg vom Eurozentrismus bereits im Gang ist. Auf der Ebene der Weltchristenheit hat die Verlagerung des Gravitationszentrums des Christentums in den globalen Süden (*shifting southward*)[12] zu Veränderungen geführt. Hierzu drei Beispiele.[13]

In der *römisch-katholischen Weltkirche* kann die Wahl des argentinischen Papstes Franziskus zu einem gewissen Grad als Perspektivenwechsel hin zur südlichen Christenheit interpretiert werden.

Auf der wissenschaftlichen Ebene ist in der *deutschsprachigen Religionswissenschaft* das Bewusstsein gewachsen, dass der bislang übliche Begriff der Reli-

---

[10] Beispielsweise wird Interkulturalität in Argentinien in verschiedenen theologischen Fächern (vor allem in den Bibelwissenschaften und der Systematischen Theologie) und in der »Südamerikanischen Vereinigung für Philosophie und Interkulturelle Theologie« (ASAFTI) thematisiert. Der Fokus liegt auf den pluralen kulturellen Einflüssen im *eigenen* Land, insbesondere auf den interkulturellen Beziehungen zu Indigenen, auf afrolateinamerikanischen und *criollo* Traditionen, Migration, Diaspora und dem Süd-Süd-Dialog mit Afrika und Asien. Tendenziell wird im globalen Süden der Begriff der Mission Studies bevorzugt; vgl. Andreas Feldtkeller, Missionswissenschaft und Interkulturelle Theologie. Eine Verhältnisbestimmung, in: ThLZ, Januar (2013), 3–12. Die indische Theologin Atola Longkumer plädiert für praktische *intercultural hermeneutics*, die zu einer wechselseitigen Transformation führen: Atola Longkumer, Intercultural Hermeneutics from an Indian Feminist Theology Perspective, in: ZMiss 40/2–3 (2014), 201–218.

[11] Hamid Reza Yousefi/Ina Braun, Interkulturalität. Eine interdisziplinäre Einführung, Darmstadt 2011, 34.

[12] Dana L. Robert, Shifting Southward. Global Christianity Since 1945, in: International Bulletin of Missionary Research 24/2 (2000), 50–57.

[13] Ein weiteres Beispiel ist Klaus Koschorkes Perspektive einer polyzentrischen Christentumsgeschichte; vgl. Ciprian D. Burlacioiu/Adrian Hermann (Hg.), Veränderte Landkarten. Auf dem Weg zu einer polyzentrischen Geschichte des Weltchristentums. FS für Klaus Koschorke zum 65. Geburtstag, Wiesbaden 2013.

gion im Gegenüber zur Säkularität[14] eurozentrisch ist und nicht einfach auf außereuropäische Kontexte übertragen werden kann.[15]

Ähnliches gilt für das dritte Beispiel aus der Missionswissenschaft. In den USA und Großbritannien wurden im pfingstkirchlich-charismatischen Umfeld Institute für *Studies of World Christianity* gegründet. Das Konzept an sich müsste eigens gewürdigt und kritisch diskutiert werden.[16]

In dreierlei Hinsicht kehren sich die Studien zum Weltchristentum innovativ vom eurozentrischen Blick auf außereuropäische Formen des Christentums ab. *Erstens* werden die Christentumsformen in den sechs Kontinenten Afrika, Asien, Lateinamerika, Pazifik, Nordamerika und Europa in einem möglichst ausgewogenen Verhältnis beschrieben. Es findet eine Dezentrierung Europas statt, indem das europäische Christentum als eine kontextuelle Variante der globalen Christenheit verstanden wird. *Zweitens* arbeiten Missionswissenschaftlerinnen und Theologen aus verschiedenen Kontinenten in Nord-Süd-Kooperationen zusammen. *Drittens* versuchen die Studien zum Weltchristentum den Raum zu öffnen, um die immense Vielfalt des pfingstlich-charismatisch geprägten Christentums in Afrika und Asien deskriptiv wahrzunehmen. Auch ungewohnte, sperrige und in westlich-europäischen Augen anstößige Phänomene sollen als eigenständige Formen des Christentums anerkannt und nicht sofort mit den normativen Kriterien der abendländischen Theologie und Dogmatik bewertet werden.

Diese drei Aspekte des Konzepts der *Studies of World Christianity* übernehme ich für meine Überlegungen zur Interkulturellen Theologie. Allerdings werde ich im Anschluss an eine wertschätzende Wahrnehmung und Beschreibung kritische Anfragen formulieren, da dies eine wichtige Komponente eines Dialogs auf Augenhöhe ist.

---

[14] Vgl. Andreas Feldtkeller, Umstrittene Religionswissenschaft. Für eine Neuvermessung ihrer Beziehung zur Säkularisierungstheorie, Leipzig 2014, 13.

[15] Es geht um die »Annahme, die Grenze zwischen beiden Begriffen sei eine feststehende Größe und könne daher unhinterfragt von Europa auf andere geografische Kontexte übertragen werden«. (Feldtkeller, Umstrittene Religionswissenschaft, 50)

[16] Kritisch zu sehen ist, dass lateinamerikanische und osteuropäische Wissenschaftlerinnen und Theologen daran kaum beteiligt sind. Dies hat vermutlich mehrere Gründe, u. a. die fast ausnahmslos englischsprachige Debatte und die Ausrichtung am pfingstlich-charismatischen Christentum. Römisch-katholische oder östlich-orthodoxe Phänomene sind weniger im Blick. Fraglich ist auch, ob Eurozentrismus überwunden werden kann, wenn die Zentren der Erforschung in den USA und Großbritannien liegen. Aufgrund der ungleichen Verteilung von Ressourcen ist dies in globalen Kooperationen allerdings häufig ein Dilemma. Vgl. hierzu insbesondere Christine Lienemann-Perrin, World Christianity als Erfahrungsfeld und theoretisches Konzept, in: Theologische Zeitschrift 69/1/2 (2013), 118–145.

Vor diesem Hintergrund gehe ich im Folgenden *drei Leitfragen* nach, welche die Reflexion des Konzepts der Interkulturellen Theologie auf *zwei Ebenen* voranbringen wollen. Zum einen geht es um die *inhaltlich-theologische Ebene*: Worin liegen theologische Herausforderungen aus dem globalen Süden für hiesige Diskurse zur Interkulturellen Theologie? Zum anderen ist auf der *methodischen Ebene* zu fragen: Inwiefern wird hier »Kritik an der europäischen Vernunft« geübt? Wie setzen sich kontextuelle Theologien aus dem globalen Süden mit ihrem Kontext und mit anderen Kontexten, insbesondere mit uns in Europa in Beziehung? Welche Angebote machen sie für die Vermittlung zwischen verschiedenen Formen des Christentums, von Kulturen und Religionen? Inwiefern tragen sie zur Theoriebildung der Interkulturalität der Theologie bei? Den Begriff der ›Kultur‹ verstehe ich diskursiv und werde erkunden, inwiefern der Begriff Verwendung findet und gegebenenfalls inhaltlich bestimmt wird.[17]

Zwei unterschiedliche Beispiele sollen diese Fragen erschließen: Das erste Beispiel aus Lateinamerika thematisiert Herausforderungen durch die kontextuelle *andine Theologie* in Bolivien und Peru. Harmonie ist hier ein Charakteristikum. Das zweite Beispiel aus Afrika behandelt *postkoloniale* Herausforderungen am Beispiel von Musa W. Dube aus Botswana. Dieser Ansatz ist eher konfrontativ-provokativ ausgerichtet.

2. Interkulturalität in andiner Theologie

Zunächst zum Begriff »andine Theologie«. Die andinen Sprachen *Quechua* und *Aymara* kennen keine abstrakten Wörter wie ›indigen‹, ›Religion‹, ›Gott‹, ›Geist‹ oder ›Seele‹. Die Begriffe »andine Theologie« und »andine Philosophie« intendieren eine »interkulturelle Dekonstruktion«[18] und Erweiterung dessen, was unter Theologie und Philosophie im griechisch-abendländischen Sinne verstanden wird. Früher wurde eher von ›Kosmovision‹, ›Weisheit‹ oder ›Spiritualität‹ ge-

---

[17] Auch »Interkulturalität« verstehe ich diskursiv. Die Suchbewegung richtet sich auf »Theorie und Praxis, die sich mit dem historischen und gegenwärtigen Verhältnis aller Kulturen und der Menschen als deren Träger auf der Grundlage ihrer völligen Gleichwertigkeit beschäftigt«. Yousefi/Braun, Interkulturalität, 29.

[18] Josef Estermann, Apu Taytayku. Religion und Theologie im andinen Kontext Lateinamerikas, Ostfildern 2012, 63.

sprochen, aber dies würde bedeuten, »ihnen einen Platz am Tisch der interkulturellen Debatte zu verwehren«.[19]

Meine Darstellung stützt sich auf das Projekt »andiner Theologie« in Bolivien und Peru, wie es von Theologinnen und Theologen am *Instituto Superior Ecuménico Andino de Teología* (*ISEAT*) in La Paz in Bolivien[20] entwickelt wird. Unter der Koordination des römisch-katholischen Theologen Josef Estermann aus der Schweiz wurden zahlreiche Publikationen zur andinen Theologie und Philosophie veröffentlicht.[21]

2.1 Das andine Kreuz (*Chakana*): kosmische Brücke der Beziehungen

Als Beispiel habe ich das »andine Kreuz« gewählt, da es in konzentrierter Form die Deutung der Wirklichkeit in den Andengebirgen widerspiegelt. Das andine Kreuz wurde in archäologischen Funden der Inkas (der Tiwanaku-Kultur) in den Anden auf Textilien und auf Keramik gefunden.[22] Es ist mit dem astronomischen »Kreuz des Südens« verbunden, das in Südamerika am Sternenhimmel zu erkennen ist.[23] Das andine Kreuz wurde seit der spanischen Kolonialzeit »in doppelter Treue«[24] christlich interpretiert.

[19] Estermann, Apu Taytayku, 64. Estermann spricht auch von »Öko-Theo-Sophie«, a. a. O. 194.
[20] www.iseatbolivia.org/iseat2013/ (2.1.2015).
[21] Vgl. Josef Estermann/Freddy Luis Maidana u. a., Lo Andino, una realidad que nos interpela, in: Josef Estermann (Hg.), Teología andina. El tejido diverso de la fe indigena. Tomo I, La Paz 2006, 165–193; Josef Estermann (Hg.), Teología andina. El tejido diverso de la fe indigena. Tomo II, La Paz 2006; vgl. auch Josef Estermann, Filosofia andina. Sabiduria indígena para un mundo nuevo, La Paz 2006 (dt. Josef Estermann, Andine Philosophie. Eine interkulturelle Studie zur autochthonen andinen Weisheit, Frankfurt a. M. 1999).
[22] Vgl. Estermann, Apu Taytayku, 67.
[23] Als schriftliche Quelle liegt das andine Kreuz in Form einer Zeichnung des Chronisten Juan de Santa Cruz Pachacuti Yamqui Salcamaygua im Jahr 1613 vor; vgl. die Abbildung in Estermann, Andine Philosophie, 326f.; und Estermann, Apu Taytayku, 135.
[24] »Doble Fidelidad«; Estermann, Apu Taytayku, 114.

Das andine Kreuz[25] ist symmetrisch, da die Arme senkrecht und waagrecht gleich lang sind. Die Übergänge zwischen dem waagrechten und senkrechten Arm werden jeweils durch eine Stufe gestaltet und sind damit auch »nicht brüsk und unvermittelt«.[26] Auf *Quechua* heißt das andine Kreuz *Chakana*, »Brücke«. In der Mitte befindet sich ein Kreis, der das unfassbare göttliche Geheimnis symbolisiert, die *Chakana* der *Chakanas*, die Brücke der Brücken, die alles mit allem verbindet und zusammenhält.[27] Hier kreuzen sich die Linien von oben nach unten und von links nach rechts.

Beziehungshaftigkeit ist das grundlegende Merkmal der andinen Wirklichkeit, insbesondere zwischen dem Göttlichen (*qullana*), dem Kosmischen (*pacha*)[28] und der Gemeinschaft (*ayullu*).[29] »Ohne Beziehung und Vermittlung gibt es im andinen Leben kein Leben«; das andine Kreuz spiegelt ein »Denken in Beziehungen«[30] wider. Das spirituelle Ziel der Menschen ist, die Harmonie und das Gleichgewicht zu bewahren. Die Beziehungshaftigkeit des andinen Kreuzes drückt sich in *vier Prinzipien* aus: Korrespondenz, Komplementarität, Reziprozität und zyklisches Denken. Diese vier Prinzipien sind in Lateinamerika bis zur Gegenwart auch andernorts in der Volksreligiosität lebendig.[31]

Die ersten beiden der vier Prinzipien möchte ich am Beispiel der religiösen Mittlerfiguren erläutern, die ebenfalls *Chakanas*, d. h. kosmische Brücken oder »Übergangszonen« sind, und zwar zwischen oben und unten und zwischen der linken und rechten Hälfte.[32] Die wichtigsten religiösen Mittlerfiguren sind Jesus Christus, die Pachamama (Mutter Erde) und die Heiligen.[33]

Jesus Christus bildet als der Auferstandene (*Cristo Resucitado*) die kosmische *Chakana* zwischen dem oberen Bereich des Göttlichen und dem unteren Bereich

[25] Diese emaillierte Abbildung findet sich in http://1.bp.blogspot.com/_rRqsPRdyk7w/TLuV0wTET0I/AAAAAAAABFI/wWPuIE7pxio/s1600/mandalas-grupo+008.JPG (2.1.2015).

[26] Estermann, Apu Taytayku, 67.

[27] A. a. O. 144.

[28] Pacha umfasst Raum und Zeit; vgl. Carlos Intipampa, Lo divino en la concepción andina, in: Estermann (Hg.), La teología andina, Tomo II, 51–82, hier: 65.

[29] Vgl. a. a. O., insbesondere 51–53.

[30] Estermann, Apu Taytayku, 67f.

[31] Vgl. Juan C. Scannone, Glaubenskommunikation im multikulturellen Kontext Argentiniens, in: Thomas Schreijäck (Hg.), Theologie interkulturell. Glaubenskommunikation in einer gewandelten Welt, Paderborn 2009, 107–123; Eloísa Martín, Aportes al concepto de ›religiosidad popular‹. Una revisión de la bibliografía argentina, in: María Julia Carozzi/Cernadas César Ceriani (Hg.), Ciencias sociales y religión en América Latina. Perspectivas en debate, Buenos Aires 2007, 61–87.

[32] Vgl. Estermann, Apu Taytayku, 73.

[33] Vgl. Lucas Cerviño, El Resucitado: chacana cósmica. Los/as mediadores/as andinos/as y Jesucristo, in: Estermann (Hg.), Teología Andina, Tomo II, 105–131, hier: 108–114.

der konkreten Lebenswelt und erhält das vitale kosmische Gleichgewicht.[34] Darin spiegelt sich das erste Prinzip der *Korrespondenz*. Es bedeutet, dass eine Entsprechung zwischen dem Großen und Kleinen wie auch zwischen dem Makro- und Mikrokosmos existiert. Im andinen Kreuz zeigt sich dies insofern, als die obere Hälfte das Himmlische repräsentiert und der unteren Hälfte entspricht, welche das Irdische und Unterirdische darstellt. Der Mensch versichert durch andin-christliche Rituale und Symbolhandlungen, dass diese kosmische Ordnung weiterexistiert.

»Übergangsphänomene« wie Bergspitzen[35] haben auch diese Funktion, zwischen dem Kosmos und dem Irdischen zu vermitteln. Sie sind der Ort der Ahnen und der Schutzgeister.[36] In Entsprechung hierzu wird Jesus Christus rituell als »erhabener Schutzgeist« (*Apu Taytayku*, Unser erhabener Vater) angerufen. Er gilt als »›Mitte‹, als Berührungs- und Begegnungspunkt zwischen dem Göttlichen und Menschlichen«,[37] sodass hier eine Konvergenz mit der altkirchlichen Dogmatik gesehen werden kann, die Jesus Christus als wahren Gott und wahren Menschen versteht.

Jesus gilt als Partner der Pachamama. Hier zeigt sich das Prinzip der *Komplementarität*. Alles, was existiert, hat einen Gegenpol, ohne den es nicht existieren kann, und diese Pole gelten als weiblich und männlich.[38] Im andinen Kreuz ist die vertikale linke Hälfte weiblich konnotiert und die rechte Hälfte männlich. Komplementarität wird nicht als Widerspruch gedacht, sondern als »Sowohl-als-Auch«, als »Einschluss scheinbar unversöhnlicher Gegensätze«.[39] Die Komplementarität wirkt sich auf die Anthropologie und die Theologie aus.[40] Das Göttli-

---

[34] Vgl. a. a. O. 121.

[35] Vgl. Intipampa, Lo divino en la concepción andina, 54. Die Bergspitzen sind Chakanas, sodass hier bis heute die wichtigsten andinen Rituale stattfinden. Auf den Bergspitzen stehen meist grüne Kreuze (ähnlich wie in den Schweizer Alpen die Weg- und Gipfelkreuze). Jedes Dorf und jede Stadt hat ihr eigenes Kreuz auf ihrem Hausberg; vgl. Estermann, Apu Taytayku, 161.

[36] Weitere »Schutzgeister« (*achachilas; apus*) sind Blitz, Hagel, Regen, Wolken, Nebel sowie manche Tiere und Pflanzen, die sich in Übergangszonen aufhalten; vgl. Richard Quispe Aguirre, Defender la vida. El Espíritu y los espíritus en la teología andina y cristiana, in: Estermann (Hg.), Teología andina, Tomo II, 167–193, 175f. Hierzu gehören der Kondor, die Lama-Art der *vicuñas*, der Puma, das Meerschweinchen sowie Heilpflanzen wie das Kokablatt. Es gilt in den Anden als heilig, da es in vielen Ritualen verwendet wird, da in ihnen die Ahnen anwesend sind; vgl. Estermann, Apu Taytayku, 75; 88–91.

[37] A. a. O. 160.

[38] Vgl. Jorge Miranda Luizaga/Viviana Del Carpio Natcheff, Fundamentos de las espiritualidades panandinas, in: Estermann (Hg.), Teología andina, Tomo I, 21–36, hier: 25ff.

[39] Vgl. Estermann, Apu Taytayku, 64. Die geschlechtliche Komplementarität betrifft auch Steine, Flüsse, Berge, Sterne, im Sinne einer »Sexualität« (vom span. *sexuado*).

[40] Die menschliche Person ist erst mit ihrer polaren Ergänzung vollständig. Heirat (*jaqi-cha-si-ña*) bedeutet wörtlich »Zu-einer-vollgültigen-Person-Werden«; Estermann, Apu Taytayku, 145. Ein Amt oder eine rituelle Funktion wird deshalb als Paar eingenommen.

che wird nicht als absolut, transzendent oder männlich vorgestellt, sondern als Vater und Mutter im oberen Bereich. Dem entspricht die Komplementarität der Mutter Erde, der Pachamama, mit Jesus Christus. Die Pachamama wird auch mit der Jungfrau Maria identifiziert.[41]

Die sozialen und ethischen Beziehungen zwischen Menschen, aber auch zwischen Menschen und dem Göttlichen, sind durch das dritte Prinzip der Beziehungshaftigkeit, der *Reziprozität*, geprägt. Einseitige Handlungen beeinträchtigen das Gleichgewicht. Deshalb geben die Bäuerinnen und Bauern der Pachamama etwas zurück (span. *pago*, wörtlich »Bezahlung«) und bitten um Erlaubnis, die Erde bearbeiten zu dürfen. Oft wird auch auf symbolische Weise etwas zurückerstattet, beispielsweise durch Maisbier oder Alkohol. Auch eine Überproduktion, beispielsweise der Kartoffel, soll vermieden werden, da die Kartoffel sonst »weint«.[42]

Das vierte Prinzip der Beziehungshaftigkeit, das *zyklische Prinzip*, bedeutet, dass Zeit und Raum (*pacha*) als etwas verstanden werden, das sich wie in einem Kreis oder einer Spirale wiederholt. Vergangenheit wird als etwas vorgestellt, das andine Menschen *vor sich* haben, während die Zukunft etwas ist, das hinter dem Rücken ist. Andine Menschen laufen somit rückwärts in die Zukunft, mit Blick auf die Vergangenheit. An diesem Punkt wird deutlich, dass das andine Denken das hiesige Zeitverständnis geradezu auf den Kopf stellt.[43]

Soweit das andine Beispiel, an das ich drei Rückfragen richten möchte. Die Konzentration auf Beziehungen und Harmonie strebt Integration und Gleichgewicht an. Inwiefern ist hier eine kritische Distanz zur Glaubenspraxis möglich? Kann die Selektion bestimmter abendländisch-christlicher Glaubensinhalte, die mit andinen Vorstellungen kompatibel sind, bereits als kritisches Denken verstanden werden? Eine zweite Frage ist, ob die dynamische Komplementarität von weiblich-männlich durch römisch-katholischen Einfluss inzwischen durch eine substantiell gedachte Komplementarität überlagert wurde. Schließlich wäre es reizvoll, zu untersuchen, inwiefern Parallelen zwischen asiatischen buddhistischen und hinduistischen Vorstellungen der Bewahrung von Harmonie und andinen Vorstellungen auszumachen sind.[44]

---

[41] Vgl. Estermann, Apu Taytayku, 147–149.

[42] Vgl. Intipampa, Lo divino en la concepción andina, 55.

[43] Vgl. Estermann, Apu Taytayku, 72f.

[44] Estermann weist auf Parallelen zur kosmotheandrischen Spiritualität von Raimund Panikkar hin; vgl. Estermann, Apu Taytayku, 158. Auch für meine bolivianischen Studierenden in Buenos Aires am I.U.

Welche Einsichten bietet nun die andine Theologie für die Interkulturelle Theologie? Hier komme ich auf meine drei Leitfragen zurück: Welche Herausforderungen und Vermittlungsangebote sind zu erkennen? Inwiefern finden sich Theoriebeiträge zur Interkulturalität?

2.2 Interkulturelle Theologie als planetarische Theologie: Trinken aus mehreren religiösen Flüssen

Eine *Herausforderung* des andinen Denkens[45] besteht in dem holistischen, ökologischen und kosmischen Denken, demzufolge das Menschsein als Teil der Natur und des Kosmos verstanden wird.[46] Für die Interkulturelle Theologie wäre ein Perspektivenwechsel von der anthropozentrischen Perspektive hin zu »planetarischer« Theologie[47], wie dies in Lateinamerika genannt wird,[48] die Konsequenz.

Andine Theologie denkt nicht in der Kategorie der »Gnade«, sondern des »ethischen Gleichgewichts«.[49] Land kann nicht als Eigentum betrachtet werden. Dem globalen ökonomischen, kapitalistischen Profitprinzip gegenüber der Natur steht dies diametral gegenüber.

Hier tritt uns die besagte »Kritik der europäischen Vernunft« entgegen. Bereits 1994 veröffentlichte der Ökonom und Theologe Franz Hinkelammert aus Deutschland/Costa Rica seine »Kritik der utopischen Vernunft«.[50] Er kritisierte, dass sich das neoliberale Ökonomiemodell als alternativlos und als einzige Utopie darstelle. Lateinamerikaweit hat sich inzwischen die indigene Lebensform

---

ISEDET war Panikkars Kosmotheandrik für den Dialog zwischen andiner Wirklichkeit und abendländischem Christentum modellhaft.

[45] Estermann nennt weitere Herausforderungen: Panentheismus, Kosmozentrik, Makroökumene, mündliche Kultur, sexuierte Komplementarität und methodischer Pluralismus; vgl. Josef Estermann, La ›Teología Andina‹ como realidad y proyecto. Una deconstrucción intercultural, in: Ders. (Hg.), Teología andina, Tomo I, 137–162, hier: 149ff.

[46] Die vier Prinzipien unterscheiden sich zumindest vom dominanten Denken in abendländischer Theologie: Zyklisches Denken gegenüber linearem, Reziprozität gegenüber einer einseitig geschenkten Gnade (zumindest im Protestantismus), dialogische Komplementarität im Sinne eines »sowohl als auch« gegenüber einem »entweder oder« und schließlich das Korrespondenzprinzip anstelle von Kausalität.

[47] José María Vigil, Presentation. Fifth Volume in the series ›Along the Many Paths of God‹, in: Ders. (Hg.), Along the Many Paths of God. Vol. 5. Toward of Planetary Theology, Montreal 2010, 9–13.

[48] »It would instead be open to what are just and simply human questions and would take up not just what is anthropocentrically human but what is integrally bio-centric and cosmic, planetary«, a. a. O. 10.

[49] Estermann, Apu Taytayku, 153.

[50] Franz Hinkelammert, Kritik der utopischen Vernunft. Eine Auseinandersetzung mit den Hauptströmungen der modernen Gesellschaftstheorie, Mainz 1994.

des *buen vivir*[51] (gutes Leben) als Alternative etabliert. Es ist ein biozentrisches Ökonomiemodell, im Sinne eines Zusammenlebens in Vielfalt und Harmonie mit der Natur.[52]

Hinsichtlich der Ökonomiemodelle prallen ›andines‹ und ›westlich-europäisches‹ Denken aufeinander. Die kirchliche Entwicklungszusammenarbeit ist mit diesem Konflikt konfrontiert, beispielsweise in Form des sogenannten »*Landgrabbing*«: Transnationale und ausländische Firmen kaufen großflächig Land auf. Für die indigene und ländliche Bevölkerung bedeutet dies häufig, dass sie von ihrem Land vertrieben werden und in Verelendung enden.[53]

Die zweite Frage nach dem Angebot der interkulturellen Vermittlung lässt sich im Blick auf das andine Kreuz leicht beantworten. Es ist *an sich* bereits ein Angebot der Vermittlung.[54] Interkulturelle Theologie wäre im Beziehungsgeflecht zwischen Nord und Süd und Ost und West zu denken. Darüber hinaus bedeutet »Interkulturalität« hier »Trinken aus mehreren religiösen Flüssen«,[55] da seit der Kolonialzeit eine Vermittlung zwischen andinen religiösen Traditionen und dem römisch-katholischen Christentum stattfindet.

Auf der *Theorieebene* wird dies durch Ansätze der Interkulturellen lateinamerikanischen Philosophie untermauert, die Interkulturalität für Lateinamerika als konstitutiv erachtet. Seit der Kolonialzeit muss zwischen indigenen, afrikanischen, europäischen, arabischen und asiatischen Einflüssen vermittelt werden. Interkulturalität wird deshalb als

> »jene *Haltung* oder *Disposition* bezeichnet ..., durch die der Mensch die Befähigung und den Habitus entwickelt, seine identitätsstiftenden ›An-

---

[51] *Buen vivir* ist die spanische Übersetzung für *sumak kawsay* in *Quechua*; vgl. Definiciones: El BuenVivir/Vivir Bien desde los pueblos indígenas y originarios, http://filosofiadelbuenvivir.com/buen-vivir/definiciones/ (2.1.2015). Vgl. auch die Ansätze »solidarischer Ökonomie« in Argentinien in Viviana Inés Uriona, Solidarische Ökonomie in Argentinien nach der Krise von 2001. Strategische Debatten und praktische Erfahrungen, www.uni-kassel.de/upress/.../978-3-89958-262-8.volltext.frei.pdf, 2007.

[52] Freilich existiert im Abendland ebenfalls eine Tradition der Kritik des Anthropozentrismus, neuerdings auch in Theorien des Posthumanismus; vgl. Rosi Braidotti, Posthumanismus. Leben jenseits des Menschen, Frankfurt a. M. 2014.

[53] Vgl. die Publikationen von »Brot für die Welt« und dem »Evangelischen Entwicklungsdienst« (EED) mit dem Forschungs- und Dokumentationszentrum Chile-Lateinamerika (FDCL): http://land-grabbing.de/publikationen/#c1006 (2.1.2015).

[54] Vgl. Estermann, Andine Philosophie, 14.

[55] »Ich trinke aus zwei Flüssen«: Diese Metapher drückt das »christlich-indigene Selbstbekenntnis« der *Achuar* und *Shuar* im Amazonasgebiet aus; vgl. Anna Meiser, »Ich trinke aus zwei Flüssen«. Zur Logik transkultureller Prozesse bei christlichen Achuar und Shuar im oberen Amazonien, Stuttgart 2013, 310.

haltspunkte‹ *in Beziehung* zu den sogenannten ›Anderen‹ zu leben, sie also im Zusammenhang mit ihnen zu leben.«[56]

Die interkulturelle Philosophin Catherine Walsh aus den USA/Ecuador definiert Interkulturalität als tief greifende und radikale Neukonzeption der ökonomischen Strukturen, die sich auf eine Logik von »*racionalidades otras*« (andere Denkweisen) stützt.[57]

Da es in *Quechua* und *Aymara* keine abstrakten Begriffe gibt, hat auch der Begriff der *Kultur* keine direkte Entsprechung. Das, was wir als Kultur, Religion und Natur unterscheiden, steht hier in engem Beziehungsverhältnis. Zwischen profanen und religiösen Bereichen wird nicht unterschieden.[58] Bis zur Gegenwart wird der Begriff der »andinen Religionen« selten verwendet, da er ebenfalls ein abstrakter Fremdbegriff ist, der nicht das Selbstverständnis der *Quechua* und *Aymara* widergibt.[59]

Während das Beispiel der andinen Theologie auf Harmonie und Vermittlung ausgelegt ist, ist das zweite Beispiel der afrikanischen postkolonialen Theologie eher konfrontativer.

3. Interkulturalität in afrikanischer postkolonialer Theologie

Musa W. Dube ist die wichtigste postkoloniale biblische Theologin in Afrika. Ihre Familie hat in den 1950er-Jahren am eigenen Leib erlebt, wie ›weiße‹ rhodesische Siedler in Simbabwe ihr Land besetzten. Um der Zwangsarbeit oder Umsiedlung in unfruchtbare Reservate zu entkommen, flüchtete ihre Familie nach Botswana, das sich 1966 die Unabhängigkeit gegen die britische Kolonialherrschaft erkämpfte.[60] Wie viele postkoloniale Denker und Theologinnen gehört sie

---

[56] Raúl Fornet-Betancourt, Zur interkulturellen Kritik der neueren lateinamerikanischen Philosophie. Mit Antworten von Enrique Dussel, Arturo A. Roig, Juan Carlos Scannone und Luis Villoro, Nordhausen 2005, 13.

[57] Vgl. Catherine Walsh, Interculturalidad, plurinacionalidad y razón decolonial. Refundares político-epistémicos en marcha, in: Ramón Grosfoguel/Hernández Roberto Almanza (Hg.), Lugares descoloniales. Espacios de intervención en las Américas, Bogotá 2012, 95–118, hier: 104–106.

[58] Vgl. Estermann, Apu Taytayku, 92.

[59] Der Begriff der »andinen Religionen« war bis vor zwanzig Jahren kaum gebräuchlich. Menschen in Bolivien würden »indigene Religion« eher nicht ankreuzen, wenn dies in einer Umfrage möglich wäre, da es in *Quechua* und *Aymara* weder den Begriff »indigen« noch »Religion« gibt; vgl. Estermann, Apu Taytayku, 86f.

[60] Vgl. Musa W. Dube, Go therefore and make Disciples of All Nations (Matt 28,19A). A Postcolonial Perspective on Biblical Criticism and Pedagogy, in: Fernando Segovia/Mary Ann Tolbert (Hg.), Teaching the Bible. The Discourses and Politics of Biblical Pedagogy, Maryknoll 1998, 224–246, hier: 226.

zu den kosmopolitischen Migrantinnen und promovierte im Neuen Testament in den USA.[61]

3.1 Postkoloniale afrikanische biblische Theologie bei Musa W. Dube

Dube kombiniert postkoloniale Kritik und afrikanische traditionelle Ausdrucks-formen miteinander. Ihre provokative These ist, dass biblische Texte im Dienste der Kolonialisierung des Denkens und Wissens standen. Ihre hermeneutischen Fragen an die Texte lauten folgendermaßen: Welchen Einfluss hat die Lektüre der Bibel auf internationale Beziehungen? Wie wird mit anderen Kulturen, Religio-nen, Kontinenten und Ländern umgegangen? Dube formuliert hier zentrale Fra-gen der Interkulturellen Theologie.

Zu Dubes postkolonialer Kritik gehört auch ihr methodisches Vorgehen. Auf kreative Weise bringt sie die afrikanische Tradition des *story telling* ins Spiel. Ihre Interpretation von Bibeltexten geschieht mithilfe von Mythen aus Botswana,[62] gängigen Sprichworten, Liedern oder Symbolen.[63] Auch den Band *Postcolonial Perspectives in African Biblical Interpretations*[64] stellt sie unter das Motto von »Adinkra Symbolen« der Ashanti aus Ghana.

[61] Vgl. ihre Doktorarbeit: Musa W. Dube, Postcolonial Feminist Interpretation of the Bible, St. Louis 2000.
[62] Vgl. Musa W. Dube, Jumping the Fire with Judith. Postcolonial Feminist Hermeneutics of Liberation, in: Silvia Schroer/Sophia Bietenhard (Hg.), Feminist Interpretation of the Bible and the Hermeneutics of Liberation, Sheffield 2003, 60–76, 60–62; Musa W. Dube, Searching for the Lost Needle. Double Colonization & Postcolonial African Feminisms, in: Studies in World Christianity, Vol. 5, No. 2 (1999), 213–228, 213.
[63] Musa W. Dube (Hg.), Other Ways of Reading. African Women and the Bible, Atlanta/Geneva 2001.
[64] Musa W. Dube/Andrew M. Mbuvi u. a. (Hg.), Postcolonial Perspectives in Biblical Interpretations, Atlanta 2012.

Das *Sankofa* Symbol[65] illustriert Dubes Methode.[66] Es ist ein Vogel zu sehen, der sich mit dem Kopf zu seinem Rücken dreht und das Beste aus der Vergangenheit aus dem Gefieder pickt. Das Beste wird durch ein Ei symbolisiert.[67] Auf Akan Twi bedeutet *San-ko-fa*: »blicke zurück« (*san*), »gehe« (*ko*) und »nimm« (*fa*). *Sankofa* steht somit für die postkoloniale kritische Auswahl und Aneignung der religiösen Traditionen, die lebensdienlich sind.[68]

Dubes Interpretationen sind deshalb oft ungewöhnlich und geradezu irritierend. Wie *Sankofa* untersucht sie die narrative Struktur von Bibeltexten. Bei diesem intensiven ›Picken‹ kommt häufig als Ergebnis heraus, dass der biblische Text oder sogar das ganze Evangelium imperiale Absichten verfolge. Dube verlässt das uns gewohnte Terrain der historisch-kritischen Methode und der sozialgeschichtlichen oder feministischen Hermeneutik.[69] Besonders zu erwähnen sind Dubes biblisch-exegetische postkoloniale Arbeiten zur HIV- und Aids-Problematik.[70]

Das klassische Beispiel, an dem sie dies vorgeführt hat, ist Matthäus 15, 21–28, dem Dialog zwischen Jesus und der kanaanäischen Frau.[71] Dube stellt folgende Fragen nach der narrativen Struktur biblischer Texte: Welche Personen treten auf? Welche Machtbeziehungen sind zwischen ihnen zu vermuten? Werden Landbesetzung und imperiale Herrschaftsmacht theologisch legitimiert? Werden andere Ethnien abgewertet (*race relations*)? Wird die Ausbeutung ökonomischer Ressourcen und Gendergewalt legitimiert?

---

[65] www.berea.edu/cgwc/the-power-of-sankofa (2.1.2015).

[66] Dube kombiniert hier *Sankofa* mit *Nyame dua*, das wörtlich »Gottes« (*nyame*) »Baum« (*dua*) oder »Baum des Lebens« bedeutet. »The combination of these symbols on the cover communicates the agenda of this volume; namely; to critically examine the interaction of biblical texts with African people and their cultures, within the postcolonial framework«. Musa W. Dube, The Scramble for Africa as the Biblical Scramble for Africa. Postcolonial Perspectives, in: Dies./Mbuvi u. a. (Hg.), Postcolonial Perspectives in Biblical Interpretations, 1–26, hier: 6.

[67] Adinkra Symbole werden meiner Erfahrung nach in Ghana im Alltag und in gottesdienstlichen Zusammenhängen häufig verwendet, manchmal auch in anderen afrikanischen Ländern.

[68] Dube nennt dies »critical appropriation of one's heritage«; Dube, Postcolonial Perspectives in Biblical Interpretations, 6.

[69] Diese Methoden gehen Dube nicht weit genug, da sie die Problematik des Kolonialismus, Imperialismus bis zur Globalisierung meist ausklammern; vgl. Dube, Postcolonial Feminist Interpretation of the Bible, 157–184.

[70] Vgl. beispielsweise Musa W. Dube, Go Tla Siama, O Tla Fola. Doing Biblical Studies in an HIV and AIDS Context, in: Dies./Mbuvi u. a. (Hg.), Postcolonial Perspectives in Biblical Interpretations, 483–508.

[71] Dieser Dialog ist »einer der brisantesten des Neuen Testaments«; Marlene Crüsemann, Gott ist Beziehung. Beiträge zur biblischen Rede von Gott, Claudia Janssen/Luise Schottroff (Hg.), Gütersloh 2014, 163–170, hier: 170.

Dube hat diese Geschichte postkolonial interpretiert und mit Mitgliedern von *African Independent Churches (AIC)* gelesen. Jesus repräsentiert in ihrer Lesart einen reisenden Lehrer und Heiler, der mit göttlicher Autorität unterwegs ist und nach Sidon und Tyron kommt. *Moya* (Geist Gottes)[72] liegt auf ihm und führt ihn dort hin. Die kanaanäische Frau steht für das Land Kanaan. Bei Dube repräsentieren Frauen häufig ein Land, da in kolonialen Narrativen die Eroberung von Land häufig als Eroberung einer Frau dargestellt wird.[73] Zwischen Jesus und der fremden Kanaanäerin sieht Dube ein Machtgefälle zwischen Jesus, dem Meister, und der fremden Frau, deren Tochter von einem Dämon besessen ist. Jesus ignoriert sie. Für Dube ist dies eine imperiale Geste. Die Jünger schalten sich ein. Jesus sagt den anstößigen Satz: »Ich bin nur zu den verlorenen Schafen des Hauses Israel gesandt.«[74] Nachdem die Frau wieder um Hilfe ruft, sagt Jesus den zweiten schwierigen Satz: »Es ist nicht recht, dass man den Kindern ihr Brot nehme und werfe es vor die Hunde.« Die Kanaanäerin akzeptiert die soziale Kategorie, auf der Stufe eines Hundes zu stehen, und sagt: »Ja, das stimmt, doch die Hunde fressen von den Krümeln, die vom Tisch der Menschen fallen.«

Postkolonial afrikanisch gelesen treten in dieser Szene zwei Klassen von Menschen auf. Die kanaanäische Frau steht für diejenigen, die den Meister bitten müssen und mit Hunden gleichgesetzt werden. Rassismus, Genderdiskriminierung und imperiale Macht sind hier im Spiel.

Jedoch kommen die meisten Mitglieder der Afrikanischen Unabhängigen Gemeinden zu dem Schluss, dass die kanaanäische Frau die Überschreitung solcher menschengemachten Grenzen einfordere; durch ihren Glauben geschehe das Wunder der Heilung der Tochter. Diese Lektüreform nennt Dube Lesen auf »befreiende Wechselseitigkeit«[75] hin.

Dubes Interpretation bleibt an manchen Stellen etwas unklar, aber es zeigt sich deutlich eine identifikatorische Lektüre. Die kanaanäische Frau verkörpert die Position »postkolonialer Subjekte« in Afrika. Auch wenn sie in der kolonial-missionarischen Geschichte oft Abwertung erfahren haben, ist ihr Glaube groß.

---

[72] In den AICs ist *Moya* als Geist Gottes ein zentrales Element: »It is the Spirit that chooses and empowers women and men to be prophets, faith-healers, church founders, and leaders in the business of restoring and maintaining life.« Dube, Postcolonial Feminist Interpretation of the Bible, 187.

[73] Vgl. auch Musa W. Dube, Markus 5,21–43 in vier Lektüren. Narrative Analyse – postcolonial criticism – feministische Exegese – HIV/AIDS, in: ZNT, Vol. 17, No. 33 (2014), 12–23.

[74] Die Bibelzitate stammen aus der Bibel in gerechter Sprache, Gütersloh 2006, 1862.

[75] Unter »*liberating interdependence*« versteht sie, international miteinander verbunden zu sein in Beziehungen, die die Würde von allen Dingen und Menschen anerkennen und bestätigen; vgl. Dube, Postcolonial Feminist Interpretation of the Bible, 4 und 185.

Sie kombinieren afrikanische Traditionen mit dem christlichen Glauben, und in ihren Kirchen passieren Wunder der Heilung.

Soweit das Beispiel afrikanischer biblischer postkolonialer Theologie von Musa W. Dube. Die Auslegung wirft viele Fragen auf. Ich greife drei heraus. Das Problem antijudaistischer Tendenzen in postkolonialen Bibellektüren ist in den letzten Jahren immer wieder thematisiert worden.[76] Die Kanaanäerin könnte auch eine Gottesfürchtige oder Proselytin sein. Sie wäre dann keine Außenseiterin, und es würde sich hier um ein innerjüdisches Gespräch handeln.[77] Da Dube biblische Narrative direkt auf afrikanische Leserinnen und Leser bezieht, hat sie das Problem antijudaistischer Lesarten nicht vor Augen.

Zweitens neigt Dube dazu, den Text oder auch das Matthäusevangelium als Ganzes als imperial zu deuten. Wäre hier nicht eher von einer Ambivalenz auszugehen, wie dies auch bei anderen Problematiken wie Gewalt und Geschlechterverhältnissen in der Bibel häufig der Fall ist? Inwiefern wird die Kolonialkritik zu sehr über die Texte gelegt? Dies wäre im Übrigen kontraproduktiv für das Ziel der Entkolonialisierung, da eine Überbetonung der imperialen Züge auch performativ wirken kann.

Eine dritte Beobachtung ist, dass Dube oft homogenisierend von »westlichem« Denken spricht.[78] Wird hier der Spieß umgedreht, indem frühere homogenisierende kolonialmissionarische Betrachtungsweisen nun auf »die« europäisch-westliche Theologie angewandt werden? Auch frage ich mich, ob der moralisch aufgeladene Ton hilfreich ist. Postkoloniale Kritik wird im deutschsprachigen Umfeld häufig als einseitige immer während Schuldzuweisung an Europa verstanden – und dann zurückgewiesen.

Nach diesen kritischen Rückfragen wende ich mich nun den Herausforderungen, Vermittlungsangeboten und Theorien der Interkulturalität zu.

---

[76] Vgl. Amy-Jill Levine/Kwok Pui-lan u. a., Roundtable Discussion. Anti-Judaism und Postcolonial Interpretation, in: Journal of Feminist Studies in Religion, Vol. 20, No. 1 (2004), 91–132.

[77] Diese Position vertritt Martina S. Gnadt, Das Evangelium nach Mattähus. Judenchristliche Gemeinden im Widerstand gegen die *Pax Romana*, in: Luise Schottroff/Marie-Theres Wacker (Hg.), Kompendium Feministische Bibelauslegung, Gütersloh 1999₂, 483–499, hier: 495f.

[78] Vgl. beispielsweise »white Western readings«; Dube, Postcolonial Feminist Interpretation of the Bible, 157; »Western academics«; Dube, Searching for the Lost Needle, 235.

3.2 Interkulturelle Theologie als Heilung internationaler Machtbeziehungen

Postkoloniale Kritik provoziert eine epistemologische Infragestellung der Theologie als Ganzes: Inwiefern betreibt die Theologie eine aktive Entkolonialisierung ihrer Begriffe und Denkweisen? Grundlegende epistemologische Kritik an europäischer Theologie erfreut sich im deutschsprachigen Umfeld nicht gerade großer Beliebtheit.[79]

Mit Dube postkolonial Interkulturelle Theologie zu betreiben würde bedeuten, von den »kolonialen Wunden« auszugehen,[80] auch von Wunden des gegenwärtigen Imperialismus und der Globalisierung.[81] Dube betont, dass interkulturelle Beziehungen immer schon in den historischen und gegenwärtigen »Verflechtungen« oder dem »Verhängtsein« zwischen Europa und den ehemals kolonialisierten Ländern stehen. Die postkoloniale Soziologin Shalini Randeria nennt dies *entanglement*.[82] Interkulturalität kann deshalb nicht selbstbezüglich einseitig von Europa aus gedacht werden, sondern steht *immer schon* in verflochtener Beziehung zum globalen Süden.

Die Postkolonialen Studien sind ein *Theorieangebot* zur Interkulturalität, das Asien, Lateinamerika und Afrika miteinander verbindet.[83] Der jüngst erschienene Band *Postcoloniality – Decoloniality – Black Critique* zeigt erstmals Gemeinsamkeiten und Divergenzen auf. In jedem Kontinent wurden kontextuelle Varianten entwickelt, die sich gegenseitig überlappen und »in dieselbe Richtung gehen«,[84] indem sie epistemische Kritik an der Kolonialität und an Verskla-

---

[79] Vgl. Andreas Nehring/Simon Tielesch, Theologie und Postkolonialismus. Zur Einführung, in: Andreas Nehring/Simon Tielesch (Hg.), Postkoloniale Theologien. Bibelhermeneutische und kulturwissenschaftliche Beiträge, Stuttgart 2013, 9–45, hier: 9.

[80] »We bear the wounds of the ›Scramble for Africa‹ upon our bodies and lands«; Dube, Postcolonial Feminist Interpretation of the Bible, 3.

[81] Auch der Historiker Sebastian Conrad plädiert für einen weiteren Begriff von Kolonialismus, der die Übergänge zu informellem Imperialismus und zur gegenwärtigen Globalisierung einschließt; vgl. Sebastian Conrad, Deutsche Kolonialgeschichte, München 2012, 15.

[82] Sebastian Conrad/Shalini Randeria, Geteilte Geschichten – Europa in einer postkolonialen Welt, in: Sebastian Conrad/Shalini Randeria (Hg.), Jenseits des Eurozentrismus. Postkoloniale Perspektiven in den Geschichts- und Kulturwissenschaften, Frankfurt a. M./New York 2002, 9–49, hier: 10.

[83] Postkoloniale Theologie bezeichnet Ulrich Dehn zu Recht als »integrative Debatte«, da »ideologiekritisch-historische und systematische Fragestellungen, oft verbunden mit den alten Anliegen der kontextuellen Theologie und deren Befreiungsimpuls, miteinander verwoben werden«. (Ulrich Dehn, Weltweites Christentum und ökumenische Bewegung, Berlin 2013, 190). Kontextuelle und postkoloniale Theologien gehen jedoch nicht unbedingt ineinander auf.

[84] Vgl. Sabine Broeck/Carsten Junker, Postcoloniality – Decoloniality – Black Critique: Preface, in: Postcoloniality – Decoloniality – Black Critique. Joints and Fissures, Frankfurt a. M. 2014, 9–18, hier: 9 und 11.

vungsstrukturen (engl. *enslavism*) üben. Dies lässt sich exemplarisch an einschlägigen Denkerinnen und Denkern zeigen, die »Kritik an europäischer Vernunft« üben.

Die Literaturwissenschaftlerin Gayatri Spivak aus Indien/USA ist eine wichtige Vertreterin der englischsprachigen Theorieentwicklung der *Postcoloniality*. Ihre »Kritik der postkolonialen Vernunft«[85] zielt auf das *Othering* (»Andern«): Das ›zivilisierte‹ europäische Subjekt habe sich durch eine negative Abgrenzung von ›nichtwestlichen Figuren‹ konstituiert. Für die Theoriebildung der lateinamerikanischen *Decoloniality*[86] steht Walter Mignolo aus Argentinien/USA. In seinem Buch »Epistemischer Ungehorsam«[87] plädiert er für eine Loslösung vom ›westlichen Denken‹, indem es sich von der »Kolonialität der Macht, des Denkens und des Seins« abkehrt. Kolonialität versteht Mignolo als die »dunkle Seite« der europäischen Moderne, die meist ausgeblendet wird. *Black Critique* formuliert der Politikwissenschaftler Achille Mbembe aus Kamerun/Südafrika. In seiner »Kritik der schwarzen Vernunft«[88] entfaltet er die These, dass sich der globale Kapitalismus aus dem transatlantischen Handel von Sklavinnen und Sklaven entwickelt habe. Inzwischen breite sich die Figur des »Negers« bzw. der »Negerin« als menschliche Ware global auf die subalterne Menschheit aus, was er »*Schwarzwerden der Welt*«[89] nennt.

In je eigener Akzentuierung wird hier postkoloniale, deskoloniale und schwarze Kritik an ›europäischer Vernunft‹ formuliert. Es handelt sich um interkulturelle Metareflexionen aus dem globalen Süden in Verflechtung mit dem globalen Norden, die in postkolonialen Theologien rezipiert werden.

Diese exemplarische Auseinandersetzung mit möglichen Beiträgen zur Interkulturellen Theologie hat auch das oft gezeichnete Bild von kritischen Befreiungstheologien aus Lateinamerika und versöhnenden Inkulturationstheologien aus Afrika etwas nuanciert: Der harmonische, integrierende Beitrag stammt hier

---

[85] Gayatri Chakravorty Spivak, A Critique of Postcolonial Reason. A History of the Vanishing Present, Cambridge, MA 1999; vgl. auch die jüngst erschienene deutsche Übersetzung: Gayatri Chakravorty Spivak, Kritik der postkolonialen Vernunft. Hin zu einer Geschichte der verrinnenden Gegenwart, Stuttgart 2014.

[86] Die *teorías descoloniales* gebe ich im Deutschen als »deskoloniale« Theorien wieder. In der Regel werden sie als »dekoloniale« Theorien übersetzt; vgl. beispielsweise Pablo Quintero/Sebastian Garbe (Hg.), Kolonialität der Macht. De/Koloniale Konflikte: zwischen Theorie und Praxis, Münster 2013.

[87] Walter Mignolo, Epistemischer Ungehorsam. Rhetorik der Moderne, Logik der Kolonialität und Grammatik der Dekolonialität, übers. u. eingel. v. Jens Kastner/Tom Waibel, Wien 2012.

[88] Achille Mbembe, Kritik der schwarzen Vernunft, Berlin 2014.

[89] A. a. O. 23.

aus Lateinamerika und der konfrontativ-provokative, befreiende Ansatz aus Afrika. Abschließend möchte ich die Erträge zusammenfassen und einen Ausblick auf die Weiterentwicklung der Interkulturellen Theologie geben.

4. Interkulturelle Theologie »zwischen Maisbier und Limonade«

Interkulturelle Theologie »zwischen den Welten« könnte mit folgenden Anstößen aus dem globalen Süden weiterentwickelt werden:

- Interkulturelle Theologie in planetarischer Perspektive würde vom Menschsein als Teil der Natur und des Kosmos ausgehen.
- Interkulturelle Theologie kann nicht einseitig von Europa aus betrieben werden, sondern steht immer schon in verflochtenen Beziehungsverhältnissen (*entanglement*) mit dem globalen Süden, was jedoch oftmals ausgeblendet wird.
- In andiner und afrikanisch-postkolonialer Perspektive ist die Suche nach Harmonie und Heilung der internationalen Machtbeziehungen ein wichtiges Element im interkulturellen Beziehungsverhältnis.
- Zu diesem Beziehungsverhältnis würde gehören, dass sich die Interkulturelle Theologie mit postkolonialer, deskolonialer und schwarzer Kritik theologisch und theoretisch auseinandersetzt.
- Es wäre darüber nachzudenken, in welcher Hinsicht Interkulturalität für die Theologie als Ganzes konstitutiv ist und inwiefern auch die deutschsprachige Theologie als »Trinken aus mehreren religiösen Flüssen« bezeichnet werden könnte.
- Der Begriff der »Kultur« wäre diskursiv offen zu halten für außereuropäische Vorstellungen, die oft nicht zwischen profan und religiös oder zwischen Natur und Kultur unterscheiden.

Zwei Schritte sind für das Weiterdenken wichtig: Einerseits sind Rückfragen an die geäußerte »Kritik europäischer Vernunft« zu stellen, andererseits schlage ich eine Kontextualisierung der Anstöße für den deutschsprachigen Kontext vor.

Die Beispiele für kontextuelle Theologien bringen in gewisser Hinsicht ein »anderes Denken« zum Anschlag. Auch Konflikte zwischen ›Nord‹ und ›Süd‹

kamen ansatzweise zur Sprache. Jedoch würde ich mit Theologen und Denkerinnen aus dem globalen Süden diskutieren wollen, ob die »Kritik der europäischen Vernunft«, wie ich sie in Aufnahme ihrer Metaphorik genannt habe, wirklich den Punkt trifft, da hier ›der Westen‹ oder ›das europäische Denken‹ homogenisiert wird. In ›westlich-europäischen‹ Traditionen finden sich dominante, aber auch gegenläufige Diskurse. Außerdem fällt die Gegenüberstellung zwischen ›westlich-europäischem‹ und ›nicht-westlich-europäischem‹ Denken hinter Stuart Halls postkolonialer Kritik an der europäischen Dichotomie »Der Westen und der Rest«[90] zurück und lässt das »Verhängtsein« (*entanglement*) außer Acht. Andine Theologie wie auch die afrikanische postkoloniale Theologie trinken aus mehreren Flüssen, auch aus dem Fluss europäischer Vernunft und Vernunftkritik.[91]

Da die postkolonialen und andinen Herausforderungen auch Methoden der Kritik verwenden, die in den westlichen akademischen Diskursen nicht unbedingt anerkannt sind – hier sei an das Zitat von Andreas Feldtkeller erinnert –, ist eine Kontextualisierung im deutschsprachigen Kontext nötig.

Zwar hängt der *cultural turn* hin zu den Kulturwissenschaften eng mit dem *postcolonial turn* zusammen,[92] aber eine deutschsprachige eigenständige postkoloniale Theologie ist erst im Entstehen.[93] Die deutschsprachige Forschungslandschaft beschäftigt sich erst in den letzten Jahren verstärkt mit Kolonialthemen und postkolonialer Kritik. Dies hat auch damit zu tun, dass die deutsche Kolonialgeschichte zu Unrecht als marginal und kurz eingeschätzt wird. Deutschland war das »viertgrößte europäische Kolonialreich«[94] und in die koloniale Weltpolitik und Weltwirtschaft eingebunden, sodass deutsche Firmen daran beträchtlich verdienten. Mir gegenüber wird immer wieder geäußert, dass postkoloniale Theologien »fremd« erscheinen. Dies hängt auch mit der Verdrängung der deutschen Kolonialgeschichte zusammen.

---

[90] Stuart Hall, The West and the Rest. Discourse and Power, in: Ders. (Hg.), Modernity. An Introduction to Modern Societies, Cambridge, Mass. 2000, 184–227.

[91] So wird beispielsweise auf poststrukturalistisches Denken der Dekonstruktion der französischen postmodernen Philosophie zurückgegriffen, auf marxistische Theorien, die Frankfurter Kritische Theorie oder emanzipatorisches Befreiungsdenken.

[92] Doris Bachmann-Medick, Cultural Turns. Neuorientierungen in den Kulturwissenschaften, Reinbek bei Hamburg 2010⁴.

[93] Vgl. auf europäischer Ebene Ulrike Auga/Sigridur Gudmarsdóttir u. a. (Hg.), Widerstand und Visionen – der Beitrag postkolonialer, postsäkularer und queerer Theorie zu Theologie und Religionswissenschaften, Leuven/Paris u. a. 2014.

[94] Vgl. Conrad, Deutsche Kolonialgeschichte, 22. Vgl. für das Folgende a. a. O. 16 und 60.

Für eine Kontextualisierung ist der Zusammenhang der deutschen Kolonialgeschichte und des Holocaust zu bedenken. Den Genozid an den Hereros in Namibia (1904–1907) deuten manche Historiker als »Vorgeschichte des Holocaust« und als »ultimativen Tabubruch«.[95] Das Bewusstsein für die bis zur Gegenwart präsente deutsche Kolonialkultur wird in Städten wie Berlin, Hamburg, Freiburg, Köln und München durch postkoloniale Erinnerungsprojekte geschärft.[96] Gegenwärtige brennende gesellschaftliche Probleme wie Rassismus, Fremden- und Islamfeindlichkeit sollten deshalb auch im Kontext postkolonialer Kritik reflektiert werden.

Im Blick auf planetarische, kosmisch-ökologische und harmoniezentrierte Denkströmungen lassen sich bei uns nicht nur abendländische Traditionen mystischer und ökologischer Theologie anführen, sondern auch aktuelle Beispiele. Die Betonung der Beziehungshaftigkeit ist ein Charakteristikum einiger Ansätze feministischer Theologie.[97] Reziprozität wird neuerdings in der evangelischen Theologie der »Gabe« stark gemacht.[98] Das ökumenische Projekt der EKD »Nachhaltig predigen«[99] versucht, ökologische Dimensionen der Nachhaltigkeit im Gottesdienstleben zu verankern. Die Suche nach Harmonie und Gleichgewicht steht im Zentrum des gesundheitswissenschaftlichen Ansatzes der Salutogenese,[100] um nur einige Beispiele zu nennen.

Insgesamt ist deutlich geworden, dass Interkulturelle Theologie kein Unternehmen ist, das auf Europa beschränkt sein muss, sondern auch interkulturell

---

[95] Zit. nach Conrad, Deutsche Kolonialgeschichte, 100 und 101. Astrid Messerschmidt plädiert ebenfalls dafür, die »Aufarbeitungsprozesse von Kolonialismus und Nationalsozialismus … im Zusammenhang einer Gegenwart« zu betrachten, »in der die Menschen- und Weltbilder des Nationalsozialismus präsent sind und die Erfahrungen kolonialer Herrschaftspraktiken sowie die darin erzeugten Bilder von den nicht-europäischen ›Anderen‹ und dem europäischen ›Selbst‹ nachwirken.« Astrid Messerschmidt, Postkoloniale Erinnerungsprozesse in einer postnationalsozialistischen Gesellschaft – vom Umgang mit Rassismus und Antisemitismus, in: Peripherie, Vol. 28, No. 109/110 (2008), 42–60, hier: 42. Diese Verflechtungen wurden bislang nur vereinzelt thematisiert; vgl. beispielsweise Hito Steyerl/Encarnación Gutiérrez Rodríguez, Spricht die Subalterne deutsch? Migration und postkoloniale Kritik, Münster 2012².

[96] Vgl. folgende Initiativen: »Arbeitskreis Schwarze deutsche Frauen und Schwarze Frauen in Deutschland e.V.« (ADEFRA): www.adefra.com; »Berlin Postkolonial e.V.«: www.berlin-postkolonial.de; »Arbeitskreis Hamburg Postkolonial«: www.hamburg-postkolonial.de/netzwerk.html; »Freiburg-postkolonial«: www.freiburg-postkolonial.de; »München Postkolonial«: http://muc.postkolonial.net (2.1.2015).

[97] Vgl. beispielsweise Carter Heyward, Und sie rührte sein Kleid an. Eine feministische Theologie der Beziehung, Stuttgart 1992; und Crüsemann, Gott in Beziehung.

[98] Vgl. beispielsweise Theodor Ahrens, Vom Charme der Gabe. Theologie interkulturell, Frankfurt a. M. 2008; Joane Beuker, Gabe und Beziehung. Ein Beitrag zur Differenzierung des Gabebegriffs und zum theologischen Verständnis der Ehe, Berlin 2014.

[99] www.nachhaltig-predigen.de (2.1.2015).

[100] Vgl. www.bug-nrw.de/cms/upload/pdf/entwicklung/Antonowski.pdf (2.1. 2015).

weiterentwickelt werden kann. Wie der Mythos von Anansi und der Kalebasse der Weisheit erzählt, ist Wissen und Weisheit auf der ganzen Welt verteilt.

(Prof. Dr. Heike Walz ist Juniorprofessorin für Feministische Theologie und Theologische Geschlechterforschung, Fachbereich Religions-, Missionswissenschaft und Ökumenik, Kirchliche Hochschule Wuppertal-Bethel)

ABSTRACT

In this article Intercultural Theology is understood as an endeavour that takes place walking »between the worlds« of the global South and North. However, reflections about Intercultural Theology in German-speaking contexts have remained mainly Eurocentric so far. In contrast the author argues that the theological and methodological challenges made by theologies from the South have to be considered for the conceptualization of Intercultural Theology: What are the theological issues raised by them? Do they critique the so-called ›European reason‹? What do they suggest for the intermediation between the contexts? What sort of intercultural theories do they provide? Two examples are analyzed: »Theologies from the Andes« developed in Bolivia and Peru (e. g. the Cross of the Andes) and »African Postcolonial Biblical Theologies« (e. g. Musa W. Dube). The closing reflection shows ways to deal with these challenges in Intercultural Theology.

Dieser Text ist das Skript eines Vortrags, den Kirsteen Kim vor der Mitglieder-versammlung des Evangelischen Missionswerks in Deutschland im Oktober 2014 in Breklum gehalten hat. Kim schlägt einen interessanten Bogen von Grundlagen missionstheologischen Denkens und exegetischen Erwägungen zu den Grundla-gen im Neuen Testament zum geographischen und kirchlichen Polyzentrismus mit Korea als Beispiel bis hin zur Frage der Disziplin World Christianity. Wir haben um des Dokumentationscharakters willen den Vortragsstil und alle situa-tionsbedingten Hinweise im Text beibehalten.

Von den/Bis an die … Enden der Erde: Mission im Geist

Kirsteen Kim

Ich möchte mich zunächst für Ihre freundliche Einladung bedanken. Den von Pastor Dr. Michael Biehl erstellten Bericht habe ich mit großem Interesse gele-sen. Insbesondere hat mich dessen Titel neugierig gemacht: »*Von* allen Enden der Erde«. Ich möchte hier der Frage nachgehen, wie Mission, die wir ja mit einem Aussenden *zu* den Enden der Erde verbinden, sich in den Kontext der Weltchris-tenheit einfügt. Ich beziehe mich dabei auf den erwähnten Bericht und erörtere diese neue Sichtweise weiter, die meiner Ansicht nach u. a. ein neues Verständnis der Katholizität der Kirche bietet. Beginnen jedoch möchte ich mit einer theolo-gischen Perspektive aus der Apostelgeschichte. Vor dem Hintergrund der Verhei-ßung Jesu an seine Jünger, sie würden nach dem Empfang der Kraft des Heiligen Geistes »Zeugen bis an das Ende der Erde« sein und im Nachdenken über Pfings-ten und dessen Nachgeschichte möchte ich ein neues Modell von Apostolizität vorschlagen: das Modell einer »Mission im Geist«. In vielem haben mich dabei meine Erfahrungen in Asien geprägt, insbesondere meine jüngsten Studien zum koreanischen Christentum.

Mission im Geist: Ein neuer Zugang zur Frage der Apostolizität

Pfingsten: Von den/Bis an die ... Enden der Erde

Mit seinem Titel »*Von* allen Enden der Erde« bezieht sich der EMW-Bericht darauf, dass, wie in der Apostelgeschichte erwähnt, zur Zeit des ersten Pfingstgeschehens Menschen aus verschiedenen jüdischen Diaspora-Gemeinden nach Jerusalem gekommen waren. Bekanntlich aber wird das Pfingstgeschehen vor allem als Erfüllung der Verheißung Jesu an seine Jünger gesehen: »Ihr werdet die Kraft des heiligen Geistes empfangen, der auf euch kommen wird, und werdet meine Zeugen sein in Jerusalem und in ganz Judäa und Samarien und bis an das Ende der Erde« (Apg 1:8). »Bis an das Ende der Erde« klingt verdächtig nach dem alten kolonialistischen Missionsparadigma, dem folgend die Missionare zusammen mit Abenteurern und Kolonisatoren von Europa aus in die weitesten Fernen zogen. Wir sind uns der Problematik dieses Modells bewusst und der Notwendigkeit, es in einer nach-kolonialistischen Welt zu überdenken. Und dies muss das Überdenken seiner theologischen Grundlagen mit einschließen. David Bosch und andere haben sich eingehend mit dem »Missionsbefehl« in Matthäus 28:18–20[1] auseinandergesetzt, aber solch ein Überdenken ist auch für das übrige Neue Testament nötig.

Die Grundlage der kolonialen Mission?

Die Apostelgeschichte ist grundlegend für unser Verständnis der Mission der Alten Kirche. Bedeutet der Ausdruck »*bis an* das Ende der Erde«, dass Lukas die expansionistische Sicht der römischen Kaiser oder die kolonialistische Anschauung der modernen westlichen Welt teilte?[2] Aus verschiedenen Gründen glaube ich das nicht.[3] Erstens können wir Lukas keine imperialistische Haltung unterstellen. In der Mission der Apostel geht es darum, »Zeuge« (Apg 1:8) Christi zu sein. Sie hat mithin gleichen selbstaufopfernden Charakter wie die Mission

---

[1] David J. Bosch, The Structure of Mission: An Exposition of Matthew 28:16–20. In: Wilbert R. Shenk (ed.), Exploring Church Growth (Grand Rapids, MI: Eerdmans, 1983), 218–248.

[2] Vgl. Virginia Burrus, The Gospel of Luke and the Acts of the Apostles. In: F. F. Segovia/R. S. Sugirtharajah (eds.), A Postcolonial Commentary on the New Testament Writings (London: Continuum, 2007), 133–55.

[3] Vgl. V. George Shillington, An Introduction to the Study of Luke-Acts (London: T&T Clark, 2007).

Christi. Die Apostel sind ungeschützt – das gilt selbst für Paulus, der römischer Bürger ist. Sie sind keine Agenten irgendeiner politischen Macht. Wie Jesus lehnen es die Apostel ab, sich von ihren Mitmenschen huldigen zu lassen (Paulus und Barnabas; Apg 14: 8–17) und ziehen aus ihren Missionsreisen keine materiellen Vorteile. Die Apostel verdammten Dämonen aber keine Menschen (mit Ausnahme vielleicht des Elymas; Apg 13:6–11). Und, was am bemerkenswertesten ist, sie zwangen den Heidenchristen ihre jüdische Kultur nicht auf.

Zweitens handelt es sich, wenn man sich, wie das häufig der Fall ist, im Anschluss an Lukas die Verbreitung des Evangeliums als Ausbreitung in konzentrischen Kreisen vorstellt – *von* Jerusalem nach Judäa und Samarien und bis an die Enden der Erde – um eine Fehleinschätzung; zum einen deshalb, weil der Aufruf, Zeugnis abzulegen, jeweils *innerhalb* jeder dieser Örtlichkeiten erfolgte, und zum anderen, weil diese keine konzentrischen Kreise bilden. Jerusalem ist vielleicht das Zentrum von Judäa, aber nicht von Samarien. Alle drei Gebiete stehen für das persönliche Wirken von Jesus selbst und die unmittelbar darauf folgende Wirkungsgeschichte seiner Botschaft, wie sie die Apostelgeschichte erzählt (vgl. Apg 2:1–8:25). »Die Enden der Erde«, das bezeichnet ganz klar einen neuen Aufbruch, die Mission zu den Nichtjuden, von der wir in der Apostelgeschichte ab Kap. 8:25, vor allem im Zusammenhang mit Paulus, lesen. Natürlich war Paulus nicht der einzige Missionar, der unter den Nichtjuden wirkte – es gab weitere Missionen wie die von Philippus, Barnabas (15:39) und Apollos. Aber es steht nichts davon in der Apostelgeschichte, dass Paulus oder ein anderer Missionar das Ende der Erde erreicht hätte. Außerdem gab es nicht nur, worauf Dr. Biehl hingewiesen hat, die Ausbreitung von Jerusalem aus, sondern auch eine Bewegung in die entgegengesetzte Richtung. Paulus selbst kehrt nach Beendigung seiner Reisen in Begleitung von Heidenchristen nach Jerusalem zurück. Die Ausbreitung der Urkirche geschah keineswegs als rücksichtslose Expansion. Vielmehr lesen wir in der Apostelgeschichte vor allem von der Ausbreitung der Guten Nachricht innerhalb der Grenzen des Römischen Reiches. Und wie die meisten Reiche, war auch dieses eines, das einzelne Menschen und ganze Gemeinschaften um ihre Habe brachte und sie vertrieb. Verfolgungen, wie die von denen Apg 8:11 und 18 berichten, zwangen also christliche Gemeinschaften zur Auflösung, Zerstreuung und Abwanderung je nach den zufällig herrschenden Umständen. Neben dieser unfreiwilligen Mobilität gab es natürlich im Römischen Reich für bestimmte Personen die Möglichkeit sich relativ frei zu bewegen, das galt etwa für Paulus selbst und für seine Zeltmacherkollegen Priszilla und Aquila und für die Händlerin Lydia aus Thyatira (Apg 16).[4] Das Christentum war keine imperiale Macht; es war vielmehr imperialer Willkür ausgeliefert und breitete sich nicht durch Gebietseroberungen aus.

Man hat Lukas vorgeworfen, seinen Bericht geschönt zu haben, um damit den Frieden zwischen dem Christentum und Rom zu erleichtern. Jedoch war Lukas – und das ist mein drittes Argument – durchaus auch subversiv gegenüber der römischen Macht eingestellt. Denn mit seinem Bericht mit der »guten Nachricht für die Armen« legt Lukas zugleich auch die Grundlage für eine Befreiungstheologie. Sicher, Lukas bewundert teilweise das Römische Reich, z. B. weil in ihm, wie in der Gemeinschaft der Christen, der Unterschied zwischen Juden und Nichtjuden überwunden ist. In der Apostelgeschichte beruft sich Paulus auf römisches Recht und erfährt dessen Schutz. Aber Lukas betont des ungeachtet stets die Vorherrschaft des Reiches Gottes, das immer über und mitunter im Gegensatz zum Römischen Reich steht.

Ist Lukas in seiner Erzählung, in der er den Spuren Paulus' folgt, voreingenommen für den Westen? Folgt daraus, dass dem Westen in der Geschichte der Christenheit eine besondere Bedeutung zukommt? Es ist wahr, Lukas spricht nicht von den Jahren des Aufenthaltes von Paulus in Arabien (Gal 1:17; 2Kor 11:32–33), aber er erwähnt die Verbreitung des Evangeliums in Afrika, nämlich Äthiopien, durch einen Einheimischen, und darauf bezieht sich implizit schon die Erwähnung der Diaspora-Vertreter in Apg 2. Wir können durchaus annehmen, dass diese das Evangelium mit nach Hause nahmen, und wir haben damit nicht nur einen Bericht von der jüdischen Diaspora in jener Zeit, sondern auch einen Hinweis auf die Orte der ersten Kirchen. Diese Orte erstreckten sich von Pontus im nördlichen Kleinasien bis ins Gebiet südlich von Ägypten, von Rom im Westen bis nach Elam, östlich von Arabien.

In diesem Zusammenhang ist es wichtig festzuhalten, dass der »Ruf nach Mazedonien« (Apg 16:9–10) von Lukas nicht als ein Ruf nach Europa dargestellt wird – das ist eine spätere europäische Interpretation. Es ist allerdings wahr, dass Paulus sich nach seinen Rundreisen von Jerusalem nach Rom begab. Aber dies

---

[4] Zum Kontext von Kolonialismus und Diaspora in der frühen christlichen Mission siehe u. a. N. T. Wright, The New Testament and the People of God (London: SPCK, 1992); Udo Schnelle, Paulus: Leben und Denken (Berlin/New York: de Gruyter, 2003); engl. Übersetzung: Apostle Paul: His Life and His Theology, trans. by M.E. Boring (Grand Rapids, MI: Baker Academic, 2005); Alexander J. M. Wedderburn, A History of the First Christians (London: T&T Clark, 2004); Dale T. Irvin/Scott W. Sunquist, History of the World Christian Movement, Vol. I (Maryknoll, NY: Orbis Books, 2001); R. Geoffrey Harris, Mission in the Gospels (Peterborough: Epworth, 2004).

nicht primär, weil Rom im Westen lag, sondern weil es das Zentrum des Reiches war. Es gibt in der Apostelgeschichte keinen Hinweis, dass Jerusalem oder Antiochien oder irgendeines der anderen Zentren von Rom als christliches Zentrum abgelöst worden wären. An allen diesen Orten wurde auch weiterhin Zeugnis abgelegt. Wie es aussieht, waren weder Jerusalem noch Rom oder ein anderer Ort für Lukas das Zentrum, sondern der Himmel allein, wo Jesus ist. Die Apostelgeschichte beginnt mit Christi Himmelfahrt (Apg 1:1–11) und die beiden herausragenden Zeugen in der Apostelgeschichte – Stephanus und Paulus – haben beide Himmelsvisionen (7:55; 9:3; 10:11.16).[5]

Das Heil breitet sich aus: Eine Reihe von Pfingstereignissen

Es ist öfter angemerkt worden, die zweite Schrift des Lukas, die Apostelgeschichte, wörtlich »die Taten der Apostel«, würde besser den Titel »die Taten des Heiligen Geistes« tragen. Es ist wahr, der Heilige Geist ist Auslöser, Führer und Kraft der in der Apostelgeschichte dargestellten Mission der Kirche.[6] Es ließe sich auch sagen, dass die Erfüllung mit dem Heiligen Geist stets die Voraussetzung für das christliche Zeugnis ist – nicht nur im Falle jenes herausragenden ersten Pfingstgeschehens, bei dem die Jünger zugegen waren, sondern in allen Fällen. In der Apostelgeschichte wird berichtet, dass auf das erste Pfingstereignis noch weitere Pfingstgeschehen folgen. Die Gläubigen in Jerusalem empfangen den Heiligen Geist ein zweites Mal (4:31), in den meisten Fällen jedoch kommt der Geist zu verschiedenen anderen Gemeinden. Nach ihrer Taufe empfangen die Samaritaner den Heiligen Geist durch das Mitwirken des Petrus und Johannes (8:14–17). Die Verwandten und Freunde des Cornelius, ebenfalls Nichtjuden, empfangen den Heiligen Geist auf die gleiche Weise wie die Juden, was Petrus und die Kirche in Jerusalem überzeugt, dass die Heiden ebenfalls ein neues Leben des Heils erworben hätten (10:44–88; 11:17–18) und dazu beiträgt, dass sie als mit den Juden gleichgestellte Christen von der Apostelversammlung in Jeru-

---

[5] Siehe Paula Gooder, Introduction to the Gospel of Luke (St John's Nottingham, 2013), http://www.youtube.com/watch?v=Xo98Bs8u3lU&list=PL07D66F3627749063.

[6] David J. Bosch, Transforming Mission: Paradigm Shifts in Theology of Mission (Maryknoll, NY: Orbis Books, 1991), 114 (dt. Übers.: Mission im Wandel: Paradigmenwechsel in der Missionstheologie, Gießen/Basel: Brunnen, 2012).

salem anerkannt werden (15:8–9).[7] Der Heilige Geist kommt auf die Epheser durch den Dienst des Paulus mit denselben Zeichen der Kraft (19:1–7). Und die Apostelgeschichte lässt am Ende die Möglichkeit weiterer Kundgebungen der Kraft des Geistes offen. Pfingstler – wie ihr Name schon sagt – aber auch Charismatiker, Heiligungsbewegungen und andere Bewegungen vor ihnen – erwarten einen solch weiter sich kundgebenden Segen und halten Ausschau nach den Zeichen des Geistes, wie sie Lukas beschrieben hat.[8] Sie sind der Ansicht, dieselben Erfahrungen zu machen wie damals die Menschen der Urkirche. Das etwas idealisierte Bild des Lukas von der Urkirche beeinflusst unmittelbar das Selbstbild und die Praxis vieler neuer Kirchen heute.

Das koreanische Pfingsten

Nehmen wir als ein Beispiel dafür eine der pfingstlerisch-charismatischen Bewegungen in einem anderen Teil der Welt. In den Jahren 1903–1907 entstand im koreanischen Protestantismus eine Erweckungsbewegung, in derselben Zeit, in der in den USA die Pfingstbewegung aufkam, mit der sie vieles gemeinsam hat; zugleich entstanden ähnliche Bewegungen in Wales, Indien und anderen Teilen der Welt.[9] In Korea bewirkte das nicht die Gründung von Pfingstkirchen, sondern die Stärkung und Indigenisierung der bereits bestehenden presbyterianischen und methodistischen Kirchen, die bereit waren die neue Bewegung zu integrieren. Aufgrund der Parallelen zur Apostelgeschichte wurde diese Erweckung auch als das »koreanische Pfingsten« bezeichnet und Berichte von diesem Ereignis sind stark durch die Darstellung im zweiten Kapitel der Apostelgeschichte beeinflusst. Für die Koreaner und die Missionare vor Ort war dies ein Wendepunkt, an dem die Koreaner erkannten, dass sie mit dem Beistand des Heiligen Geistes nun eine Selbständige koreanische Kirche waren, und die Mis-

---

[7] Man könnte den Eindruck gewinnen, dass die Versammlung sich der Einschätzung Paulus' nicht anschließt und den Status der Heidenchristen abwertet; Gonzales hat jedoch darauf hingewiesen, dass Paulus in Apg 15:9–11 noch über das hinausgeht, was er in Kap. 10 beansprucht hatte; für Gaventa ist Apg 10:34–38 die Klimax des ersten Teils der Apostelgeschichte, die Intention der Versammlung sei es vor allem, die Heidenchristen vor Idolatrie und Polytheismus zu bewahren. Justo L. Gonzales, Acts: The Gospel of the Spirit (Maryknoll, NY: Orbis Books, 2001), 173; Beverly Roberts Gaventa, Acts (Nashville, TN: Abingdon Press, 2003), 163–82, 210–27.

[8] Vgl. Amos Yong, The Spirit Poured Out on All Flesh. Pentecostalism and the Possibility of Global Theology (Grand Rapids, MI: Baker Academic, 2005), 83.

[9] Siehe Allan H. Anderson, An Introduction to Pentecostalism (Cambridge: CUP, 2004).

sionare zu der Überzeugung gelangten, dass die Koreaner wirkliche Christen wie sie selbst waren, weil sich der Geist an ihnen so wie an ihnen selbst zeigte.[10]

Ein neuer Zugang zu der Frage der Apostizität

Alle Selbständigen heute existierenden Kirchen, auch die europäischen, haben an einem Punkt ihrer Entwicklung eine solche Erfahrung gemacht, ob sie sich nun in pfingstlerischen Begriffen ausdrückte oder nicht. An einem bestimmten Punkt ihrer Entwicklung wurden sie als eigenständige Kirchen anerkannt, ausgestattet mit dem Geist Gottes und daher fähig, ihre eigene Entwicklung zu gestalten. Wir lesen in der Apostelgeschichte über einen solchen Augenblick in der Geschichte der Kirche von Antiochien, als die gemischte Gemeinschaft von Juden und Nichtjuden zu einer eigenen Gemeinde wurde, deren Mitglieder erstmals »Christen« genannt wurden (11:26). Von diesem Punkt in der Apostelgeschichte an steht Antiochia in einer wechselseitigen Beziehung zu Jerusalem und wird zu einem unabhängigen Zentrum missionarischer Aktivität. [11]

Es ist historisch schwer auszumachen, ob von der Jerusalemer Urgemeinschaft, die unmittelbar auf das erste Pfingstgeschehen zurückgeht, heute noch etwas besteht. Die verschiedenen Kirchen, die es überall in der Welt gibt und mit denen wir in unserer ökumenischen und missionarischen Tätigkeit in Beziehung treten, haben alle ihren eigenen Ursprung, der zeitlich nach diesem ersten Pfingstgeschehen liegt. Aber es entspricht der Logik des Pfingstberichts in der Apostelgeschichte, dass es hier »keinen Unterschied« (Apg 15:9) gibt. Wenn sich in anderen Kirchen dieselben Zeichen des Geistes kundtun, dann sind sie ganz genauso christlich wie jene, die ihnen die Botschaft gebracht haben. Sie sind »mit dem Geist erfüllt« und da gibt es kein halbes Maß. Ob es also vor 2000 Jahren geschah, vor 200 Jahren, vor 20 Jahren oder vor 2 Jahren, macht keinen wesentlichen Unterschied. Ihre Apostolizität bestätigt sich durch die Evidenz ihrer Geisttaufe. Die Pfingstkirchen wie auch andere freie und unabhängige Kirchen beanspruchen Apostolizität für sich aufgrund ihrer Treue zu den Aposteln und nicht wegen einer apostolischen Sukzession im Sinne einer stetigen, durch Bischöfe gewährleisteten Reihe zurück bis zu den Aposteln. Wenn sie für sich in

---

[10] Siehe Sebastian C. H. Kim/Kirsteen Kim, A History of Korean Christianity (Cambridge: Cambridge University Press, erscheint im November 2014).

[11] Justo L. Gonzales, Acts: The Gospel of the Spirit (Maryknoll, NY: Orbis Books, 2001), 142–43.

Anspruch nehmen, mit dem Heiligen Geist erfüllt zu sein, wie wir das auch tun, was hindert uns dann daran, sie als Teilhaber in derselben Mission anzuerkennen, als Brüder und Schwestern in Christus?

Lukas' Gebrauch des Begriffs »Apostel« zur Bezeichnung von Einzelpersonen ist bekanntermaßen schwankend. Zunächst scheint er ihn nur den Zwölfen vorzubehalten, die Augenzeugen der Taten Jesu waren (1:21–22). An späterer Stelle bezeichnet er dann sowohl Paulus als auch Barnabas (14:4.14) als Apostel. Und obwohl Stephanus und seine Gefährten zu Diakonen ernannt werden, was ihnen einen geringeren Rang als den ursprünglichen Aposteln zuzuweisen scheint, räumt Lukas Zweien von diesen »Sieben« – Stephanus und Philippus – eine besondere Stellung in seinem Bericht ein, und es ist klar, dass sie den Dienst an den Tischen mit Gebet und Predigt verbanden, die von den Zwölfen ja offensichtlich als etwas Höheres eingeschätzt wurden. Angesichts der herausragenden Stellung und des uneingeschränkten Lobs, insbesondere des Stephanus und eingedenk der Tatsache, dass Jesus, unser Herr, dem Dienst bei Tisch eine große Bedeutung zugeschrieben hat, stellt Pao die Frage, ob Lukas hier nicht eine Kritik an den Zwölfen formuliert.[12] Jedenfalls wird in der Erzählung deutlich, dass das apostolische Amt in seiner ganzen Fülle von Personen wie Stephanus, Philippus, Barnabas und später dann auch Paulus ausgeübt wird, die mit dem Geist Gottes erfüllt sind, ungeachtet der besonderen Qualitäten der Zwölf. Die Titel »Taten der Apostel« und »Taten des Heiligen Geistes« können wir als synonym ansehen, denn Apostolizität erweist sich in der Apostelgeschichte durch das offensichtliche Wirken des Geistes.

Darüberhinaus sind die Apostel Missionare, mit einer bestimmten Aufgabe Betraute, Ausgesandte, und Missionare sind Apostel. Bei der Apostolizität geht also es letztlich um die Frage: wer hat den Geist, der in Jesus Christus war? An wem zeigt sich die »Kraft aus der Höhe«, die Jesus verheißen hat?

---

[12] David W. Pao, Waiters or Preachers: Acts 6:1–7 and the Lukan Table Fellowship Motif, in: Journal of Biblical Literature, 130/1 (2001), 127–144.

Mission im Geist

Der indische Befreiungstheologe Samuel Rayan SJ schreibt über die »Mission im Geist«.[13] Bei der Mission geht es nicht primär um die Aufgaben, die vollbracht werden sollen, um die Ziele und die Strategien, um diese zu erreichen, sondern um den Ruf nach der Erfüllung mit dem Geist. »Der Geist des Herrn ist auf mir« sagte Jesus, als er seine Sendung ankündigte (Lk 4:18). Mission ist nicht in erster Linie Tätigkeit, sondern Spiritualität, eine Art und Weise des in Christus Seins. Der Geist, in dessen Kraft wir unsere Mission ausführen und in dem Jesus die seine vollbrachte, ist vom Vater gesandt und vollbringt sein Werk in der ganzen Schöpfung. Den Geist, in dem Jesus empfangen wurde, in dem er aufwuchs, getauft wurde und Wundertaten vollbrachte, den kannten die Menschen schon vorher als den Geist Gottes, der sich in den Propheten kundtat, ja als den Geist des Lebens selbst. Weil das Werk des Geistes viel umfassender ist als unsere jeweils besondere Gemeinschaft, kann man Mission auch so verstehen, dass es in ihr darum geht, das Wirken des Heiligen Geistes aufzuspüren und an ihm teilzunehmen.[14] Das ist auch der Kernpunkt der neuen Erklärung des Ökumenischen Rates der Kirchen (2013): *Gemeinsam für das Leben: Mission und Evangelisation in sich wandelnden Kontexten.*[15] Dort heißt es: Wir verstehen unsere Aufgabe so, dass nicht wir selbst es sind, die Gott irgendwohin bringen, sondern dass wir Zeugnis von dem Gott ablegen, der bereits da ist (Apg 17: 23–28). Durch die Gemeinschaft mit dem Geist werden wir befähigt, kulturelle und religiöse Schranken zu überwinden, um uns gemeinsam für das Leben einzusetzen.«[16]

Weltchristenheit: Eine neuer Zugang zur Frage der Katholizität

Wie Dr. Biehl bereits erläutert hat, geht der Begriff »Weltchristenheit« (World Christianity) zum großen Teil auf die Arbeiten von Prof. Andrew Walls (dessen

---

[13] Siehe Kirsteen Kim, Mission in the Spirit: The Holy Spirit in Indian Christian Theologies (Delhi: ISPCK, 2003).

[14] Kirsteen Kim, Joining in with the Spirit: Connecting World Church and Local Mission (London: SCM, 2009; 2012); vgl. Stephen B. Bevans, Plenary Address at the World Council Churches Assembly, Busan, South Korea, 4 November 2014. Abrufbar unter http://learn.ctu.edu/content/stephen-bevans-svd-plenary-address-wcc-assembly-korea.

[15] Abrufbar unter http://www.oikoumene.org/en/resources/documents/commissions/mission-and-evangelism/together-towards-life-mission-and-evangelism-in-changing-landscapes.

[16] Ebd., Abschn. 110.

lange Karriere ihn von den Universitäten in Aberdeen, Edinburgh, Princeton zur Liverpool Hope University geführt hat) und seiner Schüler, darunter vor allem Lamin Sanneh, zurück. Er ist dann von anderen mit unterschiedlichen Intentionen aufgenommen worden. Es wird darüber diskutiert, ob wir es hier mit einer rein deskriptiven oder einer gewissermaßen normativen Begrifflichkeit zu tun haben, mit einer beschreibenden Beobachtung oder einem neuen Paradigma.

Eine statistische Feststellung?

In den Arbeiten von Walls wird der Begriff »Weltchristenheit« zum Teil einfach dazu verwendet, um deutlich auf die statistische Tatsache hinzuweisen, dass um 1970 herum die Zahl der Christen im globalen Süden begann, die der Christen im Norden zu übersteigen. Angesichts dieser statistischen Entwicklung sehen viele die Weltchristenheit als das Produkt des europäischen Kolonialismus an, als ob das Christentum eine europäische Religion wäre, die sich erst in den letzten Jahrhunderten global ausgebreitet hat. In »World Christianity« als einer Universitätsdisziplin tendiert man zu einer vornehmlich historischen Sicht, die sich vor allem auf die Ära des Post-Kolonialismus und der Globalisierung konzentriert. Dabei weisen sowohl Walls wie auch Todd Johnson und andere Statistiker am Gordon-Conwell Theological Seminary darauf hin, dass das Christentum seinen Ursprung in Asien hat und dass es sich von dort früh in viele Richtungen ausgebreitet hat und dass bis zum Jahr 923 mehr Christen südlich des Breitengrades von Jerusalem gelebt haben als nördlich davon.[17] Zu dieser Zeit waren das allerdings dann Länder geworden, die vom Islam erobert worden waren, was das Christsein dort erheblich erschwerte, während die neu christianisierten Bevölkerungen in Europa zu wachsen begannen.

Wir sollten allerdings unser Verständnis des christlichen Glaubens nicht von statistischen Daten bestimmen lassen, denn es geht um weit mehr als das. Zudem kann man die Quellen für solche Statistiken durchaus in Frage stellen, ebenso wie die impliziten Annahmen, die der Definition von Christsein zugrunde liegen.

Aber der Gebrauch von Zahlen ist in der Theologie nicht verboten – Lukas selbst beschließt seine Pfingsterzählung mit der Angabe von Personenzahlen

---

[17] Todd M. Johnson/Kenneth R. Ross (eds), Atlas of Global Christianity (Edinburgh: Edinburgh University Press, 2009), 48–51.

(Apg 2:41,47). Zahlen sind für die Erforschung der Christenheit sicherlich von Bedeutung, so wie andere Kriterien für Christlichkeit – so u. a. gesellschaftliche Relevanz und Kulturwandel. Wir werden auf Fragen des Wachstums des Christentums noch einmal zurückkommen.

Eine soziologische Methodik?

Es wird manchmal unterstellt, »World Christianity« sei die soziologische Alternative zur Ökumenischen Theologie oder zur Kirchengeschichte, und für manche Theologen ist das Grund genug zur Ablehnung. Sicherlich ist »World Christianity« ein soziologischer Begriff und hat dazu beigetragen, dass Soziologen sich mit der Kirche bzw. den Kirchen beschäftigen. »Weltchristenheit« als Fachgebiet der Wissenschaft bedeutet sicherlich auch, dass hier die Christenheit als gesellschaftliche Bewegung betrachtet wird und die entsprechenden wissenschaftlichen Methoden aus den Sozialwissenschaften Anwendung finden. Am besten lässt sich jedoch »Weltchristenheit« (World Christianity) als multidisziplinärer Forschungsgegenstand kennzeichnen. Die meisten der führenden Wissenschaftler – wie Walls, Lamin, Dana L. Robert, Brian Stanley – sind Historiker, die die Theologie sehr ernst nehmen. So ernst sogar, dass manche Historiker oder Soziologen schon befürchten, dass die Theologie ihre Deutungen historischer Entwicklungen zu sehr bestimmt. World Christianity ist primär eine empirische Wissenschaft und sollte es auch bleiben. Die Erträge empirischer Untersuchungen können jedoch explizit oder implizit – und sollten das auch – theologische Ansprüche, die die tatsächlichen Gegebenheiten nicht widerspiegeln, in Frage stellen; z. B. den normativen Geltungsanspruch einer besonderen, zu einer bestimmten Zeit an einem bestimmten Ort entwickelten Theologie (Thomas von Aquin, Calvin, Barth etc.) für alle Christen an allen Orten.

Die Christenheit als Weltreligion betrachten?

Der Begriff »Weltchristenheit« (World Christianity) wird manchmal wie die Begriffe »Weltmusik«, »World Film« oder »Weltreligionen« benutzt, um anzuzeigen, dass hier die Christenheit in ihren nicht-westlichen Entwicklungen im Zentrum steht. Zahlreiche Studien aus dem Bereich »World Christianity« sind in der

Tat bestrebt, das gestörte Gleichgewicht wieder herzustellen und die vormalige koloniale Sichtweise hinter sich lassen. Da das Christentum jedoch eine Bewegung ist, die weiterhin bedeutende Machtzentren im Westen hat, muss das Fach World Christianity, um dem Ganzen gerecht zu werden, auch diesen seine Aufmerksamkeit widmen – inbesondere dem Christentum in Europa und in den USA.

In gewisser Hinsicht erforscht »World Christianity« das, was so oft als eine europäische Religion behandelt worden ist, auf dieselbe Weise wie andere Religionen erforscht werden, die oft unter dem Oberbegriff »Weltreligionen« zusammengefasst werden, also Islam, Buddhismus etc. Man erforscht diese sowohl in ihren Ursprungsländern als auch ihre weltweite Verbreitung und ihre Ausprägungen in verschiedenen Kontinenten. Dabei ist der Begriff »Weltreligion« nicht unangefochten und ideologisch belastet. Es ist jedoch nicht unabdingbar, die Gleichheit verschiedener Religionen zu postulieren, um wissenschaftliche Methoden der Religionswissenschaften anwenden zu können. Auf jeden Fall hat das Christentum jeden Anspruch, als eine wahrhaftige Weltreligion bezeichnet zu werden, denn es ist »regional verwurzelt«, »weltweit verbreitet« und »untereinander verbunden«.[18] Die heutige Religionswissenschaft betrachtet die Religionen eher als gelebte Praxis von Menschen und nicht so sehr als Systeme, nach denen sich das Leben ausrichtet. World Christianity erforscht das Christentum auf ähnliche Weise, obwohl hier die Theologie ein größeres Gewicht hat als in den anderen Religionswissenschaften.

Der neue Name für Missionswissenschaft/Missiologie und/oder Ökumenewissenschaft?

In Großbritannien und Nordamerika werden Professuren für Missions- und Ökumenewissenschaft in rasch wachsendem Maße durch solche für »World Christianity« ersetzt. Im Falle der Missionswissenschaft oder Missiologie liegt das erstens an der schwer zu überwindenden Assoziation des Begriffs Mission mit dem Kolonialismus, zum zweiten an dem Paradigmenwechsel hin zur *missio Dei*, der es vielen als naheliegend erscheinen ließ, dass Mission von einer Gemeinschaft zu einer andern zu unterbleiben habe; und drittens daran, dass im säkularen universitären Rahmen Mission als ein zu sehr kirchlich gebundenes Zielstreben

---

[18] Sebastian Kim & Kirsteen Kim, Christianity as a World Religion (London: Continuum, 2008).

erscheint. Ich halte das persönlich für kurzsichtig; erstens, weil Kirchen und ihre missionarischen Programme alles andere als am Rande der Gesellschaft stehen, auch nicht da, wo die Säkularisation weit fortgeschritten ist; zweitens, weil heutzutage, wo die meisten Kirchen ein missionarisches Selbstverständnis haben und globale missionarische Bewegungen im Wachstum begriffen sind, insbesondere in und aus dem globalen Süden, es um so wichtiger ist, Missionswissenschaft zu betreiben. Dasselbe gilt für die Ökumenewissenschaft. Die wachsende Vielfalt des Christentums verleiht Fragen der Einheit eine umso größere Dringlichkeit und führt zu einer erweiterten Reichweite der Dialoge, die auch Kirchen jenseits des Protestantismus, Katholizismus und der Orthodoxie einschließt. »World Christianity« stellt eine Sicht der Kirchengeschichte in Frage, die davon ausgeht, dass es am Anfang eine Einheit der Kirche gab, die dann in der Folge durch Schismen zerbrochen ist. Diese Sichtweise des Ursprungs der christlichen Vielfalt, die für die ökumenische Bewegung bestimmend war, sieht Vielfalt als etwas Negatives und geht davon aus, dass eine Einheit, die diese Trennungen heilt, das vorrangige Ziel zwischenkirchlicher Beziehungen sein sollte. Obwohl zu verschiedenen Zeiten und an verschiedenen Orten es für nötig erachtet wurde, den christlichen Glauben und seine Praxis in einem Gebiet oder innerhalb einer Jurisdiktion zu vereinheitlichen, zu regulieren oder zu kodifizieren, war eine solche Einförmigkeit immer sekundär und die Vielfalt vielmehr der Normalfall. [19] Zudem gab es immer Kirchen außerhalb dieser Jurisdiktionen. Durch die Ökumenischen Konzile wurden zwar der Vielfalt Grenzen gesetzt, aber dies ermöglichte immer noch regionale Unterschiede. Manche dieser Unterschiede sind bis heute in den orthodoxen und katholischen Kirchen erhalten geblieben; viele sind möglicherweise verschwunden. Darüberhinaus kam es immer wieder zu Kirchengründungen in verschiedenen Gebieten und Kulturen.

Europa dezentrieren?

Wie immer man es auch sieht, »World Christianity« hat die Tendenz, Europa nicht mehr im Zentrum zu sehen, es zu dezentrieren. Die geschichtliche Perspektive der »World Christianity« betont, dass die europäische Vorherrschaft erst ein

---

[19] Zur Frage der Liturgie siehe Paul F. Bradshaw, The Search for the Origins of Christian Worship (London: SPCK, 2002).

spätes Phänomen in der Geschichte des Christentums darstellt, und dass die Glaubensausbreitung der frühen Geschichte nach allen Richtungen hin erfolgte. Das frühe Christentum war polyzentrisch und der Glaube hat sich immer schon in vielfältiger Weise ausgedrückt. Das Christentum umfasst eine Vielzahl geschichtlicher Stränge und ein Reihe verschiedener Orthodoxien. [20] Im Lichte einer 2000-jährigen christlichen Geschichte und angesichts des Aufstiegs des Christentums in Asien, Afrika und Amerika erweckt die europäische Dominanz immer mehr den Eindruck einer 1000-jährigen Sonderentwicklung, einer geschichtlichen Zufälligkeit, die bald von etwas anderem abgelöst werden wird. Der Denkansatz der »World Christianity« ist aber nicht nur Kritik am Eurozentrismus, er relativiert *alle* Regionen und Theologien. Er umfasst nicht nur die Erforschung des nicht-westlichen Christentums, sondern schließt die kritische Erforschung des westlichen Christentums mit ein.

Es ist einer der Hauptpunkte in Walls' Theorie, dass die Christenheit sich in einer »Reihe von Ausdehnungswellen« entwickelt. Das ist zwar eine etwas irreführende Formulierung,[21] aber sie weist auf den wahren Sachverhalt hin, dass nämlich die Christenheit in verschiedenen Teilen der Welt zu verschiedenen Zeiten sowohl gewachsen ist als auch abgenommen hat. Es gibt kein Naturgesetz, das garantiert, dass das Wachstum des Christentums unaufhaltsam ist. Die historische Entwicklung im Nahen Osten und in Nordafrika, wo es einst bedeutende christliche Gebiete gab, ist ein hervorragendes Beispiel dafür. Ein weiteres Beispiel ist die Unterdrückung des Christentums unter dem Kommunismus und sein nachfolgendes Wiedererstarken in vielen Gebieten. Theologisch bedeutsam sind hier die neustestamentlichen Warnungen von Paulus und dem Verfasser der Offenbarung (des Johannes) und auch der Hinweis auf die Metapher vom Beschneiden als Voraussetzung für Wachstum. Der zahlenmäßige Rückgang der europäischen Christenheit ist also einer der Gründe dafür, warum Europa nicht mehr im Zentrum der Betrachtung stehen sollte, was aber nicht heißt, dass Europa notwendigerweise eine weniger bedeutsame Rolle in der Weltchristenheit der Zukunft spielen wird.

---

[20] Das vielleicht das beste Beispiel für eine »World Christianity«-orientierte Sicht der Geschichte des Christentums ist: Dale T. Irvin/Scott W. Sunquist, History of the World Christian Movement. Vol I: Earliest Christianity to 1453 (Maryknoll, NY: Orbis Books, 2001).
[21] Siehe Kim, Joining in with the Spirit.

Ein neuer Zugang zur Frage der Katholizität

Alle bislang hier gegebenen Definitionen von »World Christianity« haben ihre Gültigkeit, der wesentliche Grund für den Wandel der Missionstheologie hin zur »World Christianity« jedoch liegt in der Wiederentdeckung des Wesens der Katholizität der Kirche. World Christianity lenkt den Fokus weg von einem Verständnis christlicher Vielfalt primär in der Begrifflichkeit von Lehre und kirchlicher Verfassung hin zu einer Sicht räumlich-geografischer Vielfalt, so wie die ersten Konzile der Kirche die Katholizität verstanden. Die Einheit, die man ins Auge fasst, wird nicht länger hauptsächlich als eine der Konfession verstanden, sondern auch als eine von Kultur und Region. Die ökumenische Bewegung in der Zeit des Kolonialismus, die zur Entstehung des Ökumenischen Rates der Kirchen führte, neigte zu der Ansicht, mit der Überwindung der Unterschiede in Lehre und Liturgie in Europa würde die Einheit für alle Christen in der Welt erreicht werden. Das glaubt man heute nicht mehr und ist auf der Suche nach neuen Ausdrucksformen von Katholizität, z. B. durch das Globale Christliche Forum.

Die neue Katholizität muss auch erkennen, dass viele der neueren Kirchen sich organisatorisch von den traditionellen Kirchen in Europa unterscheiden, bei denen es sich um nationale Kirchen mit Pfarrgemeindestrukturen handelt. Es mag da Kirchen geben, die sich als »international« bezeichnen und vor allem als lokale Gemeinden existieren. Oder es kann sich um »Migrantenkirchen« handeln, die noch nicht in einer lokalen religiösen Landschaft sesshaft geworden sind und sich integriert haben. Das sind »Christen ohne Grenzen und Kirchen in Bewegung« – möglicherweise wie die in der Apostelgeschichte erwähnten Kirchen. Angesichts der geschichtlichen Vielfalt der Weltchristenheit und der verschiedenen Kontexte der Glaubenspraxis, ermöglicht eine solche Sicht und ein solcher Denkansatz eine Offenheit gegenüber Formen von Kirchenordnung und den Grenzen christlicher Vielfalt, die eine Ermutigung für ein wahrhaft »globales Gespräch« sein kann.[22]

---

[22] Siehe Kirsteen Kim, The Holy Spirit in the World: A Global Conversation (Maryknoll, NY: Orbis Books, 2007).

Die koreanische Sicht

In dem Bericht für diese Versammlung haben Perspektiven aus einer Reihe von unterschiedlichen Ländern Eingang gefunden. Bevor ich zum Schluss komme, möchte ich kurz zum koreanischen Kontext zurückkommen und fragen, wie ist die Perspektive von dort aus? Wie sieht die Weltkarte von dort gesehen aus? [an dieser Stelle zeigte Frau Kim eine koreanische Weltkarte]

Erstens, es ist eine pazifikzentrierte Karte. Aus einer koreanischen Perspektive sind die »Enden der Erde« der weit entfernte Westen, also etwa Europa, und der Osten – der amerikanische Kontinent. 1992 entsandte die Presbyterianische Kirche von Korea meinen Mann und mich als Missionare nach Indien, wo wir an einem Theologischen Seminar lehren sollten. 1997 gingen wir von dort weg, um unser Promotionsstudium fortzusetzen, und man schickte uns zu einem noch viel weiter entfernten Ort – Großbritannien. Jedes Jahr zu Weihnachten und Ostern schickt uns eine unterstützende Kirchen in Korea immer noch ein Geschenkpaket mit Dingen, die wir an einem so entlegenen Ort brauchen oder vermissen: so z. B. getrockneten Seetang, koreanische Unterwäsche, koreanische Zahnpasta und Süßigkeiten, und Tonkassetten mit Pfarrerpredigten. Zweitens, die Koreaner wissen, dass sie eine bedrohte christliche Gemeinschaft sind. Obwohl ihre Zahl auf fast 30 Prozent des Bevölkerung von Südkorea angestiegen ist und sie Religionsfreiheit genießen, sind sie doch von nicht-christlichen Nachbarn umgeben: das im Osten und Süden gelegene Japan, die ehemalige Kolonialmacht, mit einer doppelt so großen Bevölkerung wie Südkorea, wovon weniger als 1 Prozent Christen sind; im Westen China mit seiner großen Bevölkerungszahl, wo es zwar eine wachsende Zahl von Christen gibt, aber auch eine kommunistische, meist feindlich gesinnte Regierung; und Nordkorea mit seiner brutalen Unterdrückung der Religion. Das Wachstum des Christentums im Süden ist zum Teil darauf zurückzuführen, dass nach der Teilung von Korea im Jahr 1945 die kommunistische Unterdrückung des Christentums zu einer Abwanderung von Christen in den Süden führte. In Anbetracht ihrer eigenen außergewöhnlichen Geschichte und ihrer Situierung in einem nicht-christlichen Nordostasien, neigen deshalb koreanische Christen dazu, sich in besonderer Weise berufen zu sehen, Asien und den Rest der Welt zu evangelisieren und die im Niedergang begriffenen Kirchen des Westens wiederzuerwecken. Die von der protestantischen missionarischen Bewegung in Korea ins Feld entsandten Missionare stehen zahlenmäßig an zweiter Stelle hinter denen der USA: Ihre Zahl beträgt ca. 20 000.

Schlussbemerkung

»World Christianity« als Forschungsgegenstand und Fach bringt nicht nur konzeptuelle Herausforderungen an das Verständnis des Kontextes von Mission mit sich, sondern regt auch zu einer Relektüre des biblischen Narrativs an sowie zu einer neuen Wertschätzung einer Mission »im Geist«, die zu neuen Ansätzen im Blick auf die Apostolizität und Katholizität der Kirche beiträgt. Theologie ist immer kontextuell; insbesondere unsere Missionstheologie muss auf die sich veränderte Missionslandschaft reagieren und die Visionen unserer Partner berücksichtigen, deren Theologie und Weltsicht sich vielleicht von der unseren unterscheidet.

(Dr. Kirsteen Kim ist Professorin für Theology und World Christianity, Leeds Trinity University, Großbritannien)

(Übersetzung aus dem Englischen: Dr. Wolfgang Neumann)

Einführungen bzw. Lehrbücher zur Interkulturellen Theologie

Werner Kahl

Klaus Hock, **Einführung in die Interkulturelle Theologie** (Einführung Theologie), Darmstadt: Wissenschaftliche Buchgesellschaft 2011, 168 S., 17,95 Euro

Volker Küster, **Einführung in die Interkulturelle Theologie,** Göttingen: Vandenhoeck & Ruprecht 2011, 304 S., 27,99 Euro

Henning Wrogemann, **Interkulturelle Theologie und Hermeneutik. Grundfragen, aktuelle Beispiele, theoretische Perspektiven** (Lehrbuch Interkulturelle Theologie / Missionswissenschaft Bd. 1), Gütersloh: Gütersloher Verlagshaus 2012, 409 S., 29,99 Euro

ders., **Missionstheologien der Gegenwart. Globale Entwicklungen, kontextuelle Profile und ökumenische Herausforderungen** (Lehrbuch Interkulturelle Theologie / Missionswissenschaft Bd. 2), Gütersloh: Gütersloher Verlagshaus 2013, 482 S., 29,99 Euro

ders., **Theologie Interreligiöser Beziehungen. Religionstheologische Denkwege, kulturwissenschaftliche Anfragen und ein methodischer Neuansatz** (Lehrbuch Interkulturelle Theologie / Missionswissenschaft Bd. 3), Gütersloh: Gütersloher Verlagshaus 2015, 475 S., 39,99 Euro

In den Jahren 2011 und 2012/13/15 sind drei deutschsprachige Einführungen bzw. Lehrbücher zur Interkulturellen Theologie erschienen. Was bisher unter Missions- und Ökumenewissenschaft verhandelt worden ist, wird jetzt unter dem Paradigma einer *Interkulturellen Theologie* neu durchbuchstabiert. Damit wird der Einsicht in die Kontextualität jeglichen Theologisierens und jeglicher Gestaltung von Kirche Rechnung getragen, einhergehend mit der grundsätzlichen Verabschiedung von universalen Ansprüchen theologischer Denkfiguren. Was in der gegenwärtigen Missions- und Ökumenewissenschaft bzw. Interkulturellen Theologie zur Selbstverständlichkeit geworden ist und mit diesen drei Entwürfen dokumentiert wird, verdankt sich einerseits der Ernstnahme des Phänomens der Verschiebung des Schwergewichts des Christentums in den globalen Süden hinein und andererseits dem postkolonialen Diskurs, der von Theologen nicht-europäischer Kulturen in die Theologie eingetragen worden ist. Die hier vorzustellenden Einführungen bzw. Lehrbücher reflektieren sowohl die Pluralisierung des weltweiten Christentums als auch damit gegebene Machtverschiebungen hinsichtlich Interpretationshoheit und Repräsentationsansprüchen. Als Lehrbücher bzw. Einführungen haben sie – anders als die dreibändige Interkulturelle Theologie von Walter Hollenweger aus den Jahren 1979 bis 1988 – zuvörderst einen beschreibenden, das Feld unter dem Paradigma der Interkulturalität neu strukturierenden Charakter.

Klaus Hock setzt seine Einführung programmatisch unter das Stichwort »Entgrenzungen«. Darunter wird der Paradigmenwechsel innerhalb der Theologie hin zur Wahrnehmung, Ernstnahme und selbst-kritischen Reflexion vielfältiger weltweiter Versionen des Christlichen angezeigt und weiter eingefordert. In einem ersten Teil (13–26) beschreibt Hock die Geschichte der Missionswissenschaft bis zu ihrer Transformation in eine Interkulturelle Theologie. Die neue Perspektive wird durch die Konzepte Kontextualisierung, Konturierung und Transkulturation bestimmt. Im zweiten Teil (27–54) reflektiert Hock die Missionsgeschichtsschreibung seit ihren Anfängen in der Moderne. Eine interkulturell ausgerichtete Repräsentation der Missionsgeschichte hat Mission »im Zusammenhang einer umfassenden Transfergeschichte zu beschreiben, einer *Shared History*« (50), die insbesondere Wechselwirkungen zwischen europäischen Missionaren und Einheimischen in den Blick zu nehmen hat und damit die *Agency* letzterer als Subjekte. Damit ist auch die Frage nach der im postkolonialen Diskurs aufgeworfenen Problematik um die Repräsentation der »anderen« und um angemessene Übersetzungsprozesse in die je eigene Kultur gestellt. In Aufnahme früherer Überlegungen favorisiert Hock den Begriff der Transkulturation als hilfreiche Kategorie zur Erfassung der Komplexität des Projekts Missionsgeschichtsschreibung: »Transkulturalität beschreibt dabei synthetisierende oder harmonisierende ebenso wie pluralisierende oder widersprüchliche, gegebenenfalls sich sogar gegenseitig neutralisierende oder ausschließende Prozesse der Übersetzung, Adaption, Neubildung und Aneignung, die in der Begegnung zwischen Menschen unterschiedlicher kultureller Prägung erzeugt werden« (51). Dass diese Perspektive in der Tat angemessen ist, erhellt Hocks Verweis auf gegenwärtige Trends im globalen Christentum, wo aufgrund von »Globalisierung und transnationaler Migration« in Europa »neue Zentren eines polykontextuellen Transmigrationschristentums jenseits nationaler und kultureller Begrenzungen« entstehen (53). Spätestens hier stellt sich dem Rezensenten die Frage, ob nicht – eingedenk der Kritik des Begriffs Interkulturalität durch den Philosophen Wolfgang Welsch, der den Begriff der Transkulturalität ab den neunziger Jahren geprägt hat – konsequenter Weise eine Einführung in die *Transkulturelle* Theologie an der Zeit gewesen wäre. In Teil drei (55–95) nimmt Hock in so knapper wie präziser Darstellung außereuropäische Theologien in Afrika, Asien und Lateinamerika in Geschichte und Gegenwart in den Blick. Hier werden befreiungs- und inkulturationstheologische Entwürfe ebenso gewürdigt wie neueste Fragestellungen, wie z.B. die Frage nach der Wechselwirkung afrikanischer Theologien in Afrika und in der Migration (70) oder die Situation und die theologischen Einsichten indigener Völker in Lateinamerika (91). Im vierten Teil (96–120) reflektiert Hock die Verhältnisbestimmung von Mission und Dialog im Zusammenhang interreligiöser Beziehungen. Hier macht er insbesondere auf die hermeneutischen Schwierigkeiten einer wohl erstrebenswerten, aber äußerst komplexen positiven – das Gegenüber nicht vereinnahmenden – Verhältnisbestimmung des eigenen christlichen Glaubens zu anderen Religionen aufmerksam. Im letzten, fünften Teil (121–146) seiner Einführung bemüht Hock den Reich-Gottes-Begriff als theologischen Reflexionshorizont Interkultureller Theologie. Hier werden – in Aufnahme von Röm 14,17 – insbesondere Gerechtigkeit, Frieden und Armutsüberwindung als Signaturen einer Entsprechung zum Reich Gottes erfasst. Damit knüpft Hock in postkolonialer Perspektive an befreiungstheologische Impulse an. Er exemplifiziert die Signifikanz der Reich-Gottes-Kategorie an den Themenfeldern Gerechtigkeit und Armutsüberwindung, entwicklungspolitische Zusammenarbeit, Kirchenpartnerschaften als ökumenische Lernorte, Heil und Heilung in ihrer Vieldimensionalität, Gewalteinhegung, Christentum als Migrationsgeschichte und Gendergerechtigkeit. Dabei werden »störrische« Positionen, wie sie etwa im pfingstlichen Migrationschristentum gegenüber befreiungstheologischen Anliegen eingenommen werden, kontextuell gewürdigt. In einem Epilog (147–150: Die Zukunft des globalisierten Christentums. Programmatische Perspektiven interkultureller Theologie) hebt Hock noch einmal auf die gegenwärtigen Phänomene der Schwerpunktverlagerung des weltweiten Christentums, auf Charismatisierungstendenzen und Migrationsbewegungen ab. Diese Transformationsprozesse markieren die Hybridisierung eines sich ständig zwischen Kontextualisierungs- und Universalisierungsprozessen im Fluss befindlichen Christentums, das angemessen nur von einer Interkulturellen Theologie erfasst werden kann, welche als »generatives Projekt« »ihre große Zeit noch vor sich hat« (150). Ein ausführliches, thematisch gegliedertes Literaturverzeichnis und ein Namens- und Begriffsregister schließen den Band ab.

Hock hat auf dem Stand der internationalen Forschung und auf einem hohen Abstraktionsniveau in komprimierter Form eine Einführung in die Interkulturelle Theologie vorgelegt, die das Feld verlässlich absteckt und als Referenzrahmen die Grundlage für weitere theologische Arbeit bereitet. Dies ist bedeutsam nicht nur für den Bereich dessen, was einst den Gegenstand der Missions- und Ökumenewissenschaft darstellte, sondern für das Gesamt des theologischen Fächerkanons.

Volker Küster bestimmt in einem Prolog (15–25) die doppelte Funktion seiner Einführung in die interkulturelle Theologie: Sie soll als »Lehrbuch für Studierende« und als »Handbuch für Kolleginnen und Kollegen« dienen (25). Aufgrund der notwendigen Kontextualität jeglichen Theologietreibens und Gestaltens des christlichen Glaubens liegt weltweit eine Vielfalt von Theologien und Kirchen vor. Insofern interkulturelle Theologie darauf Bezug nimmt, handelt es sich nach Küster bei diesem Projekt um eine »*hermeneutische* Theologie. Sie fragt nach der Auslegung des christlichen Glaubens in seinem jeweiligen Kontext und sucht nach Spuren des Heilshandelns Gottes in der Geschichte« (15).

In einem ersten Teil (27–129) klärt Küster »Begriffe und Methoden«, und zwar im Hinblick auf die Themenfelder Missionstheologie, Kontextuelle Theologie und Interkulturelle Theologie. Hierbei werden insbesondere neuere Einsichten des Postkolonialismus sowie des postmodernen Diskurses um die Begegnung mit dem Fremden eingespeist. Ein zweiter Teil (131–207) steckt interreligiöse (Dialog), interkulturelle (EATWOT) und interkonfessionelle Dimensionen einer interkulturellen Theologie ab. Ein dritter Teil (209–283) entfaltet eine »kleine interkulturelle Glaubenslehre« anhand der folgenden Topoi, und zwar jeweils unter Berücksichtigung von theologischen Entwürfen aus der »Dritten Welt«: Christologie (»Die vielen Gesichter Jesu Christi«), Gotteslehre (»Gott, der immer schon mit uns war«), Pneumatologie (»Gegenwärtig im Geist«), Ekklesiologie (»Kirche mit anderen sein«), christliche Anthropologie (»Der neue Mensch in Christus«) und Eschatologie (»Schon jetzt und noch nicht«). Querschnittsthemen sind hier durchgehend Befreiung aus Unterdrückung und Armut auf der einen Seite und die Frage der Inbeziehungsetzung von Kultur und Evangelium auf der anderen Seite. In einem Epilog (285–292) vergleicht Küster eine interkulturelle Theologie, wie er sie vorgelegt hat, mit dem Projekt Weltethos (Hans Küng), einer pluralistischen Theologie der Religionen (John Hick und Paul Knitter) und einer komparativen Theologie (Francis X. Clooney). Eine Orientierung zu Hilfsmitteln zum Studium der Interkulturellen Theologie, ein Verzeichnis der vielfältigen und hilfreichen Abbildungen und Übersichten und ein Index zu Personennamen schließen den Band ab.

In der Perspektive Küsters verfolgt Interkulturelle Theologie das Ziel, die kontextuellen Versionen des Christlichen zueinander produktiv in Beziehung zu setzen:»Interkulturelle Theologie will von den Erfahrungen der Weltchristenheit lernen und als Vermittlungsinstanz bzw. Begegnungsplattform fungieren« (291). Diese Offenheit und Ausrichtung wäre, so Küster, von der Theologie insgesamt zu verlangen. Küsters Perspektive auf die Sache ist insgesamt einem befreiungstheologischen Ethos verpflichtet in großer Nähe zu Impulsen, die im Umfeld des ÖRK entwickelt und gepflegt worden sind. Die von ihm spürbar präferierten Theologien sind solche, die»an den Geschichten (...) gerade der kleinen Leute« interessiert sind (273). Diese Ausdrucksweise ist verdächtig. Die so genannten »kleinen Leute« – wer sind die eigentlich bzw. wer würde sich mit dieser Zuschreibung identifizieren? – kommen in dieser Interkulturellen Theologie nämlich überhaupt nicht zur Sprache und sie werden in keiner Weise repräsentiert, sondern vornehmlich Theologen der von Küster durchgängig noch so genannten »Dritten Welt«, die beanspruchen, *für* scheinbar oder tatsächlich Schwache, Marginalisierte, Arme, Ohnmächtige etc. zu sprechen.

Es handelt sich bei diesem Buch über weite Strecken um eine mehr oder weniger aktualisierte Zusammenstellung von Beiträgen, die seit Beginn der 1990er Jahre bereits einzeln veröffentlicht wurden (S. 14, Anm. 8). Dass es sich hier nur um »einige Passagen« handelte, die »grundlegende Überarbeitungen früherer Publikationen« darstellten (14), wie der Autor versichert, trifft nicht wirklich zu. In seiner den Aufsätzen vorgeschalteten Orientierung (9–14) verweist Küster wohl auf prägende gegenwärtige Entwicklungen, die eine »neue Christenheit« (11) anzeigten (charismatische Erneuerung, Pfingstbewegung, Migrantenkirchen), lässt sie aber in den nachfolgenden Beiträgen in bewusster Entscheidung außen vor, und zwar mit der Begründung, dass sie »aufgrund der Größe und Diversität des zu bearbeitenden Materials und einer gewissen Widerständigkeit ihrer Repräsentanten gegenüber einer sich wissenschaftlich verstehenden Theologie zunächst einmal allerdings eigener Aufarbeitung bedürfen« (12). Diese Vorentscheidung macht Staunen, und zwar in dreifacher Hinsicht: 1. Nach dieser Begründung könnten Theologien oder Religionen, die von Repräsentanten aus der Innenperspektive (noch) nicht beschrieben bzw. formuliert wurden, interkulturell oder religionswissenschaftlich nicht erfasst werden; 2. bereits vor 2011 sind Studien zur Pfingstbewegung, zur charismatischen Erneuerung im globalen Süden und zum Migrationschristentum vorgelegt worden, und zwar sowohl von Repräsentanten wie von europäischen Beobachtern; 3. die etwa zeitgleich erschienenen Bände von Hock und Wrogemann (Bd. 1) reflektieren bereits diese gegenwärtige Versionen des Christlichen, sei es unter Rekurs auf eigene Feldforschung oder auf entsprechende Forschungsliteratur.

Küsters »theologische(n) Gesprächspartner kommen überwiegend aus der Dritten Welt« (12). Sie nähmen »eine Vermittlerrolle zwischen der in der Regel im Westen angeeigneten Universitätstheologie und der Christenheit in der Dritten Welt wahr« (13). Mit der von ihm hier ausgeführten »systematische(n) Einführung in die Theologie, die sich als interkulturell versteht«, legt der Autor eine Theologie vor, »die das Aufklärungsparadigma noch stets radikal zu Ende denken« will: »In diesem Geist der Freiheit trifft sich das liberale Erbe europäischer Theologie (...) mit den Emanzipationsbewegungen der Dritten Welt, die theologisch ihren Niederschlag in den kontextuellen Theologien gefunden hat« (13). Angesichts der bedeutsamen Transformationsprozesse, die sich im weltweiten Christentum seit gut einer Generation vollziehen und angesichts einer damit einhergehenden anwachsenden Bedeutungserosion klassischer befreiungspolitischer Entwürfe unter der erdrückenden Mehrzahl von Christen im globalen Süden, nimmt sich der Autor die Freiheit, das maßgebliche Christentum des Südens auszublenden und damit die möglichen kritischen Anfragen jenes globalen Mehrheitschristentums an das Aufklärungsparadigma, wie es lange Zeit unreflektiert in der westlichen Theologie vorausgesetzt worden ist und – das zeigt dieses Buch an – hier und da noch heute transportiert wird. Insofern wird sich der von Küster »entwickelte heuristische Rahmen« (12) hinsichtlich der Weltchristenheit – entgegen seiner Hoffnung – gar nicht bewähren können.

Die Vorgehensweise Küsters und die Orientierung an markanten Persönlichkeiten befreiungs- und inkulturationstheologischer Diskurse führt zu erheblichen Verzerrungen des Gegebenen. So etwa, wenn die Darstellung und Diskussion von Minjung-Gemeinden in Südkorea einige Seiten (253–256) umfasst und ihre maßgeblichen Vertreter in unterschiedlichen Kapiteln des Buchs wiederholt aufgerufen werden, aber weder die Pfingstkirche Yoido Full Gospel Church – die immerhin als die größte Gemeinde der Welt gilt und die bereits 1973 gegründet wurde – noch ihr Gründer und Leiter David Yungi Cho überhaupt Erwähnung finden! Uninformierte Leser und Leserinnen, und das dürfte für die Mehrzahl der Studierenden zumal in den Anfangssemestern zutreffen, wird so nicht nur ein unvollständiges, sondern geradezu ein falsches Bild des Christentums in Südkorea vermittelt. Der Autor lässt zwar etwas enigmatisch durchblicken, dass »Transformationsprozesse Koreas (...) auch die Minjung-Gemeinden nicht unberührt gelassen« haben (256), er spezifiziert diese Prozesse aber nicht im Kontext der Charismatisierung des Christlichen in Südkorea. Außen vor bleibt auch die Tatsache, dass Minjung-Gemeinden in ihrer kurzen Geschichte niemals für das Christentum Südkoreas auch nur annähernd repräsentativ waren. Eine verlässliche und reflektierte Darstellung hätte hier eine Begründung dieser Fokussierung auf Minjung-Gemeinden angesichts ihrer heutigen Bedeutungslosigkeit vorlegen müssen.

Ein ähnliches Missverhältnis zwischen der *reality on the ground* und der Auswahl und Präsentation von Theologien ist zu konstatieren in Bezug auf die aufgerufenen Beispiele, Jesus in Afrika mit kulturgebundenen Hoheitstiteln zu belegen (210–212). Es gibt eine Fülle kritischer Untersuchungen seit spätestens den 90er Jahren (vgl. etwa die Habilitationsschrift von Wilhelm Richebächer) zu solchen Inkulturationsversuchen von afrikanischen – im Westen ausgebildeten! – Theologen vergangener Generationen. Das Ergebnis ist eindeutig: Die christlichen und heute zumal charismatisierten Bevölkerungen des sub-saharischen Afrika können mit Titeln wie Bruder-Ahn oder Proto-Ahn weithin nicht nur nichts anfangen, sie erachten sie geradezu als gefährlich im Kontext eines pfingstlich-charismatischen Christentums, das heute die Normalversion des Christlichen insbesondere in Westafrika darstellt und das die Dämonisierung gerade der Ahnen stark vorangetrieben hat. In diesem Zusammenhang sei – ebenfalls als Korrektiv – darauf aufmerksam gemacht, dass eine »fortschrittliche« Theologin wie Mercy Amba Oduyoye, deren Programm *uns* gut gefallen mag, zumal es tatsächlich von entwicklungspolitischer Relevanz ist, in Ghana oder überhaupt in West-Afrika aber auch gar keine Rolle in der Formierung christlicher Glaubensgemeinschaften spielt. In den christlichen Glaubensgemeinschaften in jener Region ist sie – das gilt auch für andere im Norden gerne rezipierte Theologen und Theologinnen Afrikas – so unbekannt wie unbedeutend. Gleichwohl findet sie – außer dem Autor selbst – in diesem Buch so oft Erwähnung wie sonst niemand anders. Kwame Bediako, der eine »konservativere«, aber in Westafrika anschlussfähige evangelikale Inkulturationstheologie entworfen hat, wird hingegen nicht einmal genannt. Vgl. dagegen den verhältnismäßig schmalen Band von Klaus Hock, der auf S. 80–81 eine differenzierte Darstellung der Minjung-Theologie bietet, auf die Problematik der Rezeption dieser Bewegung durch internationale Beobachter aufmerksam macht und noch den Bedeutungsverlust dieser Theologie seit Ende der 80-er Jahre begründet, um mit einem Hinweis auf die dynamische Entfaltung der Pfingstkirchen diesen Abschnitt zu beenden. Und im Kontext der Präsentation afrikanischer Entwürfe ruft Hock auf S. 65 einen Impuls Bediakos auf. Auch Henning Wrogemann beschreibt in Band 1 seines Lehrbuchs auf S. 165–168 zunächst kurz die Minjung-Theologie, um für Süd-Korea dann auf die Yoido Full Gospel Church zu sprechen zu kommen.

Es handelt sich bei dieser Einführung in die Interkulturelle Theologie über weite Strecken um ein insgesamt rückwärtsgewandtes Unternehmen, in dem heute vergangene Spielarten politischer bzw. kontextualisierter Theologie noch einmal aufgerufen werden, wobei sie zuweilen unter Rekurs auf gegenwärtig in den Kulturwissenschaften favorisierte Begrifflichkeiten und Konzepte (Dritter Raum, Fluidität etc.) erfasst werden. Den kritischen Anfragen an westliche Theologien durch widerständige Versionen des Christlichen weltweit entzieht sich der Autor durch sein Ignorieren gerade der Impulse, die von den hier vielbeschworenen »Rändern«, also von den christlichen Bevölkerungen des globalen Südens ausgehen. Und dies wären pfingstlich-charismatische Stimmen, die nun nicht eine klassische Befreiungstheologie treiben, sondern unter dem Paradigma einer in ATR gründenden *deliverance theology* an der Austreibung lebensgefährdender Geistwesen interessiert sind. Auch hier liegt eine nicht zu vernachlässigende Variante kontextueller Theologie vor, wenn auch eine, die nicht von westlich orientierten Theologen vorgegeben wurde, sondern die tatsächlich auf die Initiative christlicher Glaubensgemeinschaften vor Ort zurückzuführen ist. Diese Theologie ist im Übrigen auch im Migrationschristentum aus Afrika in Europa dominant. Das heißt: Die von wirtschaftlicher Macht Ausgegrenzten werden in Küsters Entwurf auch noch theologisch ins Aus gesetzt!

All dies bedeutet gleichwohl nicht, dass Küster nicht auch Weiterführendes und durchaus eine Fülle von interessanten Einzelbeobachtungen bietet. Als ein

Beispiel sei die von ihm vorgeschlagene Differenzierung der Begrifflichkeiten trans-kulturell, multi-kulturell, cross-kulturell und inter-kulturell angeführt (16): trans-kulturell wäre demnach zu beziehen auf »anthropologische Konstanten« von Menschen unterschiedlicher Kultur; multi-kulturell auf gleichzeitig nebeneinander her existierende Kulturen; cross-kulturell auf Grenzüberschreitungen und Kulturvermischungen; inter-kulturell auf den Raum zwischen Kulturen. Diese Differenzierung halte ich für so klärend wie produktiv und auch anschlussfähig für den internationalen Diskurs (cross-cultural = trans-kulturell im Sinn von W. Welsch).

Henning Wrogemann hat sein Lehrbuch Interkulturelle Theologie / Missionswissenschaft in drei umfangreichen Bänden vorgelegt. Der Umfang erklärt sich daraus, dass der Autor aus dem weiten Bereich der weltweiten Ökumene zum einen Beispiele von Vollzügen religiöser Praxis gibt und zum anderen zahlreiche theoretische Ansätze detailliert beschreibt. Im ersten Band wird Interkulturelle Theologie und eine entsprechende Hermeneutik grundgelegt, im zweiten Band werden Missionstheologien der Gegenwart vorgestellt und diskutiert, und im letzten Band des Lehrbuchs entwirft Wrogemann eine eigene Theologie Interreligiöser Beziehungen.

Interkulturelle Theologie und Hermeneutik (Bd. 1)
In einer Einleitung (17–42) macht Wrogemann programmatisch deutlich, worum es ihm in seinem Entwurf einer Interkulturellen Theologie entschieden geht, nämlich um eine angemessene Repräsentation der Ökumene in der »Weite der Weltchristenheit.« D.h. aufgebrochen werden soll die traditionelle Verengung des Blicks auf die Konfessionsökumene und die Kirchen, die sich im Umfeld des ÖRK bewegen: »Auch das Differente, das Andere, das Anstößige, etwa fundamentalistische Bewegungen, Gemeinden oder Kirchen müssen auf die ihnen eigene Sicht hin befragt werden« (34; hervorgehoben im Original). Wrogemann fordert und verfolgt eine Entschränkung des Blicks. Je andere und fremde Christentumsentwürfe sind um ihrer selbst willen möglichst neutral darzustellen im Kontext jeweiliger Kulturen und Traditionen, und sie sind als kulturell partikular ausgeprägte Versionen des Christlichen, hinter denen konkrete Menschen mit je spezifischen Erfahrungen, Deutungen und Bedürfnissen stehen, ernst zu nehmen und zu würdigen. Entsprechend geht es in der Interkulturellen Theologie um das angemessene Verstehen der Anderen im jeweiligen Kontext, welches aber

ohne die kritische Reflexion des je eigenen Verstehenshorizonts nicht zu haben ist: »Die Grundthese des Buches lautet, dass Verstehen nur möglich ist, wenn die gegenseitige Verwiesenheit von Verstehensbegriff einerseits und Kulturverständnis andererseits durchschaut wird« (41; hervorgehoben im Original). Insofern diskutiert der Verfasser in einem ersten Teil (43–159) umfänglich Interkulturelle Theologie aus hermeneutischer Perspektive. Hier kommen – unter Bezugnahme auf konkrete Glaubensvollzüge – kultursemiotische Ansätze (u.a. C. Geertz und R. Barthes) zum Tragen, allerdings unter kritischer Erweiterung durch diskurstheoretische Reflexionen. Ein zweiter Teil (161–224) zeigt die Vielfalt kontextueller Theologien am Beispiel Afrikas auf. Wrogemann berücksichtigt dabei sowohl Traditionen der Missionskirchen, der AICs und besonders ausführlich – da bisher stark unterbelichtet – der Pfingstbewegung. Erst in einem zweiten Schritt werden einige im Westen besonders wertgeschätzte Inkulturationstheologien afrikanischer Theologen der letzten Generationen zur Frage nach der begrifflichen Erfassung von Jesus Christus angeführt, sowie spezifische Perspektiven aus der Sicht von Theologinnen einerseits und von evangelikalen Theologen andererseits. All diese Entwürfe bindet Wrogemann zurück an die jeweiligen Lebenskontexte in den Gemeinden, hierbei Bezug nehmend auf neuere Untersuchungen zum Christentum auf dem grassroots-level (etwa von W. Richebächer). Hierbei problematisiert der Verfasser völlig zu Recht die – allerdings gegenwärtig stark zurücktretende – Tendenz afrikanischer Theologen und Theologinnen als Vertretern der Bildungselite ihrer Länder, sich aufgrund ihrer im Westen erfahrenen theologischen Ausbildung erheblich vom grassroots-level entfernt zu haben und somit Theologien vorzulegen, die keinen Halt im Glauben der Heimatbevölkerungen haben bzw. mitunter konträr zu einheimischen Glaubensbedürfnissen stehen. Ihre theologischen Entwürfe sprechen westliche Theologen an und scheinen für sie geschrieben zu sein. In ihren eigenen Kontexten sind diese Theologen und Theologinnen weithin bedeutungslos geblieben, eben weil sie an den Bedürfnissen ihrer Landsleute vorbeigeschrieben haben. Hier trägt Wrogemann eine wichtige Perspektivkorrektur ein. Wie nötig es ist, dass er hier in einem eigenen Kapitel auf diese Problematik hinweist, wird anschaulich an der nur ein Jahr vorher publizierten Einführung von Küster, der – wie gezeigt – Inkulturationschristologien afrikanischer Theologen und Theologinnen auf der einen Seite unkritisch rezipiert und gleichzeitig die gegenwärtig prägenden Stimmen aus der Mitte des evangelikal bzw. pfingstlich gewendeten Christentums komplett ausblendet.

Ein dritter Teil (225–296) ist der ausführlichen und differenzierten diachronen Darstellung von christlichen Missionskonzepten angesichts der Begegnung mit fremden Kulturen gewidmet (Ersetzungsmodell, Indifferenzmodell, Veredelungsmodell, Indigenisierungsmodell, Aneingnungsmodelle), bevor in einem abschließenden vierten Teil (297–375) die Verwobenheit von Theologie und Interkulturalität aus systematischen Perspektiven in den Blick genommen wird. Hier beschreibt und diskutiert Wrogemann etwa unterschiedliche Inkulturationsprozesse unter Bezugnahme auf Beispiele aus Indien (der Jesuit F. X. D'Sa) oder aus Nigeria (die kath. Nonne und Neutestamentlerin T. Okure). Eine hieraus erwachsende kritische Reflexion des Identitätsbegriffs leitet über zu einem Überblick über kulturwissenschaftliche Theorien unter dem Paradigma des »Postcolonial Turn« (wichtige verhandelte Stichwörter sind Multikulturalität vs. Interkulturalität, Hybridität vs. Melange vs. Kreolisierung, Transkulturation vs. Transkulturalität, Interkulturelle Theologie vs. Transkulturelle Theologie). Die jeweiligen Begriffe werden bezüglich ihres Erkenntnisgewinns für die Belange einer Interkulturellen Theologie bedacht. So kommt Wrogemann wohl zu einer positiven Würdigung des Transkulturalitätskonzepts von W. Welsch als analytisches Konzept, begründet aber durchaus nachvollziehbar, warum er an der Fachbezeichnung Interkulturelle Theologie festhält: Diese befasst sich vor allem mit »Christentumsformationen in anderen Erdteilen, Nationen, Ethnien, und also auch Kulturen« (340; hervorgehoben im Original). Es gibt mitunter markante kulturelle Differenzen zwischen Bevölkerungsgruppen insbesondere verschiedener Regionen, und sie werden weithin auch als Selbstverständlichkeiten in auszutarierenden Abgrenzungen zu je anderen vorausgesetzt.

Auch in der Kommunikation verschiedener Christentumsversionen geht es um das Verstehen und Aushalten von Differenzen. Dabei ist, so Wrogemann, Vereinnahmungstendenzen im Namen der Etablierung von vermeintlicher ökumenischen Einheit zu widerstehen. Zu Recht verweist Wrogemann in diesem Zusammenhang diskurstheoretisch auf die Problematik der *Macht von Institutionen* hin. Gegen eine Einheitsökumene plädiert Wrogemann für ein »Modell ökumenischer *Verbindung* im Sinne von Kontakt-halten« (361). Abschließend wendet der Autor den Blick auf die Bedeutung einer Interkulturellen Theologie für den deutschen Kontext, der seit wenigen Jahrzehnten erst durch eine Vervielfältigung und Fragmentierung der Konfessionen und Religionen bestimmt ist. Interkulturelle Theologie kann hier – insbesondere in der Begegnung mit Migrantengemeinden – einen hermeneutischen Perspektivwechsel flankieren und reflektieren, der ein angemesseneres Verstehen des Anderen befördert und zugleich dazu verhilft, Eigenes (Stärken und Schwächen) schärfer zu erfassen.

Der erste Band stellt eine reiche Schatzkammer dar von Beschreibungen unterschiedlichster Versionen des Christlichen, von christlichen Perspektiven in Vergangenheit und Gegenwart, von Forschungsperspektiven, kritischen Beobachtungen und eigenständig erarbeiteten, weiterführenden Positionen. Entscheidend wichtig ist es Wrogemann, das grassroots-level in Kirchen und Glaubensbewegungen ernst zu nehmen und angemessen zu repräsentieren. Dabei sind entstehende allseitige Irritationen weder auszublenden noch kleinzureden, sondern anzuerkennen als möglicher Motor produktiver, d.h. auch selbst-kritischer Auseinandersetzung. Diese Würdigung von interkonfessioneller Differenz deutlich herausgearbeitet zu haben – darin liegt m.E. die besondere Leistung dieser Positionsbestimmung einer Interkulturellen Theologie, wie sie Wrogemann vorgelegt hat.

Die starken narrativen Anteile in diesem Band bieten gerade für Studierende der ersten Semester eine Anschlussmöglichkeit an fremde Erfahrungswelten innerhalb der globalen Ökumene. Gelegentlich allerdings kommt der Verfasser jedoch etwas zu sehr ins Erzählen, und dann verschwimmen die Grenzen zwischen dichter, analytischer Behandlung einerseits und freiem Fabulieren andererseits. Ein in mehrfacher Hinsicht interessantes Beispiel ist auf den Seiten 57–59 anzutreffen. Hier gibt der Verfasser einen »Bericht« wieder über die Begebenheit einer Fluchumkehrung, wie sie sich in einer afrikanischen Migrationsgemeinde in Hamburg zugetragen hätte. Eine Quelle wird für den Bericht nicht angegeben. Dabei rekurriert der Bericht *in starker Abweichung* und sozusagen *als kreatives Zeugnis eines re-writing Prozesses* auf eine vom Rezensenten selbst im Jahr 2010 erlebte Begebenheit, die er (also ich) an unterschiedlicher Stelle beschrieben und 2011 publiziert hat. Ein seltsamer Vorgang, der auch andere in diesem Buch vorfindliche Erlebnisberichte vorsichtig und kritisch lesen läßt.

Missionstheologien der Gegenwart (Bd. 2)
Ziel dieses Bands ist es nach Auskunft der Einleitung (17–46), »die Vielfalt von Missionstheologien und missionarischen Wirkungsweisen vor Augen zu führen, die Komplexität kontexueller Verweisungszusammenhänge anklingen zu lassen und damit Vorverständnisse von dem, was angeblich ›Mission‹ ist, zu hinterfragen ebenso wie Vorverständnisse von dem, was angeblich ›Konversion‹ ist, ›Di-

alog‹, ›Macht‹ oder ›Pluralismus‹«(28; hervorgehoben im Original). Nach einer Skizze missionsgeschichtlicher Grunddaten bis zur Weltmissionskonferenz in Edinburgh konzentriert sich Wrogemann in einem ersten Teil (47–172) auf die Darstellung »Missionstheologische(r) Entwicklungen des 20./21. Jahrhunderts«, ausgehend von den Anfängen der Missionswissenschaft bei G. Warneck über die Weltmissionskonferenzen bis Busan (2013), die jeweils im Kontext anstehender Problemhorizonte und sich ändernder missionstheologischer Konzepte dargestellt werden. Ein zweiter Teil (173–273) speist Missionstheologien aus unterschiedlichen Regionen (insbesondere Afrika, Asien, Lateinamerika) und in verschiedenen Konfessionen (römisch-katholisch, orthodox, nordamerikanisch-protestantisch, anglikanisch, pfingstkirchlich) ein. Bei dieser schon fast enzyklopädischen Breite der Darstellung – dem Verfasser liegt programmatisch daran, »Missionstheologien im Plural« gerecht zu werden – stellen sich beinahe unvermeidlich Oberflächlichkeiten und Verzerrungen ein.

Dies geschicht z.b. eklatant in der Darstellung des Pfingstchristentums in Ghana (248), wo die folgende Fehlinformation mitgeteilt wird: »Ältere Pfingstkirchen wie die *Church of Pentecost* wurden durch die in den späten 1970 Jahren begründeten neuen Pfingstkirchen deutlich in den Schatten gestellt.« Das ist schlichtweg falsch. Die Church of Pentecost ist seit den 1970er Jahren zu einer der größten Kirchen Ghanas überhaupt angewachsen. Auch die auf S. 251–252 entfaltete Darstellung des ghanaischen *deliverance* und *prosperity* Diskurses stellt eine letztlich unzutreffende Konstruktion dar: So schließt Wrogemann von der in ghanaischen Pfingstgottesdiensten häufig anzutreffenden Aufforderung »Make a complete break with the past!« und der Rede von »breaking ancestoral curses« auf den realen und »kompletten Bruch (eines Menschen) auch mit seiner Herkunftsfamilie und Verwandtschaft« (251). Denn ein »born-again-Christ« – hier werden Pfingstler mit Evangelikalen zudem in eins gesetzt – könne an Großfamilienfeiern aus Anlass von Geburt, Hochzeit und Beerdigung, wo die Ahnen involvierende Riten vollzogen werden, nicht mehr teilnehmen. Damit aber würde die Grundlage für eine *upward mobility* von Individuen gelegt: »Der Bruch mit Familie und Vergangenheit ist eine Befreiung zu wirtschaftlichem Aufstieg und zu transnationaler Mobilität« (251). Gleichzeitig bedeutete »der Bruch mit der Familie für Menschen im städtischen Milieu auch (...), von den wirtschaftlichen Verpflichtungen entbunden zu sein, die eigene Großfamilie auf dem Land finanziell unterstützen zu müssen, was nicht selten den Effekt hat, dass dadurch mangels Ersparnissen ein wirtschaftlicher Aufstieg unmöglich gemacht wird«

(251–252). All dies repräsentiert nicht die *reality on the ground*, sondern stellt eine erhebliche Verzerrung der Gegebenheiten dar: Unter Pfingstlern, charismatischen Christen und Evangelikalen in Ghana ist *nicht* eine Tendenz zum Bruch mit der traditionellen Gepflogenheiten verhafteten Großfamilie zu beobachten, und bei Großfeiern im familiären wie auch im staatlichen Kontext agieren Pastoren – inklusive Pfingstlern! – *neben* traditionellen Würdenträgern und Priestern oder gegebenenfalls Imamen, und oft genug beteiligen sich Pfingstpastoren bei Beerdigungsfeiern, wenn auch eher abseits des öffentlichen Raums, selbst an den traditionell vorgeschriebenen Riten wie etwa der Anrufung der Ahnengeister unter dem *pouring of libation*. Eine Distanzierung oder gar Isolierung von Pfingstlern von der Großfamilie ist in Ghana weder eine Realität noch wäre sie soziologisch und enzyklopädisch – im semiotischen Sinn – überhaupt möglich, es sei denn Pfingstler ließen Ghana hinter sich und legten ihre Sprache ab. Letztere aber spiegelt ein zutiefst gemeinschaftliches Lebensverständnis wider, und sie strukturiert Wirklichkeit in entsprechender Weise. Dem bleibt ein Muttersprachler verhaftet. Dass sich Pfingstler in der Stadt ihrer Fürsorgepflicht für die Großfamilie auf dem Land entziehen könnten, selbst wenn sie es wollten, und sie dann Geld sparen könnten, stellt eine weitere so phantasievolle wie groteske Konstruktion dar, die jeglichen Realitätsbezugs entbehrt. Denn das glatte Gegenteil ist der Fall: Das Leben in der Großstadt wird im Allgemeinen ermöglicht durch eine Anschubfinanzierung durch die Großfamilie, und zwar in der selbstverständlichen Erwartung, dass die Städter die Großfamilie in Zukunft finanziell unterstützen werden. Und dem weiß sich ein Ghanaer – ob er es mag oder nicht – bleibend verpflichtet. Bei finanziellen Engpässen werden Städter von Delegationen oder einzelnen Bittstellern aus der entfernten Familie aufgesucht und ihrem jeweiligen Anliegen kann man sich schlicht nicht entziehen, selbst wenn man aufgrund der hohen Preise in der Stadt am Existenzminimum lebt.

Auch die Behauptung, dass der Praxis von *deliverance* in der Diasporasituaiton »eine weitaus geringere Bedeutung« zukäme (252), geht völlig an der Realität ghanaischer Migrationsgemeinden vorbei: Schon der in Band 1 auf S. 57ff. aufgerufene Bericht einer Umkehrung von Flüchen aus der Heimat in einer Hamburger Pfingstgemeinde steht im Widerspruch zu dieser Behauptung. Tatsache ist: In westafrikanischen Pfingstgemeinden der ersten Generation spielen deliverance-Handlungen *mindestens* eine so wesentliche Rolle wie in der jeweiligen Heimat, und zwar aufgrund des enormen Stresses – noch gefördert durch regelmäßige telefonische Anfragen aus der Großfamilie nach Geldüberweisungen –, dem sich die Gläubigen fern der Heimat ausgesetzt sehen und der weithin dämonologisch gedeutet und spirituell bekämpft wird.

Hier wird exemplarisch deutlich: Wrogemann wird gelegentlich und vielleicht allzu häufig seinem Anspruch nicht gerecht, die »Anderen« angemessen zu repräsentieren. Die wichtigen, in Band 1 benannten hermeneutischen und semiotischen Grundentscheidungen kommen in der Darstellung des ghanaischen Pfingstchristentums zumindest unbefriedigend zur Anwendung. Wie wenig Wrogemann seinen methodologischen Prinzipien verpflichtet ist und er deshalb an der Oberfläche von Phänomenen bleibt und somit Mißrepräsentationen produziert, wird z.B. auch anschaulich in seiner Diskussion eines umfassenden Heilungsbegriffs in Bezug auf *deliverance* in Westafrika (311): Er stellt wohl korrekt dar, dass bei Krankheit innerhalb der »Matrix dieses pfingstlich-charismatischen Verständnisses von Gesundheit und Krankheit« auf den »Wille(n) von Menschen und Mächten« abgehoben wird. Die Aussage, dass damit in diesem Kontext »nicht nur *kausale* Faktoren eine Rolle spielen« (Hervorhebung: W.K.), führt aber auf eine falsche Spur. Unter der Hand legt Wrogemann für die Erfassung von afrikanisch-pfingstlichen Phänomenen nämlich Deutekategorien von Wirklichkeit an, die sich einer westlich-aufgeklärten Enzyklopädie verdanken. Innerhalb des afrikanisch-pfingstlichen Weltwissens aber wäre von einem *in den spirituell-numinosen Bereich hinein erweiterten Kausalitätsbegriff* zu sprechen. Danach können »Hexen« oder Geistwesen auf spirituellem Wege sehr reale Wirkungen in der physisch wahrnehmbaren Welt hervorrufen. Der westliche Realitäts- und Kausalitätsbegriff kann diese Dimension nicht erfassen. Er greift zu kurz. Seine Anwendung auf außereuropäisches Weltwissen verleitet aber leicht dazu, den »Anderen« *Irrationalität und Aberglauben* zuzuschreiben – auch wenn Wrogemann selbst sich dessen deutlich enthält. Kritisch kommt hinzu: Nicht jede Mangelsituation wird automatisch auf das Wirken spiritueller Mächte zurückgeführt, aber sie *kann* darauf zurückgeführt werden!

Hier und an anderen Stellen entsteht der Eindruck, dass der Verfasser gelegentlich wenige ihm zugängliche Informationen aus einem Kontext allzu kreativ miteinander zu einem System kombiniert, ohne die Verhältnisse vor Ort hinreichend zu kennen oder sie in der Tiefe durchdrungen zu haben. In ethnologischer Begrifflichkeit: Aus etischen Merkmalen wird nach Gutdünken ein System konstruiert, ohne dass die gegebene emische Perspektive in Betracht gezogen wurde. Das ist das Ergebnis einer Missionstheologie, die sich über ethnologische Einsichten und Verfahrensweisen hinwegsetzt.

In einem dritten Teil (275–369) stellt Wrogemann missionstheologisch relevante Themen (Reich Gottes, Geld, Heilung und Deliverance, Dialog, Versöhnung und Konfliktüberwindung, Gender, Konversion) aus unterschiedlichen konfessionellen, kontextuellen und regionalen Perspektiven dar. Für besonders gelungen halte ich hier die Diskussion um Armut vs. Reichtum im Kontext entwicklungspolitischer und pfingstlicher (*prosperity gospel*) Diskurse. Diese Thematik bezieht Wrogemann auf die lukanische Theologie, und auf diesem Hintergrund arbeitet er eine Theologie heraus, die den *ganzen* Menschen betrifft. Hier konvergieren in der Tat afrikanisch-pfingstliche mit entwicklungspolitischen Zielen, i.e. dass es Menschen in all ihren Lebensbezügen besser geht, sie also einen Lebensgewinn erfahren (Verweis auch auf John 10,10).

Im vierten Teil (371–403) diskutiert Wrogemann missionstheologische Initiativen, Erfahrungen und Problemanzeigen in deutschen kirchlichen Kontexten seit den 60er Jahren, und zwar differenziert nach landeskirchlicher und ortsgemeindlichen Ebenen. Hier werden u.a. Strategien des missionarischen Gemeindeaufbaus vorgestellt sowie Glaubensgrundkurse. In einem letzten, fünften Teil (405–440) stellt Wrogemann sein eigenes Missionsverständnis vor. Mission versteht er als »ökumenische Doxologie«, die »auf eine ganzheitliche Praxis zielt« (406), und zwar unter Einschluss folgender Bedeutungsdimensionen: der prophetisch-politischen, theologisch-anthropologischen, gemeinschaftlich-leiblichen, identitätsbildenden, ethnischen, kulturellen, partnerschaftlichen und der ökologischen Dimension. Zum Ende hebt Wrogemann noch einmal ausdrücklich ab auf die Realität, die Herausforderung und die Chancen, mit denen sich Kirchen in Deutschland aufgrund noch zunehmender globaler Migrationsbewegungen konfrontiert sehen. Gerade die Präsenz von Christen aus dem globalen Süden macht interkulturelle Lernerfahrungen möglich und nötig, sowie eine theologische Neudurchdringung christlicher Identität und kirchlichen Wirkens.

Theologie Interreligiöser Beziehungen (Bd. 3)
In der Einleitung (17–68) begründet Wrogemann sein Vorhaben, eine *Theologie* Interreligiöser Beziehungen auf Grundlage einer *Theorie* Interreligiöser Beziehungen zu entwerfen, und zwar als Alternative zu bisher vorgelegten neueren Entwürfen christlicher Religionstheologien (revisionistische, interpretative, selegierende und interaktionalistische), die in einem ersten Teil (69–142) vorgestellt und kritisiert werden. Hauptthese seines Entwurfs ist, »dass religiöse Letzt-

begründungsansprüche sehr wohl sozial förderliche Impulse zu geben vermögen« (41).

In einem zweiten Teil (143–209) untersucht Wrogemann, wie das Verhältnis des je Eigenen zu anderen religiösen Traditionen bestimmt wird, und zwar aus muslimischen und buddhistischen Perspektiven. Für den Islam orientiert sich Wrogemann an liberalen Korangelehrten wie Farid Esack und Muhammad Sharur. Sie kommen zu einer Wertschätzung anderer religiöser Traditionen »über die Abstraktion« (205), etwa wenn das Wesen des Islam in Analogie zum christlichen Doppelgebot der Liebe beschrieben wird. Für muslimische wie für buddhistische Perspektiven arbeitet Wrogemann als wohl wichtigste Erkenntnis heraus, dass hier »Formen einer grundsätzlichen Selbstrelativierung im Blick auf die eigenen religiösen Letztbegründungsmuster *nicht* vorkommen« (209).

Ein dritter Teil (211–293) benennt »Bausteine einer Theorie interreligiöser Beziehungen«. Hier rekurriert der Verfasser auf den Identitätsbegriff, auf Exklusivitäts- vs. Inklusivitätsdiskurse (P. Bourdieu), auf Dimensionen von Anerkennung bzw. Wertschätzung, auf Raum- und Gesellschaftstheorien im Kontext von Pluralismus bzw. Multikulturalismusdebatten. So ergibt sich etwa ein hybrider Identitätsbegriff, wonach sich Identität ständig in einem Ausbalancierungsprozess befindet »zwischen verschiedenen Orten, Kontexten und Beanspruchungen«, um Kohärenz nahe zu kommen (287). Gesellschaftlich sind nach Wrogemann »die verschiedenen Religionsformationen (...) nach denjenigen Ressourcen zu befragen, die für ein konstruktiv-plurales Miteinander von Menschen in einer gegebenen Gesellschaft in Anspruch genommen werden können« (251). Dazu gehöre es wesentlich, »anderen Menschen wertschätzend zu begegnen, ihnen also *Anerkennung* zukommen zu lassen« (251). Der Verfasser vertritt jedoch nachdrücklich die These, dass eine solche Wertschätzung eben nicht über *Selbstrelativierungsmuster* zu erreichen sei – wie ich finde, sehr zu Recht. Dies ist zu lernen, wie im zweiten Teil dargestellt, von muslimischen wie von buddhistischen Perspektiven. Der Rezensent vermisst hier allerdings Bezugnahmen auf die zentralen Werke von Daniel Boyarin zur Wertschätzung von Differenz (A Radical Jew. Paul and the Politics of Identity, 1994) und von Thomas Bauer zur Ambiguitätstoleranz im Islam (Die Kultur der Ambiguität. Eine andere Geschichte des Islams, 2011).

Nach diesen kulturwissenschaftlichen Orientierungen ruft Wrogemann in einem vierten Teil (295–334) konkrete Dialogbeispiele auf, um Muster, die auf Dialoge einwirken, und um Bedeutungszuschreibungen für Dialoge zu benennen. Ein gelingender Dialog hätte sich zwischen Nähe und Distanz zu bewegen und eben Differenz ernst zu nehmen. Der fünfte Teil (335–411) beschreibt dann Motive, die für die Entwicklung der von Wrogemann favorisierten Theologie Interreligiöser Beziehungen produktiv seien. Hier tritt er vehement für eine Differenzhermeneutik vs. religionstheologische Vereinnahmungsmuster (John Hick u.a.) ein. Kriterium zur Einschätzung anderer religiöser Traditionen ist die Frage danach, »welche lebensschaffenden Potentiale sich darin finden lassen« (339). Auch »sperrige Motive und Texte der eigenen Tradition« seien nicht zu unterschlagen, sondern nach ihrem relativen Recht – oder absoluten Unrecht? – zu befragen in Bezug auf lebensförderliche Potentiale (353). Eine biblische Theologie etwa ergäbe, dass die Rede von der Einzigkeit, von der Rache und vom Zorn Gottes in biblischen Schriften gebunden bliebe »an die Motive der Liebe, der Gerechtigkeit und der Hoffnung« (352). Auch die Lehre und das Verhalten Jesu sei eine Mahnung, nicht etwa »religiöses Leben und interreligiöse Beziehungen in harmonistischer Weise misszuverstehen« (369; hervorgehoben im Original). Wrogemann bietet im Anschluss unter der Fragestellung interreligiöser Beziehungen Durchgänge durch den 1. Petrusbrief und durch die Offenbarung des Johannes. Seine aufschlussreiche Lektüre des 1. Petrusbriefs ergibt: »Die Anerkennung des religiös Anderen und Fremden besteht also darin, dass das christliche religiöse Zeugnis auf dem Ungeschuldet-Sein der göttlichen Gnade basiert und daher dieses Ungeschuldet-Sein auch für andersglaubende Menschen anerkennt« (379). Das aber hieße in der Konsequenz: »Dem Charakter der Unverfügbarkeit der Gnade entspricht damit die Verweigerung, definitive Aussagen über den Heilsstatus anderer Menschen zu treffen« (380; hervorgehoben im Original). Die Offenbarung des Johannes bestimmt Wrogemann als »ein Narrativ, welches einen radikalen Gewaltverzicht beinhaltet, da der eigentlich Agierende Gott allein ist« (400). Die doch unzweideutig klaren Verdammungsworte in den Lasterkatalogen der Johannesoffenbarung relativiert Wrogemann auf dem Hintergrund seines oben benannten Lektürekriteriums, indem er meint, dass diese »starken Worte dazu dienen sollen, zur Entscheidung aufzurufen« (396; hervorgehoben im Original). Dem Exegeten und Theologen stellt sich die hermeneutische Frage: Muss noch jede heute problematisch, da äußerst brutal anklingende biblische Äußerung in das von uns favorisierte Evangeliumsverständnis eingeebnet werden? Selbst bei historischer Kontextualisierung mögen diese Äußerungen ihre Untragbarkeit im Hinblick auf das Evangelium behalten, auch wenn sie im Einzelfall als allzu menschliche Reaktionen nachvollziehbar werden – ganz ähnlich wie Wrogemann entschärft übrigens auch etwa Mouhanad Khorchide brutale Gerichtsaussagen des Koran, d.h. als Mahnung zur Umkehr (vgl. seinen wichtigen Entwurf *Islam ist Barmherzigkeit* von 2012, der trotz seines enormen Potentials für den interreligiösen Dialog von Wrogemann nicht berücksichtigt wird). Eine Differenzhermeneutik, wie sie Wrogemann zu Recht für den interreligiösen Dialog einfordert, wäre auch für die Begegnung mit biblischen Schriften zu veranschlagen!

Ein letzter, sechster Teil (413–441) bietet eine zusammenfassende Schlussbetrachtung auf die Implikationen des Begriffs Interkulturelle Theologie sowie auf die Implikationen seiner Inbeziehungsetzung mit den Diskursfeldern Missionswissenschaft und Religionswissenschaft. Hier mahnt Wrogemann vor allem zweierlei an: Zum einen eine kritische Reflexion der eigenen, oft unerkannt bleibenden Eurozentrik, die trotz anderslautender, sich dem Postkolonialismus verschreibender Bekundungen selten genug bewusst ist, und zum anderen eine Ernstnahme der »Graswurzelebene christlicher Lebenspraxis« einschließlich der Pfingstbewegung bei gleichzeitigem Abrücken von der Orientierung an theologischen Entwürfen von Bildungseliten des globalen Südens. Beidem ist, so meine ich, vorbehaltlos zuzustimmen

Alle drei Bände des Lehrbuchs Interkulturelle Theologie / Missionswissenschaft sind ausgestattet mit farbigen Fotos zur visuellen Veranschaulichung von ausgewählten Glaubensäußerungen innerhalb und außerhalb des weltweiten Christentums. Darüberhinaus endet jeder Band abschließend mit Registern (Literatur, Stellen [ab Bd. 2], Namen und Sachen).

Berufungen und Ehrungen

Dr. **Olaf Fykse Tveit** (54), Generalsekretär des Ökumenischen Rates der Kirchen, wurde von der Hanshin University der Republik Korea am 8. April 2015 ein Ehrendoktortitel verliehen. In ihrer Begründung für diese Auszeichnung verband Rev. Dr. Sang Chang, ÖRK-Präsidentin für Asien, die Bedeutung dieser Auszeichnung für den ÖRK mit der Herausforderung für die Kirchen in Korea, sich für Frieden und Versöhnung einzusetzen.

Dr. **Zephania Kameeta** (69), bis zu seinem Ruhestand lutherischer Bischof in Namibia, wurde von Premierminister Hage Geingob zum Minister für das neu geschaffene Ressort der Armutsbekämpfung und Sozialfürsorge ernannt. Die westfälische Kirche (EKiW) unterstützt den 69-Jährigen seit Jahren bei seinem Projekt für ein bedingungsloses Grundeinkommen im zentralnamibischen Dorf Otjivero. In Otjivero erhält jeder Einwohner seit 2008 ein Grundeinkommen von umgerechnet sieben Euro monatlich. Seitdem ist der Anteil der unterernährten Kinder stark zurückgegangen und die Beschäftigungsquote gestiegen. Aufgrund von Kameetas Ernennung erhofft sich die EKiW Auftrieb auch für dieses Projekt.

Dr. **Fidon Mwombeki**, seit 2006 Generalsekretär der *Vereinten Evangelischen Mission*, wurde zum neuen Direktor der Abteilung Mission und Entwicklung des Lutherischen Weltbundes ernannt. Die Abteilung Mission und Entwicklung unterstützt die lutherischen Kirchen theologisch, logistisch, finanziell und bei der Ausbildung.

Christian Reiser (54), Pfarrer der EKiW, ist zum neuen Direktor der Gossner Mission gewählt worden. Das Kuratorium wählte den 54-Jährigen aus Halle/Westfalen auf seiner Frühjahrssitzung im ostfriesischen Ihlow. Reiser tritt die Nachfolge von Ulrich Schöntube an, der von 2007 bis 2014 an der Spitze des Missionswerks stand, und auf eine Pfarrstelle in Berlin wechselte.

Dr. **Andreas Franz** (57), Leiter des Missionswerks »Horizonte weltweit«, wurde im Rahmen der Frühjahrstagung der Arbeitsgemeinschaft Pfingstlich-Charismatischer Missionen (APCM) in seinem Amt als Vorstandsvorsitzender bestätigt. Zu neuen Stellvertretern berief die Mitgliederversammlung den Geschäftsführer des Aktionskomitees für verfolgte Christen (AVC), Lothar Riegel (Nidda), und den Direktor der Organisation Globe Mission, Andreas Pestke (Hamminkeln bei Wesel).

Dr. **Boniface Mabanza Bambu** (43), Theologe aus der Demokratischen Republik Kongo und Koordinator der Kirchlichen Arbeitsstelle Südliches Afrika in Heidelberg, erhält den »Dorothee-Sölle-Preis für aufrechten Gang«. Damit ehrt die Initiative »Kirche von unten« sein Engagement für einen konsequenten Perspektivwechsel insbesondere in den wirtschaftlichen Beziehungen zwischen afrikanischen und europäischen Ländern. Boniface Mabanza studierte Philosophie, Literaturwissenschaften und Theologie in Kinshasa und wurde an der Universität Münster promoviert.

Oscar Arnulfo Romero, der am 24. März 1980 ermordete Erzbischof von San Salvador, wird am 23. Mai 2015 selig gesprochen. Eine Gedenkmesse in San Salvador am 35. Jahrestag seiner Ermordung bildete den Auftakt einer Reihe von Feierlichkeiten, die den bereits 17 Jahre andauernden Prozess der Seligsprechung abschließen sollen.

Esther Abimiku Ibanga (54), Pastorin aus Nigeria, erhält am 14. Mai 2015 in Tokio den buddhistischen Niwano-Friedenspreis für ihr Engagement für Frauen und Mädchen. Ihre Frauenorganisation »Women Without Walls Initiative« führt Frauen über ethnische und religiöse Grenzen hinweg zu gemeinsamer Friedens- und Versöhnungsarbeit zusammen. Der Niwano-Friedenspreis wird seit 1983 an Persönlichkeiten vergeben, die sich über religiöse Grenzen hinweg für Versöhnung einsetzen. Zu den bisherigen Preisträgern gehören der brasilianische Erzbischof und Befreiungstheologe Helder Camara sowie der Schweizer Theologe Hans Küng.

Esther Mujawayo-Keiner (56), ruandische Traumatherapeutin, ist mit dem 14. Bremer Solidaritätspreis ausgezeichnet worden. Die mit 10.000 Euro dotierte Auszeichnung wurde ihr für ihre Arbeit mit Opfern des Völkermords in Ruanda und mit traumatisierten Flüchtlingen aus aller Welt verliehen. Mujawayo-Keiner ist Mitbegründerin der Organisation «Avega», der Vereinigung der Witwen des Völkermordes von 1994, die sich unter anderem um die gesundheitliche Versorgung und Rehabilitation der Witwen des ruandischen Genozids kümmert. In Düsseldorf arbeitet sie am Psychosozialen Zentrum für Flüchtlinge.

Rafik Schami (68), syrisch-deutscher Schriftsteller, erhielt im Rahmen des Deutschen Evangelischen Kirchentages in Stuttgart den mit 10.000 Euro dotierten Preis der ökumenischen Stiftung «Bibel und Kultur». Sein Werk sei in besonderer Weise von seiner Herkunft aus einer der frühen Stätten des Christentums geprägt, heißt es in der Begründung der Deutschen Bibelgesellschaft. Es erinnere damit an das Leid, das im Mittleren Osten gegenwärtig religiösen Menschen zugefügt werde.

Die Kommission für Glauben und Kirchenverfassung des Ökumenischen Rates der Kirchen hat in ihrer ersten Tagung seit der Vollversammlung des ÖRK in Busan 2013 fünf stellvertretende Vorsitzende gewählt. Sie unterstützen die Vorsitzende der Kommission, die britische Theologin Pastorin Dr. **Susan Durber** der Vereinigten

Reformierten Kirche des Vereinigten Königreichs, die 2014 vom ÖRK-Zentralausschuss gewählt worden war. Die stellvertretenden Vorsitzenden, die bis zur nächsten ÖRK-Vollversammlung 2020 im Amt bleiben werden, sind Metropolit Professor Dr. **Gennadios von Sassima** vom Ökumenischen Patriarchat von Konstantinopel, Pfarrer Dr. Professor **William Henn** der Römisch-Katholischen Kirche, Pastorin Dr. **Morag Logan** der Unionskirche in Australien, Pastorin Dr. **Makhosazana K. Nzimande** der Anglikanischen Kirche des südlichen Afrika und Pastor Dr. **Hermen Shastri** der Methodistischen Kirche in Malaysia. Metropolit Gennadios, eines der vier Mitglieder des ÖRK-Präsidiums, ist ebenfalls stellvertretender Vorsitzender des Zentralausschusses und des Exekutivausschusses. Die Kommission für Glauben und Kirchenverfassung tagte vom 17. bis 24. Juni im Caraiman-Kloster in Rumänien.

Neue Promotionen und Habilitationen

Baudin Hernandez, Christine (St. Louis University, Ph.D. 2014): »From ›Supernaturalizin‹ to Liberation: The Maryknoll Sisters in Nicaragua, 1945 – 1975«.

Becker, Dr. Judith (Evangelisch-Theologische Fakultät der Johannes-Gutenberg-Universität Mainz, Habilitation 2015): »Conversio im Wandel: Die Basler Mission in Südindien und die Ausbildung einer Kontaktreligiosität, 1834–1860«.

Berinai, Judy (Oxford Centre for Mission Studies/Middlesex University, Ph.D. 2013): »Liturgical Inculturation in Anglican Worship in Light of the Spirituality of the Indigenous People of Sabah, Malaysia«.

Davidsson, Tommy Henrik (University of Birmingham, U.K., Ph.D. 2012): »Lewi Pethrus' Ecclesiological Thought, 1911–1974: A Transdenominational Pentecostal Ecclesiology«.

Ihesiaba, Paschal (Pontifical Urban University Rome, D.Miss. 2013): «The Role of Living Stories in the Evangelization of Africa: A Missiological Study of Chinua Achebe's ›Things Fall Apart‹«.

Isaa, Rakang Honsan (Pontifical Urban University Rome, D.Miss. 2014): »Impact of Christianity on the Nagas of North East India: Cultural Dialogue an Imperative for Pastoral Ministry«.

Jahnel, Dr. Claudia (Fachbereich Theologie, Universität Erlangen, Habilitation, 2015): »Afrikanische Theologie – Kulturwissenschaftliche Analysen und Perspektiven«

Jebadu, Alexander (Pontifical Urban University Rome, D.Miss. 2014): »The Impact of Ecological Exploitation on People and Nature: A Missiological Investigation on Extractive Industry with a Case Study in Flores Island, Indonesia«.

Jung, Kyeongil (Union Theological Seminary New York, Ph.D. 2013):

»The Body Tree and the Cross: A Buddhist-Christian Theology of Liberation«.

Lee, Sang Yun (University of Birmingham, U.K., Ph.D. 2013): »Contextual Hope in Korean Pentecostalism's Threefold Blessing«.

Mathew, Rosilin (Pontifical Urban University Rome, Th.D. 2014): »Evangelization and Faith Formation of Families in the Life and Mission of the Missionary Sisters of Mary Help of Christians (MSMHC)«.

Morrison, Doreen (University of Birmingham, U.K., Ph.D. 2012): »Reaching for the Promised Land: The Role of Culture, Issues of Leadership, and Social Stratification within British Caribbean Christianity«

Pallivathukal, Suresh Mathew (Pontifical Urban University Rome, D.Miss. 2014): »Praxis of Media Education in a Matrix of Media: A Means of Evangelization through the Catholic Schools of the Archdiocese of Delhi«.

Savarimuthu, Uvari Antony (Pontifical Urban University Rome, Th.D. 2013): »Table Fellowship as a Unifying Symbol: An Indian Theological Perspective«

Sperber, Dr. Jutta (Theologische Fakultät der Universität Rostock, Habilitation, 2015): »Die anthropologischen Aspekte in den christlich-muslimischen Dialogen des Vatikan«

Yu, Kunjae (University of Birmingham, U.K., Ph.D. 2014): »An Analysis of the Theological and Historical Identity of the Korean Baptist Convention: an Indigenous Charismatic Movement«

Zeuge, Uta (Evangelisch-Theologische Fakultät der Universität Wien, Promotion, 2015): »Die Mission des American Board in Syrien im 19. Jahrhundert: Implikationen eines transkulturellen Dialogs«.

Geburtstage

85 Jahre: am 25.8.2015 Prof. em. Dr. **Marc Spindler**, bis zu seiner Emeritierung Professor für christliche Theologien in Afrika, Asien und Lateinamerika; Gründungsmitglied von CREDIC (Centre de recherches et d'échanges sur la diffusion et l'inculturation du christianisme), von AFOM (Association francophone oecuménique de missiologie) sowie der Societas Oecumenica (Société européenne de recherche oecuménique).

80 Jahre: am 12.8.2015 Prof. em. Dr. **Theo Sundermeier**, von 1964 bis 1975 Dozent an theologischen Ausbildungsstätten in Namibia und Südafrika, von 1975 bis 1983 Professor für Theologie der Religionsgeschichte an der Ruhr-Universität Bochum und von 1983 bis zu seiner Emeritierung 2000 Inhaber des Lehrstuhls für Religions- und Missionswissenschaft an der Universität Heidelberg. Vorsitzender der DGMW von 1990 bis 2004.

75 Jahre: am 22.10.2015 Dr. **Dorothea Vorländer,** ehemalige Dozentin für Kirchengeschichte an der Near East School of Theology im Libanon, seit 1992 bis zu ihrem Ruhestand Pfarrerin an der Laurentiuskirche Neuendettelsau.

75 Jahre: am 9.12.2015 Prof. em. Dr. **Helmut Obst,** bis zu seiner Emeritierung Professor für Ökumenik, Konfessionskunde und Religionswissenschaft an der Martin-Luther-Universität Halle-Wittenberg, Träger des Verdienstkreuzes erster Klasse des Verdienstordens der Bundesrepublik Deutschland für langjährige Verdienste um die Franckeschen Stiftungen zu Halle an der Saale.

65 Jahre: am 18.7.2015 PD Dr. **Rainer Neu,** ehemaliger Dozent am Northern Christian College in Laoag City und Professor an der Silliman University in Dumaguete City/Philippinen sowie Mitglied des Lehrkörpers der South-East Asian Graduate School of Theology (SEAGST) in Singapur, von 1997 bis 2005 als Soziologe an der Universität Paderborn, derzeit Privatdozent für Kirchengeschichte und Religionswissenschaft an der Universität Duisburg-Essen; Schriftführer der DGMW.

65 Jahre: am 18.12.2015 Pfr. **Bernhard Dinkelaker,** 1980–1982 ökumenischer Mitarbeiter in der Industrie- und Sozialarbeit in Ghana, bis zu seinem Ruhestand 2013 Generalsekretär der *Evangelischen Mission in Solidarität.*

Todesnachrichten

Der frühere Generalsekretär des Ökumenischen Rates der Kirchen, Dr. h.c. **Philip Potter,** ist am 30. März 2015 im Alter von 93 Jahren in Lübeck verstorben. Potter war von 1972 bis 1984 der erste Generalsekretär aus einem Land der sogenannten Dritten Welt. ÖRK-Generalsekretär Olaf Fykse Tveit würdigte Potters Engagement für die Überwindung des Apartheid-Regimes in Südafrika sowie für den Kampf der Kirchen um Einheit, Gerechtigkeit und Frieden. Der Landesbischof der evangelischen Nordkirche, Gerhard Ulrich, bezeichnete Potter als »Gesicht der Ökumene« über viele Jahre hinweg. Kirsten Fehrs, Bischöfin im Sprengel Hamburg und Lübeck, nannte Potter einen »Wegbereiter der Ökumene, der die weltweite Christenheit immer als Einheit verstanden hat.« Potter wurde 1971 mit einem Ehrendoktor von der Universität Hamburg ausgezeichnet, später auch von der Universität Kapstadt sowie 1986 mit dem japanischen Friedenspreis der buddhistischen Niwano Peace Foundation. Bei der Trauerfeier am 16. April im Lübecker Dom sprach auch Erzbischof Desmond Tutu.

Prof. em. Dr. **Jean Jacques Waardenburg** ist am 8. April 2015 im Alter von 85 Jahren in Utrecht verstorben. Waardenburg hatte Theologie, Phänomenologie und Religionsgeschichte sowie Geschichte des Islam in Amsterdam, Leiden und Paris studiert. Er lehrte Islamwissenschaften und Religionsphänomenologie an der Universität Utrecht (1968–1987) sowie Religionswissenschaft an der Universität Lausanne (1987–1995). Waardenburg kritisierte die alte Religionsphänomenologie, die von einem objektiv wahrnehmbaren religiösen Sinn der Phänomene ausging, und entwickelte die sogenannte »Neustil-Phänomenologie«, die sich mit den subjektiven Wahrnehmungen religiöser Phänomene beschäftigt. Einen zweiten Forschungsschwerpunkt bildete die Islamwissenschaft.

Rev. Dr. habil. **James Massey**, Direktor des Centre for Dalit/Subaltern Studies in New Delhi/Indien, ist am 2. März 2015 in Patna/Indien verstorben. Massey hatte seine akademischen Grade an der Universität Frankfurt erworben. Er hat sich intensiv für die Perspektive der Dalits in der Theologie eingesetzt. Eine Bibelübersetzung in Panjabi sowie die Herausgabe einer Kommentarreihe aus der Perspektive der Dalit-Theologie gehören zu seinen herausragenden theologischen Werken. Außerdem hat Massey sich für Kampagnen von Brot für die Welt, Misereor und missio eingesetzt.

Pfr. i.R. **Christoph Jahn,** ehemaliger Leiter des Verlages der Evangelisch-Lutherischen Mission Erlangen (jetzt: Erlanger Verlag für Mission und Ökumene), ist in der Nacht vom 29. auf den 30. Mai 2015 im Alter von 82 Jahren verstorben. Pfarrer Christoph Jahn wurde 1956 von der Leipziger Mission nach Brasilien ausgesandt, wo er bis 1965 tätig war. 1966 übernahm Pfarrer Jahn als Öffentlichkeitsreferent der Leipziger Mission in der Bundesrepublik die Leitung des Erlanger Verlages

(bis 31. 12. 1997). Seit 1972 war er 20 Jahre lang Mitglied der Präsidialversammlung des Deutschen Evangelischen Kirchentags. Viele Jahre gehörte er außerdem dem Kuratorium des Missionswerkes und des Missions- und Diasporaseminars an. Im September 2003 wurde ihm das Verdienstkreuz am Bande des Verdienstordens der Bundesrepublik Deutschland verliehen.

Prof. em. Dr. **Horst Bürkle** verstarb am 24. April 2015 in Tutzing am Starnberger See im Alter von 89 Jahren. Bürkle war seit 1959 Leiter der Missionsakademie an der Universität Hamburg. Im Jahre 1964 wurde er an der Theologischen Fakultät der Universität Hamburg habilitiert zum Privatdozenten für das Fach »Missions- und Religionswissenschaft« mit der Arbeit »Die Religion des Geistes und das Kerygma«. Die Habilitationsschrift erschien 1965 unter dem Titel »Dialog mit dem Osten. Radhakrishnans neuhinduistische Botschaft im Lichte christlicher Weltsendung«. In den Jahren 1965–1968 wirkte Horst Bürkle als Gastdozent an der Universität von Ostafrika in Kampala/Uganda. Nach seiner Rückkehr wurde er in den Jahren 1968–87 Professor und Direktor des Instituts für Missions- und Religionswissenschaft in der Evangelisch-Theologischen Fakultät der Universität München. Während dieser Zeit verbrachte er Forschungsaufenthalte und Vorlesungstätigkeit v. a. in Brasilien, Indien, Neuguinea, Südkorea und Japan.

Dr. **Walter Burkert,** Altphilologe, Religionswissenschaftler und Kulturhistoriker, ist am 11. März 2015 im Alter von 84 Jahren verstorben. Burkerts Standardwerke zur griechischen Religion, zu den Mysterienkulten und zum Kulturtransfer zwischen Orient und Griechenland fanden internationale Resonanz und wurden in zahlreiche europäische Sprachen übersetzt. Burkert hat seine Forschungsergebnisse zu antiken Mythen und Riten wie etwa blutigen Opfern immer an die Gegenwart zurückgebunden und dadurch eine hohe Aktualität hergestellt.

Sonstiges

Die 20. Internationalen Wochen gegen Rassismus vom 16. bis 29. März 2015 standen unter dem Motto »Anerkennung statt Ausgrenzung«. Damit wollte die Stiftung für die Internationalen Wochen eine Antwort geben auf die von Populisten und Rechtsextremisten geschürten Ängste vor und Hass gegen religiösen Minderheiten wie Muslimen und Juden oder vor Flüchtlingen, die sich in den »Pegida«-Demonstrationen und den jüngsten Anschlägen auf Flüchtlingsunterkünfte, Moscheen und Synagogen ausdrücken. Die Internationalen Wochen gegen Rassismus gehen auf einen Aufruf der Vereinten Nationen im Jahr 1979 zurück. Sie sollen an das Sharpeville-Massaker erinnern, bei dem Polizisten am 21. März 1960 in Südafrika 69 Menschen erschossen, die gegen das damalige Apartheid-Regime demonstrierten. Der 21. März wurde später von den UN zum »Internationalen Tag zur Überwindung von Rassendiskriminierung« erklärt.

Für die Schaffung eines sicheren Territoriums für die Christen im Irak sprach sich der syrisch-katholische Erzbischof von Mossul, Yohanna Petros Mouche, aus. In einem Interview, das die *Frankfurter Allgemeine Zeitung* Anfang Juli veröffentlichte, appellierte er an die internationale Staatengemeinschaft, die Terrormiliz »Islamischer Staat« zu vertreiben. Zugleich forderte er eine Bewaffnung der Christen zur Selbstverteidigung und kritisierte den Westen dafür, dass er nur seine eigenen Interessen verfolge.

Indiens Premierminister Narendra Modi hat nach einer Reihe von Anschlägen auf christliche Kirchen allen Glaubensgemeinschaften im Land freie Religionsausübung zugesichert. Modi reagierte damit auf internationale Kritik an seiner Religionspolitik, die den Hinduismus offensiv fördert und zu den religiös bedingten Konflikten lange geschwiegen hat. So warnte US-Präsident Barack Obama bei seinem Indien-Besuch Ende Januar davor, dass Indien nur dann erfolgreich sein könne, »wenn es sich nicht entlang religiöser Trennlinien aufspaltet«. Neben Anschlägen auf Kirchen hatten zuletzt auch triumphal zelebrierte Massenkonvertierungen radikal-hinduistischer Organisationen für eine breite Diskussion zum Thema Religionsfreiheit gesorgt.

Die Anerkennung des Völkermordes, den die deutsche Kolonialherrschaft zwischen 1904 und 1908 an den Herero und Nama begangen hat, ist Gegenstand von Gesprächen zwischen Außenminister Steinmaier sowie Vertretern des Auswärtigen Amtes und Regierungsvertretern in Windhuk. Eine Delegation von Herero-Vertretern hatte im Juli angekündigt, diese Anerkennung nach dem Vorbild der kenianischen Kolonialopfer gerichtlich durchsetzen zu wollen. Bundestagspräsident Lammert hat den deutschen Krieg gegen die Herero und andere Volksgruppen inzwischen als Völkermord bezeichnet. Bereits im Jahr 2004 hatte die damalige Entwicklungsministerin Heidemarie Wieczorek-Zeul bei einer Gedenkfeier in Namibia die Gräueltaten als Völkermord bezeichnet und um Vergebung gebeten.

Altbundeskanzler Helmut Schmidt äußert sich in seinem Buch »Was ich noch sagen wollte« kritisch über Mission. Die Vorstellung, dass eine Religion durch Mission möglichst umfassend verbreitet werden soll, hält er für »zunehmend gefährlich«. Der christliche Missionsgedanke habe »unermessliches Leid über die Menschen gebracht«, schreibt der SPD-Politiker. Im Zeitalter der Globalisierung hält er religiöse Toleranz für eine Grundvoraussetzung für ein friedliches Zusammenleben.

Termine

Anlässlich ihres 200-jährigen Bestehens hält Mission 21 **vom 24. bis 26. September** ein internationales Symposium ab unter dem Titel »Die Basler Mission 1815–2015: Zwischenbilanz ihrer Geschichte – Schritte in die Zukunft«.

Die Jahrestagung der DGMW findet vom **1. bis 3. Oktober 2015** in der Evangelischen Akademie Bad Boll statt unter dem Titel »Mission und ihre Akteure. 200 Jahre Missionsgeschichte im kollektiven Gedächtnis«.

(Zusammengestellt am Lehrstuhl für Missionstheologie und Religionswissenschaft der Augustana-Hochschule von Dr. Verena Grüter, Waldstraße 11, D-91564 Neuendettelsau. Bitte senden Sie Informationen und Hinweise an petra-anna-goetz@augustana.de bzw. Fax: 09874/509–555.)

Herausgeberkreis und Schriftleitung

Sekretariat des Herausgeberkreises
Waldstr. 11, D-91564 Neuendettelsau, petra-anna-goetz@augustana.de

Prof. Dr. Ulrich Dehn (Hauptschriftleiter)
FB Evangelische Theologie der Universität Hamburg, Sedanstr. 19, D-20146 Hamburg,
ulrich.dehn@uni-hamburg.de

Dr. Verena Grüter (Informationen und Termine) Augustana-Hochschule, Waldstr. 11,
D-91564 Neuendettelsau, verena.grueter@augustana.de

Prof. Dr. Klaus Hock (Rezensionen) Theologische Fakultät der Universität Rostock, D-18051
Rostock, klaus.hock@uni-rostock.de

Dr. Katrin Kusmierz (Berichte und Dokumentationen) Theologische Fakultät der Universität Bern,
Länggassstr. 51, CH-3012 Bern, katrin.kusmierz@theol.unibe.ch

Dr. Benedict Schubert (Berichte und Dokumentationen) Hebelstrasse 17, CH-4056 Basel,
b.schubert@unibas.ch

VerfasserInnen und RezensentInnen

Prof. Dr. Adrian Hermann, Fb Evangelische Theologie der Universität Hamburg, Sedanstr. 19,
D-20146 Hamburg, adrian.hermann@uni-hamburg.de

Dr. Hanns Walter Huppenbauer, Loorenstr. 25b, CH-8910 Affoltern am Albis,
hwh.huppenbauer@bluewin.ch

Prof. Dr. Werner Kahl, Missionsakademie, Rupertistr. 67, D-22609 Hamburg,
werner.kahl@missionsakademie.de

Prof. Dr. Kirsteen Kim, Leeds Trinity University, Brownberrie Ln, Horsforth, Leeds,
West Yorkshire LS18 5HD, k.kim@leedstrinity.ac.uk

Prof. Dr. Corinna Körting, Fb Evangelische Theologie der Universität Hamburg, Sedanstr. 19,
D-20146 Hamburg, corinna.koerting@uni-hamburg.de

Dr. Gudrun Löwner, Lindenstr. 15 b, D-44869 Bochum, g.loewner@hotmail.de

Dr. Yan Suarsana, Bergheimer Str. 99, D-69115 Heidelberg,
yan.suarsana@wts.uni-heidelberg.de

Prof. Dr. Heike Walz, Kirchliche Hochschule Wuppertal/Bethel, Missionsstr. 9a/b,
D-42285 Wuppertal, heike.walz@kiho-wuppertal-bethel.de

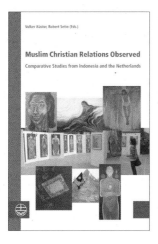

Volker Küster | Robert Setio (Eds.)
Muslim Christian Relations Observed
Comparative Studies from Indonesia
and the Netherlands

392 pages | 15,5 x 23 cm | Paperback
ISBN 978-3-374-03794-0
EUR 34,00 [D]

The Indonesian Dutch Consortium on Muslim-Christian Relations brought together academics, intellectuals as well as social activists from both countries, Christian and Muslim alike. While what is published here is the academic output, the impact of the consortium has therefore been much broader. The contributions are organized according to five generative themes: Identity, Religion and State, Gender, Hermeneutics and Theology of Dialogue. The book has attracted attention already before its publication. It is hoped that this project will inspire continuous efforts for interreligious dialogue.

EVANGELISCHE VERLAGSANSTALT
Leipzig www.eva-leipzig.de

Tel +49 (0) 341/ 7 11 41 -16   vertrieb@eva-leipzig.de

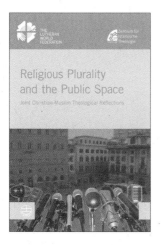